浙江省普通高校"十三五"新形态教材

高等学校经济管理类专业系列教材

中小微企业纳税实务

主　编　刘叶容　鞠　岗

副主编　商　玮　李志明　徐月清

参　编　诸　灵　韩艳萍　刘益琳

　　　　刘芳瑜　李真真　魏小莉

西安电子科技大学出版社

内 容 简 介

本书是浙江省普通高校"十三五"新形态教材。本书以企业涉税业务的实际操作为主线，分别就如何确定企业应纳税的种类，如何计算企业应纳所得税的金额，以及如何进行纳税申报并办理涉税事项进行了全面的阐述，具体内容包括：纳税认知、增值税纳税业务、消费税纳税业务、关税纳税业务、企业所得税纳税业务、个人所得税纳税业务、其他税种纳税业务、企业涉税事项管理。

本书结构清晰，思路独特，内容新颖，编排上深入浅出，有较强的实用性。本书内容完整，能够满足不同类型企业对税务知识的一般要求，符合够用性原则。本书配套有教学视频（读者可通过扫描书中二维码获取），并包含了部分拓展知识及能力提升方面的习题，便于教、学、做一体化和理实合一的高职教育理念的实施。

本书可作为高等职业院校、高等专科学校、成人高校等财会类专业教材，也可供五年制高职院校、中等职业学院学生和社会从业人员使用。

图书在版编目(CIP)数据

中小微企业纳税实务 / 刘叶容，鞠岗主编. --西安：西安电子科技大学出版社，2023.6
ISBN 978 - 7 - 5606 - 6906 - 9

Ⅰ. ①中… Ⅱ. ①刘… ②鞠… Ⅲ. ①中小企业—企业管理—税收管理—中国 Ⅳ. ①F812.423

中国国家版本馆 CIP 数据核字(2023)第 112232 号

策　　划　李鹏飞
责任编辑　李鹏飞
出版发行　西安电子科技大学出版社(西安市太白南路 2 号)
电　　话　(029)88202421　88201467　　邮　　编　710071
网　　址　www.xduph.com　　　　　　电子邮箱　xdupfxb001@163.com
经　　销　新华书店
印刷单位　陕西博文印务有限责任公司
版　　次　2023 年 6 月第 1 版　2023 年 6 月第 1 次印刷
开　　本　787 毫米×1092 毫米　1/16　印张　16.75
字　　数　399 千字
印　　数　1～3000 册
定　　价　48.00 元
ISBN 978 - 7 - 5606 - 6906 - 9 / F

XDUP 7208001 - 1

前　言

随着我国财税法律、法规的不断完善，企业的涉税业务愈加复杂，精通税法的专业人才成为企业发展的现实需要。财税法律、法规近几年发生的比较大的变化如下：

（1）2013年8月1日起在全国铺开"营改增"（即营业税改增值税），加大了对部分现代服务业的扶持力度，解决了重复征税的问题；

（2）2019年1月1日起实施了新个人所得税法及其实施细则等相关规定，纳税人计算个税应纳税所得额时，在5000元基本减除费用扣除和"三险一金"等专项扣除外，还可享受子女教育、继续教育、大病医疗、住房贷款利息或住房租金以及赡养老人等6项专项附加扣除。2022年1月1日，国务院又下发了国发〔2022〕8号通知，设立3岁以下婴幼儿照护个人所得税专项附加扣除。

（3）2022年7月1日施行《中华人民共和国印花税法》，把印花税的税目分为共有合同（指书面合同）、产权转移书据、营业账簿、证券交易四大类17个明细税目，并降低了部分税目的税率，同时对纳税期限、纳税地点进一步予以了明确。

本书紧扣我国税收法律的最新改革动向，以最新税法和小企业会计准则为依据，根据中小微企业纳税实际工作过程设计项目和学习任务，以培养实用型、技能型和应用型高职技术人才为目标，并充分利用长期教学实践和双师型教师教学经验，结合校外协作单位的需求来编写。本书具有以下特点：

（1）内容新颖。为适应客观经济发展的变化，国家对增值税、消费税、个人所得税、印花税等不断进行修订，同时，对人才的培养提出了更高的要求。本书以最新的税收法律制度为依据进行编写，紧密结合现代人才培养目标，力求体现法律条文和案例的时效性与新颖性，达到为企业适时服务的目的。

（2）理论与实践紧密结合。本书以学用结合为主旨，不对理论性问题做深入探讨，主要从中小微企业的角度介绍税务业务的处理。在介绍中小微企业纳税工作内容及工作流程、各主要税种税收法律知识的基础上，大量引入企业实操案例，更加注重纳税知识的实用性，着重培养学生基础理论的应用能力。

（3）编排体例清晰。全书共 8 个项目，项目一为纳税实务基础知识，介绍了税法的基本要素、我国税收体制以及纳税管理工作；项目二至项目七以我国现行税制中的主要税种为主要研究对象，分别介绍了增值税、消费税、企业所得税、个人所得税等 14 种税的纳税业务；项目八对企业运行中的涉税事项管理做了全面的描述，包括税款征收、税务检查、税务行政复议与税收法律责任。这 8 个项目各由若干个任务组成，每个任务包含"任务描述""案例""知识拓展"等部分，有利于读者系统全面地掌握税法知识和技能。同时，结合技能训练，本书注重内容的整体性与衔接性，力求直观清晰、深入浅出、通俗易懂。

（4）应试技能。本书内容编写以初级会计专业技术资格考试的考点为重点，参照初级会计考试大纲，并结合最近 5 年的考试试题，可满足专业财税人员的适用性学习和初级会计专业技术资格应试需求。本书不仅对参加初级会计专业技术资格考试人员复习后能系统掌握专业知识和实操能力有所助益，而且可以作为本专业财税人员从事财税工作的辅导读本和高等学校师生教学、学习的参考用书。

（5）注重配套教学资源建设与服务。本书以网络为依托，采用"纸质文本＋数字化资源"的呈现方式，根据课程需要还配套了习题参考答案、教学案例分析、同步练习自测题库等教学资源，为学生提供了系统的学习平台。

本书由刘叶容和鞠岗担任主编，并负责总纂与定稿。编写分工如下：浙江长征职业技术学院刘叶容编写了项目一、项目二、项目三和项目五；浙江余杭东方税务师事务所李志明、浙江长征职业技术学院李真真和银川市第一人民医院魏小莉编写了项目四；浙江长征职业技术学院商玮编写了项目六和项目七；浙江长征职业技术学院诸灵、韩艳萍、刘益琳、刘芳瑜和杭州恒其德资产管理有限公司徐月清编写了项目八。浙江长征职业技术学院鞠岗教授对本书进行了审阅，并提出了宝贵的修改意见，在此表示衷心的感谢。

本书在编写过程中参考、借鉴了全国会计专业技术资格考试辅导教材和其他相关教材以及论文，在此向相关作者表示衷心的感谢。

由于编者水平有限，书中难免存在不当之处，恳请广大读者批评指正。

编　者
2023 年 1 月

目 录

项目一 纳 税 认 知

学习目标

（1）理解税法的概念及其构成要素；

（2）了解我国现行税收体制和纳税申报的基础知识；

（3）能根据企业类型和业务种类判断应纳税的种类；

（4）能处理企业税务登记、账簿和发票管理等工作。

引导案例

"空壳公司"虚开发票，涉税金额超百亿

合理合法纳税是每个公民和每个企业的基本义务，每一笔经济业务必须是真实的，企业的业务流、资金流必须相一致。为了维护正常的经济税收秩序，国家税务总局 2021 年初查处了 8 起虚开发票案件。

一、四川查处"5·21"电子普通发票虚开案，其中涉及空壳企业 919 户，向全国 31 个省（区、市）21 821 户下游企业或个人虚开增值税发票 11 万余份，虚开金额 31 亿多元。

二、深圳查处"护航 1 号"电子普通发票虚开案，该犯罪团伙控制了 580 余家注册在深圳的空壳企业，利用电子普通发票的便利属性，采取异地开票的手段，对外虚开增值税普通发票 15.8 万余份，涉案金额 10 亿多元。

三、北京查处"8·27"增值税发票虚开案。该犯罪团伙主要针对个体工商户、个人且部分人员不需要发票这一特点，将销售收入打入个人账户形成票货分离，在 2013 年至 2019 年间涉嫌对外虚开增值税专用发票 7 万余份，涉案金额 109 亿元；涉嫌对外虚开增值税普通发票 2 万余份，涉案金额 3.23 亿元。

四、湖南查处"1·23"增值税发票虚开案。2021 年 1 月，湖南娄底税务部门发现 22 家空壳公司虚开发票，涉及发票 500 余份，虚开金额 6 亿余元。

五、重庆查处"4·01"增值税发票虚开案。该团伙对外虚开增值税专用发票和普通发票金额 71.8 亿元。

六、浙江查处利用疫情防控期间税收优惠政策虚开发票案，涉案金额 2.5 亿元。

七、上海查处利用疫情防控期间税收优惠政策虚开发票案。该团伙利用疫情防控期间小规模纳税人减按 1% 征收率征收增值税的优惠政策及办税便利条件，大肆开展虚开犯罪活动。

八、江苏查处利用软件产品税收优惠政策虚开发票案，其共骗取政府补贴 100 余万元。

讨论：企业为什么要虚开发票？何为虚开发票？

任务一 认 知 税 法

任务描述

在经济发达国家流行着这样一句名言：人的一生中，有两件事是逃避不了的，那就是税收和死亡。由此可见，纳税是公民不可避免的一件事情，而要认识税法，首先要解决的问题是理解税法的概念，了解税法在整个经济中的作用，以及熟悉税收法律关系。

了解税收与税
收法律关系

1. 税法概念及特点

税法是国家制定的用于调整国家和纳税人之间在征纳税方面的权利与义务关系的法律规范的总称。税法是征税人（政府）与纳税人依法征税、依法纳税的行为准则，其目的是保障国家的利益和纳税人的合法权益。税法是税收的法律表现形式。

税法有广义与狭义之分，广义的税法是指国家立法机关、政府及其有关部门制定的有关税收方面的法律、规章、制度等；而狭义的税法仅指国家立法机关或其授权制定的税收法律，这是严格意义上的税法。本书所讲的税法是指广义上的税法，即通常所说的税收制度。税收制度是在税收分配活动中税收征纳双方所应遵守的行为规范的总和，其内容主要包括各税种的法律法规，以及为了保证这些税法得以实施的税收征收管理制度和税收管理体制。

税收是政府为了满足社会公共需要，凭借政治权力，强制、无偿地取得财政收入的一种形式。税收的内涵可以从以下四个方面来理解：

（1）税收的本质是一种分配关系。

征税只是从社会产品价值量中分割一部分到政府手中，改变了社会成员与政府各自占有社会产品价值量的份额。所以，税收的本质就是一种分配关系。

（2）税收分配是国家借助法律形式，凭借政治权力实现的。

国家通过征税，将一部分社会产品从纳税人手中转变为国家所有，是以国家为主体进行的分配。如果没有国家的政治权力作为保证，征税就难以实现。因此，税收分配所凭借的只能是国家政治权力。

（3）税收作为政府财政收入的一种重要手段，其征税目的是满足社会公共需要。

国家安全、社会稳定、生活保障等公共需要的满足，必须要由政府集中部分财富来实现。国家征税的目的是满足国家提供公共产品的需要，当然国家征税也要受到所提供公共产品规模和质量的制约。

（4）税收具有强制性、无偿性和固定性的特征。

税收特征是由税收本质决定的，税收的形式特征通常概括为税收"三性"，即强制性、无偿性和固定性。强制性是国家权力在税收上的法律体现，是指国家凭借政治权力，通过法律、法规等形式对征收捐税加以规定，是对社会产品进行的强制性分配。无偿性是税收的关键特征，是指国家征税时不支付任何直接形式的报酬，征税后对具体纳税人不需要直接偿还。固定性是指国家通过法律形式预先规定对什么征税及其征收比例等税制要素，并保持相对的连续性和稳定性。

税收的"三性"是一个完整的统一体，它们相辅相成、缺一不可。其中，无偿性是核心，强制性是保障，固定性是对强制性和无偿性的一种规范和约束。

◆ **知识拓展**

税法与经济的关系

国家税务总局党组书记、局长王军表示：经济决定税收，税收反映经济。税收是我国财政收入的重要来源，可以促进经济社会的平衡发展，缩小贫富差距。大力发展经济可以增加税收收入，税收又作用于经济，如此循环螺旋上升。

2. 税收法律关系

税收法律关系是税法所确认和调整的国家与纳税人之间、国家与国家之间以及各级政府之间在税收分配过程中形成的权利与义务关系。税收法律关系体现为国家征税与纳税人纳税的利益分配关系。了解税收法律关系，对于正确理解国家税法的本质，严格依法纳税、依法征税都具有重要的意义。

1）税收法律关系的构成

税收法律关系由主体、客体和内容三个方面构成。

（1）税收法律关系的主体，即征纳双方主体，是指税收法律关系中依法享有权力和承担义务的双方当事人。主体一方是代表国家行使征税职责的国家税务机关，包括国家各级税务机关和海关；另一方是履行纳税义务的人，包括法人、自然人和其他组织。对这种权利主体的确定，我国采取属地兼属人原则，即在华的外国企业、组织、外籍人、无国籍人等，凡在中国境内有所得来源的，都是我国税收法律关系的主体。

（2）税收法律关系的客体，是指主体的权利、义务所共同指向的对象，也就是征税对象。例如，企业所得税法律关系的客体就是生产经营所得和其他所得，流转税法律关系的客体就是货物或劳务收入。

税收法律关系的客体也是国家利用税收调整和控制的目标。国家在一定时期根据客观经济形势发展的需要，通过扩大或缩小征税范围调整征税对象，以达到限制或鼓励国民经济中某些产业、行业发展的目的。

（3）税收法律关系的内容，是指主体所享受的权利和所应承担的义务，这是税收法律关系中最实质的东西，也是税法的灵魂。它规定权利主体可以有什么行为，不可以有什么行为，若违反了这些规定，须承担相应的法律责任。

> **思考与讨论：**
>
> 2022年3月，浙江某会计师事务所向某区税务局缴纳23万元企业所得税，请大家思考该税收法律关系的主体、客体、内容分别是什么？

2）税收法律关系的产生、变更与消灭

税法是引起税收法律关系的前提条件，但税法本身并不能产生具体的税收法律关系。税收法律关系的产生、变更与消灭必须有能够引起税收法律关系产生、变更或消灭的客观情况，也就是由税收法律事实来决定的。税收法律事实可以分为税收法律事件和税收法律行为。税收法律事件是指不以税收法律关系权利主体的意志为转移的客观事件。例如，自然灾害可以导致税收减免，从而改变税收法律关系的内容。税收法律行为是指税收法律关系主体在正常意志支配下作出的活动。例如，纳税人开业经营即产生税收法律关系，纳税人转业或停业就会造成税收法律关系的变更或消灭。

3）税收法律关系的保护

税收法律关系是同国家利益及企业和个人的权益相联系的。保护税收法律关系，实质上就是保护国家正常的经济秩序、保障国家财政收入和维护纳税人的合法权益。税收法律关系的保护形式和方法是很多的，税法中关于限期纳税、征收滞纳金和罚款的规定都是对税收法律关系的直接保护。

任务二　熟悉税法要素

任务描述

国家为了有效取得财政收入或调节社会经济活动，必须对每种税规定征收和缴纳办法，包括对什么征税、向谁征税、征多少税以及何时纳税、何地纳税、按什么手续纳税和不纳税如何处理等，这些就是税法要素。每一个公民都应该合理合法纳税，应熟悉税法构成的要素并能准确运用于实际纳税工作中。

熟悉税法要素

税法构成要素是指各种单行税法具有的共同的基本要素的总称。首先，税法构成要素既包括实体性的，也包括程序性的；其次，税法构成要素是所有完善的单行税法都共同具备的，仅为某一税法所单独具有而非普遍性的内容不构成税法要素，如扣缴义务人。税法的构成要素一般包括纳税人、征税对象、税目、税率、计税依据、纳税环节、纳税期限、纳税地点、税收优惠、法律责任、附则等项目。

1. 纳税人（或纳税义务人）

纳税人也称为纳税主体，是税法规定直接负有纳税义务的单位和个人。纳税义务人解决的就是国家对谁征税的问题。纳税人可以是自然人，也可以是法人。

1）自然人

自然人是对能够独立享受法律规定的民事权利，并承担相应民事义务的普通人的总称。凡是在我国居住，可享受民事权利并承担民事义务的中国人、外国人或无国籍人，以及虽不在我国居住，但受我国法律管辖的具有外籍国籍的中国人，都属于负有纳税义务的自然人。

2）法人

法人是指依照法定程序成立，有一定的组织机构和法律地位，能以自己的名义独立支配属于自己的财产、收入，承担法律义务，行使法律规定的权利的社会组织。例如，企业、事业单位、国家机关、社会团体等都属于法人。法人若拥有税法规定的应税财产、收入和特定行为，就对国家负有纳税义务。

◆ **知识拓展**

纳税人与扣缴义务人的区别

扣缴义务人是指按照税法规定负有扣缴税款义务的单位和个人。确定扣缴义务人有利于加强税收的源泉控制，简化征税手续，减少税款流失。但扣缴义务人不是纳税主体，而是纳税人和税务机关的中介。如果扣缴义务人按照税务机关和税法的要求，认真履行了扣缴义务，则税务机关将给予其一定的手续费；反之，如果他们未按规定代扣代缴，使代扣代缴的税款不能按时缴入国库或帮助纳税人偷逃税款，就要追究其法律责任。

2. 征税对象

征税对象又称为课税对象，是征税的目的物，即对什么东西征税，是征税的客体，是一种税区别于另一种税的主要标志。征税对象体现不同税种征税的基本界限，决定着不同税种名称的由来以及各种税种在性质上的差别，并对税源、税收负担等产生直接影响。与课税对象密切相关的两个概念是税目和税基。税目本身也是一个重要的税法要素，后面单独介绍。税基又叫计税依据，是据以计算征税对象应纳税款的直接数量依据，它解决对征税对象课税的计算问题，是征税对象的量的规定，是应纳税额计算的基础。税基具体分为三种：一是从价计征，即计税金额；二是从量计征，即以征税对象的实物单位量（如重量、体积等）为计税依据；三是复合计税，即同时包含征税对象的计税金额和实物单位。

3. 税目

税目是税法中规定应征税的具体项目，是征税对象的具体化，反映各税种具体的征税范围，是对征税对象质的界定，体现每个税种的征税广度。凡列入税目的即为应税项目，未列入税目的，则不属于应税项目。并非所有的税种都需要规定税目，有些税种不分征税对象的具体项目，一律按照征税对象的应纳数额采用同一税率计征税款，因此一般无须设置税目，如企业所得税。税目一般分为列举税目和概括税目两种。列举税目就是将每一种商品或经营项目等，采用一一列举的方法，分别规定税目，必要时还可以在税目之下划分若干子目，如消费税。概括税目就是按照商品大类或行业，采用概括方法设计的税目。

4. 税率

税率是对征税对象的征收比例，是衡量税负轻重的重要标志，体现了课税的深度。税率是最活跃、最有力的税收杠杆，是税收制度的核心。税率按照表现形式的不同，可以分为以绝对量形式表示的税率和以百分比形式表示的税率。税率主要有以下几种形式。

1）比例税率

比例税率是对同一征税对象或同一税目，不论数额大小，都按同一比例征税的税率，税额与计税依据之间的比例是固定的。我国现行的增值税、企业所得税等均采用比例税率。

2）累进税率

累进税率是指把计税依据按一定的标准划分为若干个等级，从低到高分别规定逐级递增的税率。这种税率形式的特点是税率等级与计税依据的数额等级同方向变动，有利于按纳税人的不同负担能力设计税率，更加符合税收公平的原则。

累进税率按其累进依据和累进方式的不同分为以下三种形式：

（1）全额累进税率。全额累进税率是指将计税依据划分为若干个等级，从低到高每一个等级规定一个适用税率，当计税依据由低的一级升到高的一级时，全部计税依据均按高一级税率计算应纳税额。这种方法目前在世界各国已很少使用。

（2）超额累进税率。超额累进税率是指将计税依据划分为若干个等级，从低到高每一个等级规定一个适用税率，一定数额的计税依据可以同时适用几个等级的税率，每超过一级，超过部分按高一级的税率计税，各等级应纳税额之和为纳税人的应纳税总额。这种方式累进程度比较和缓，目前已被多数国家所采用，如工资、薪金所得的个人所得税税率，具体如表1-1所示。

表1-1　个人所得税税率表

级次	全年应纳税所得额	税率	速算扣除数/元
1	不超过 36 000 元的部分	3%	0
2	超过 36 000 元至 144 000 元的部分	10%	2520
3	超过 144 000 元至 300 000 元的部分	20%	16 920
4	超过 300 000 元至 420 000 元的部分	25%	31 920
5	超过 420 000 元至 660 000 元的部分	30%	52 920
6	超过 660 000 元至 960 000 元的部分	35%	85 920
7	超过 960 000 元的部分	45%	181 920

（3）超率累进税率。超率累进税率是以征税对象的某种比例为累进依据，按超额累进方式计算应纳税额的税率。土地增值税实行四级超率累进税率，是我国唯一采用超率累进税率的税种，具体如表1-2所示。

表1-2　土地增值税税率表

级次	增值额占扣除项目金额的比例	税率	速算扣除系数
1	50%（含）以下	30%	0
2	50%～100%（含）	40%	0.05
3	100%～200%（含）	50%	0.15
4	200%以上	60%	0.35

3）定额税率

定额税率是按征税对象确定的计算单位直接规定一个固定税额，而不是规定征收比例，因此也称为固定税额，它是税率的一种特殊形式。定额税率一般适用于从量计征的税种，如城镇土地使用税、车船税等。

【案例1-1】　判断以下情况分别采用哪种税率。

第一种情况，甲公司为增值税一般纳税人，2021年11月销售货物取得不含增值税货物销售款 10 000 元，税率是13%，则销项税额＝10 000×13%＝1300（元）。

第二种情况，某石油化工厂 2021 年 11 月销售无铅汽油 25 吨，汽油 1 吨＝1388升，无铅汽油的税率为 1.0 元/升，则消费税＝25×1388×1.0＝34 700（元）。

第三种情况，赵某是我国公民，独生子单身，父母均满 60 岁，在甲公司每月工资10 000 元，"三险一金"等专项扣除为1500元，赵某1月份应纳税所得额为45元。应纳税额＝（10 000－5000－1500－2000）×3%＝1500×3%＝45（元）。

解析　第一种情况属于比例税率。

第二种情况属于定额税率。

第三种情况属于超额累进税率。

5. 计税依据

计税依据是指应纳税额的依据或标准，即根据什么来计算纳税人应缴纳的税款。税款的计算方法主要有两种：一种是从价计征，以征税对象的数量乘以计税价格的税额为计税依据；另一种是从量计征，以征税对象的数量为计税依据。在我国，车船税、城镇土地使用税、耕地占用税等税种采用从量计征。

6. 纳税环节

纳税环节是指按税法规定对于不断运动中的纳税对象选定的应当征税的环节。如流转税在生产和流通环节纳税，所得税在分配环节纳税等。从具体税种来说，每个税种都有特定的纳税环节，不同税种因涉及的纳税环节多少不同，就形成了不同的课征制，具体包括一次课征和多次课征。凡只在一个环节征税的称为一次课征制，如我国的资源税只在开采环节征税；凡在两个及两个以上环节征税的称为多次课征制，如我国的增值税对商品的生产、批发和零售均征税。

> **思考与讨论：**
>
> 一般情况下，以什么为征税对象，这个税就叫什么。比如对房子的生产经营或出租征税就叫房产税，那如何理解买卖房屋就征收增值税呢？

7. 纳税期限

纳税期限是指税法规定的关于纳税人的纳税义务发生后对税款的时间方面的限定，具体包括以下三个方面：

（1）纳税义务发生时间，即应税行为发生的时间。

（2）纳税期限，即每隔固定时间汇总纳税义务的时间。税法规定了每种税的纳税期限，如《增值税暂行条例》规定，增值税的纳税期限分别为 1 日、3 日、5 日、10 日、15 日、1 个月或者 1 个季度。纳税人的具体纳税期限，由主管税务机关根据纳税人应纳税额的大小分别核定。不能按照固定期限纳税的，可以按次纳税。

（3）缴库期限，即税法规定的纳税期满后，纳税人将应纳税款缴入国库的期限。如《增值税暂行条例》规定，纳税人以 1 个月或者 1 个季度为 1 个纳税期的，自期满之日起 15 日内申报纳税。

8. 纳税地点

纳税地点是指税法规定的纳税人缴纳税款的地点，如纳税人的户籍所在地、居住地、营业执照颁发地、生产经营所在地等。一般来说，这些地点接近一致，但也有不一致的情况，如在某地登记而跨地区经营的情况。

9. 税收优惠

为了鼓励和支持某些行业或项目的发展，以及照顾某些纳税人的特殊困难，国家对该类纳税人和征税对象给予鼓励和照顾的一种特殊规定，就是税收优惠。税收优惠主要有减税免税、起征点和免征额三种形式。

（1）减税免税是指对某些纳税人或征税对象的鼓励或照顾措施。减税是对应纳税额少征一部分税款，而免税是对应纳税额全部免征税款。

（2）起征点是指税法规定的对课税对象征税的起点，即开始征税的最低收入数额界限。起征点的主要特点是对征税对象数额未达到起征点的不征税，达到起征点的按全部数额征税。例如增值税按期纳税的，对月销售额未达到规定起征点5000～20 000元（含本数）的个人，可以免征增值税。

（3）免征额又称为费用扣除额，是指税法规定的在课税对象的全部数额中预先确定的免于征税的数额，即在确定计税依据时，允许从全部收入中扣除的费用限额。规定免征额是为了照顾纳税人的生活、教育等的最低需要。免征额的主要特点是：当课税对象低于免征额时，不用征税；当课税对象高于免征额时，则从课税对象总额中减去免征额后，对余额部分征税。例如个人所得税中劳务报酬所得、稿酬所得或特许权使用费所得的免征额为定额800元或定率为收入的20％等。

◆ **知识拓展**

零税率与免税的区别

零税率即"税率为零"，指对某种课税对象和某个特定环节上的课税对象，以零表示的税率。不仅纳税人本环节课税对象不纳税，而且以前各环节转移过来的税款亦须退还，从而实现税率为零。

免税是指对某种课税对象和某种纳税人，免除其本身负担的应纳税额，按照税法规定不征收销项税额，同时进项税额不可抵扣应该转出。

10．法律责任

法律责任是指行为人因实施了违反国家税法规定的行为而应承受的不利的法律后果。税法中的法律责任包括行政责任和刑事责任。而罚则是追究法律责任的必然结果，它是税收强制性特征的具体体现。

11．附则

附则一般规定与该税法紧密相关的内容，如该税法的解释权、生效时间等。

任务三 认知我国税收体制

任务描述

税法内容十分丰富，涉及范围也极为广泛，各单行税收法律法规结合起来，形成了完整配套的税法体系，共同规范和制约税收分配的全过程，是实现依法治税的前提和保证。为此，我们需要熟悉我国的税法体系，理解纳税主体的税种和分类，根据企业类型和业务种类判断应纳税的种类。

我国税收制度的内容主要有三个层次：一是不同的要素构成税种。构成税种的要素主要包括纳税人、征税对象、税目、税率、纳税环节、纳税期限、税收优惠等。二是不同的税种构成税收制度。构成税收制度既包括企业（法人）所得税、个人所得税，也包括增值税、消费税以及其他一些税种等。三是规范税款征收程序的法律法规，例如税收征收管理法等。

税种的设置及每种税的征税办法一般是以法律形式确定的，这些法律就是税法。

1．认知企业纳税的种类

我国目前开征的税种有 18 种，其中除了对个人征收的个人所得税外，其他税种都是对企业征收的。

（1）增值税。增值税是指以商品和劳务在流转过程中产生的增值额作为征税对象而征收的一种流转税。

（2）消费税。消费税是指对消费品和特定的消费行为按流转额征收的一种商品税。目前消费税税目包括烟、酒、高档化妆品等 15 种商品。

（3）企业所得税。企业所得税是指国家对境内企业的生产、经营所得和其他所得依法征收的一种税。

（4）个人所得税。个人所得税是指对个人（自然人）取得的各项应税所得征收的一种税，是政府利用税收对个人收入进行调节的一种手段。

（5）关税。关税是世界各国普遍征收的一个税种，是指对进出国境或关境的货物、物品征收的一种税。

（6）土地增值税。土地增值税是指对转让国有土地使用权、地上建筑物及其附着物（以下简称转让房地产）并取得收入的单位和个人，就其转让房地产所取得的增值额征收的一种税。

（7）资源税。资源税是指对在我国领域或管辖的其他海域开发应税资源的单位和个人征收的一种税。

（8）房产税。房产税是指以房产为征税对象，按照房产的计税价值或房产租金收入向产权所有人征收的一种税。

（9）车船税。车船税是指依照法律规定对在中华人民共和国境内的车辆、船舶，按照规定税目和税额计算征收的一种税。

（10）印花税。印花税是指对经济活动和经济交往中书立、领受、使用具有法律效力凭证的单位和个人征收的一种税。

（11）城镇土地使用税。城镇土地使用税简称土地使用税，是指国家在城市、县城、建制镇和工矿区范围内，对使用土地的单位和个人，按其实际占用的土地面积所征收的一种税。

（12）城市维护建设税及教育费附加。城市维护建设税简称城建税，是指以纳税人实际缴纳的增值税、消费税税额为计税依据所征收的一种税，主要目的是筹集城市公用事业和公共设施的维护、建设资金。

教育费附加是指以各单位和个人实际缴纳的增值税、消费税的税额为计征依据而征收的一种费用，其目的是加快发展教育事业，扩大教育经费资金来源。2018 年 9 月，政府取消了国家税务总局发布的《教育费附加税收暂行条件》。

（13）契税。契税是指以所有权发生转移变动的不动产为征税对象，按照当事人双方签订的合同（契约）以及所确定价格的一定比例，向权属承受人征收的一种税。

（14）烟叶税。烟叶税是以纳税人收购烟叶的收购金额为计税依据征收的一种税。

（15）船舶吨税。船舶吨税亦称吨税，是指海关对外国籍船舶航行进出本国港口时，按船舶净吨位征收的一种税。

（16）环境保护税。环境保护税是指为实现一定生态保护目标而对一切开发、利用环境资源的单位和个人，按其对环境资源的开发、利用、污染及破坏程度进行征收的一种税收。

（17）耕地占用税。耕地占用税是指对占用耕地建房或从事其他非农业建设的单位和个人征收的一种税。

（18）车辆购置税。车辆购置税是指对境内购置规定车辆的单位和个人征收的一种税，其由车辆购置附加费演变而来。

2. 认知税收的分类

税收的分类

税法体系中，按各税法征税对象、权限划分、适用范围、职能作用的不同，可分为不同类型的税法。

1）以征税对象为标准的分类

按照征税对象的不同，税法可分为流转税法、所得税法、资源税法、财产税法和行为目的税法五种。

（1）流转税法是规定对货物流转额和劳务收入额征税的法律规范，如增值税、消费税及关税等税法。其特点是与商品生产、流通、消费有着密切的联系，不受成本费用的影响且收入具有"刚性"，有利于国家发挥对经济的宏观调控作用。流转税法为世界各国，尤其为发展中国家所重视和运用，是我国现行税制中最大一类税收。

（2）所得税法是规定对纳税单位和个人获取各种所得或利润额征税的法律规范，如企业所得税、个人所得税等税法。其特点是可以直接调节纳税人的收入水平，发挥税收公平税负和调整分配关系的作用。所得税法被世界各国普遍运用，并且在市场经济发达和经济管理水平较高的国家更受重视。

（3）资源税法是规定对纳税人利用各种资源所获得收入征税的法律规范，如资源税、城镇土地使用税等税法。其特点是调节因自然资源或客观原因所形成的级差收入，避免资源浪费，保护和合理使用国家自然资源。资源税法一般针对利用自然资源、设备、资金、人才等资源所获得收益或级差收入的征税需要而制定。

（4）财产税法是规定对纳税人财产的价值或数量征税的法律规范，如房产税等税法。其特点是避免利用财产投机取巧和财产的闲置浪费，促进财产的节约和合理利用。因此，财产税法一般以财产富有者为课征对象，以平均社会财富、课征财产闲置者以促进合理使用为根本目的，同时为增加国家财政收入的需要而制定。

（5）行为目的税法是规定对某些特定行为及为实现国家特定政策目的征税的法律规范，如印花税、城市维护建设税等税法。其特点是可选择面较大，设置和废止相对灵活，可以因时因地制宜制定具体征管办法，有利于国家限制和引导某些特定行为而达到预期的目的。行为目的税法一般是国家为实现某些经济政策、限制特定行为，并为一定目的需要而制定的。

2）以计税依据为标准的分类

按照计税依据的不同，税法可分为从价税和从量税两种。

（1）从价税是指以征税对象的价值量为计税依据所征收的税种，一般实行比例税率和累进税率，如增值税、企业所得税等。

（2）从量税是指以征税对象的实物数量为计税依据所征收的税种，一般实行定额税率，如消费税（啤酒、黄酒、成品油）、资源税（石油、天然气除外）、城镇土地使用税等。

3）以税收与价格关系为标准的分类

按照税收与价格关系的不同，税法可分为价内税和价外税两种。

（1）价内税是指税负作为产品价格的组成部分，如消费税。

（2）价外税是指税负不作为商品价格的组成部分，如增值税。

4）以税收负担是否转嫁为标准的分类

按照税收负担是否转嫁，税法可分为直接税和间接税两种。

（1）直接税是指纳税人与负税人一致，一般不存在税负转嫁的税种，如所得税、财产税等。

（2）间接税是指纳税人与负税人往往不一致，一般不存在税负容易转嫁的税种，如增值税、消费税等。

5）以税收收入归属和征管权限为标准的分类

按照税收收入归属和征管权限的不同，税法可分为中央税、地方税和共享税三种。

（1）中央税属于中央政府的财政收入，由国家税务总局、海关征收管理。

（2）地方税属于各级地方政府的财政收入，由地方税务局征收管理。

（3）共享税属于中央政府和地方政府的共同收入，目前主要由国家税务总局征收管理。

我国自 2016 年 5 月 1 日全面推开营业税改征增值税后，目前征收的税种共有 18 个。我国分税制财政管理体制如表 1-3 所示。

表 1-3　我国分税制财政管理体制

序号	税　种	中央税	地方税	共享税	备　　注
1	增值税	是		是	进口环节由海关代征的部分属于中央政府固定收入；其他部分：中央政府分享 50%，地方政府分享 50%
2	消费税	是			含进口环节海关代征的部分
3	企业所得税	是		是	中国铁路总公司（原铁道部）、各银行总行及海洋石油企业缴纳的部分归中央政府，其余部分中央与地方政府按 60% 与 40% 的比例分享
4	个人所得税			是	除储蓄存款利息所得的个人所得税外，其余部分中央分享 60%，地方政府分享 40%
5	关税	是			
6	土地增值税		是		
7	资源税	是	是		海洋石油企业缴纳的部分归中央政府，其余部分归地方政府
8	房产税		是		
9	车船税		是		

序号	税 种	中央税	地方税	共享税	备 注
10	印花税	是	是		从 2016 年 1 月 1 日起,将证券交易印花税由现行按中央 97%、地方 3% 比例分享全部调整为中央收入
11	城镇土地使用税		是		
12	城市维护建设税和教育费附加	是			中国铁路总公司、各银行总行、各保险总公司集中缴纳的部分归中央政府,其余部分归地方政府
13	契税		是		
14	烟叶税		是		
15	船舶吨税	是			
16	环境保护税		是		
17	耕地占用税		是		
18	车辆购置税	是			

任务四 熟悉纳税管理工作

任务描述

纳税管理工作是税收征收管理的重要内容,是税款征收的前提和基础。对于中小微企业的财务人员来说,要熟悉纳税管理工作环节,根据企业实际情况合理安排各环节的工作内容。

纳税管理工作主要包括税务登记管理、账簿和凭证管理、发票管理、纳税申报管理等。

1. 税务登记管理

税务登记是税务机关对纳税人的基本情况及生产经营项目进行登记管理的一项基本制度,是整个税收征收管理的起点。税务登记的作用在于掌握纳税人的基本情况和税源分布情况。从税务登记开始,纳税人的身份及征纳双方的法律关系即得到确认。

1) 税务登记申请人

企业在外地设立的分支机构和从事生产、经营的场所,个体工商户和从事生产、经营的事业单位,都应当办理税务登记(统称从事生产、经营的纳税人)。

上述规定以外的纳税人,除国家机关、个人和无固定生产经营场所的流动性农村小商贩外,也应当办理税务登记(统称为非从事生产经营但依照规定负有纳税义务的单位和个人)。根据税收法律、行政法规的规定,负有扣缴税款义务的扣缴义务人(国家机关除外),应当办理扣缴税款登记。

2) 税务登记主管机关

县以上(含本级,下同)税务局(分局)是税务登记的主管机关,负责税务登记的设立登

中小微企业纳税实务

记、变更登记、注销登记以及非正常户处理、报验登记等有关事项。

县以上税务局(分局)按照国务院规定的税收征收管理范围,实施属地管理,办理税务登记。有条件的城市可以按照"各区分散受理、全市集中处理"的原则办理税务登记。

3)"多证合一"登记制度改革

2015年10月1日起,我国全面实施企业、农民专业合作社工商营业执照、组织机构代码证、税务登记证、社会保险登记证、统计登记证"五证合一、一照一码"。登记制度改革在个体工商户工商营业执照、税务登记证"两证整合"的基础上,将涉及企业、个体工商户和农民专业合作社(统称企业)登记、备案等有关事项和各类证照进一步整合到营业执照上,实现"多证合一、一照一码",如图1-1所示。

图1-1 税务登记证

2. 账簿和凭证管理

账簿和凭证管理是纳税管理的基础性工作。账簿和凭证反映纳税人的生产经营活动情况和财务收支情况,是税务机关对纳税人进行征税、管理、核查的重要依据。

1)账簿的设置

纳税人、扣缴义务人应按照有关法律、行政法规和国务院财政、税务主管部门的规定设置账簿,具体要求如下:

(1)从事生产、经营的纳税人应当自领取营业执照或者发生纳税义务之日起15日内设置账簿。

(2)生产、经营规模小又确无建账能力的纳税人,可以聘请经批准从事会计代理记账业务的专业机构或者财会人员代为建账和办理账务。聘请上述机构或者人员有实际困难的,经县以上税务机关批准,可以按照税务机关的规定,建立收支凭证粘贴簿、进货销货登记簿或者使用税控装置。

(3)扣缴义务人应当自税收法律、行政法规规定的扣缴义务发生之日起10日内,按照所代扣、代收的税种,分别设置代扣代缴、代收代缴税款账簿。

所设置的账簿,是指纳税人连续地登记各种经济业务的账册或簿籍,包括总账、明细账、日记账以及其他辅助性账簿,其中,总账、日记账应当采用订本式。所谓凭证,是指记录经济业务、明确经济责任的书面证明。

2）纳税人的财务会计制度及其处理办法

纳税人的财务会计制度及其处理办法是纳税人进行会计核算的依据，直接关系到计税依据是否真实合理。

（1）纳税人使用计算机记账的，纳税人建立的会计电算化系统应当符合国家有关规定，并能正确、完整核算其收入或者所得。

（2）纳税人、扣缴义务人的财务、会计制度或者财务、会计处理办法与国务院或者国务院财政、税务主管部门有关税收的规定抵触的，依照国务院或者国务院财政、税务主管部门有关税收的规定计算应纳税款、代扣代缴和代收代缴税款。

（3）账簿、会计凭证和报表应当使用中文。民族自治地方可以同时使用当地通用的一种民族文字。外商投资企业和外国企业可以同时使用一种外国文字。

3）账簿、凭证等涉税资料的保存

账簿、凭证等涉税资料作为公司重要的经济业务记录，应按国家有关法律规定的期限加以保管。其中，账簿、记账凭证、报表、完税凭证、发票、出口凭证以及其他有关涉税资料应当保存 10 年，但是法律、行政法规另有规定的除外。账簿、记账凭证、完税凭证及其他有关资料不得伪造、变造或者擅自损毁。

3. 发票管理

发票是指在购销商品、提供或者接受服务以及从事其他经营活动中，开具、收取的收付款凭证。它是确定经济收支行为发生的法定凭证，是会计核算的原始依据。

1）发票的类型和适用范围

（1）发票的类型。

全国范围内全面推行营改增试点后，发票的类型主要是增值税专用发票和增值税普通发票，还有特定范围继续使用的其他发票。

① 增值税专用发票，包括增值税专用发票（见图 1-2）和机动车销售统一发票。

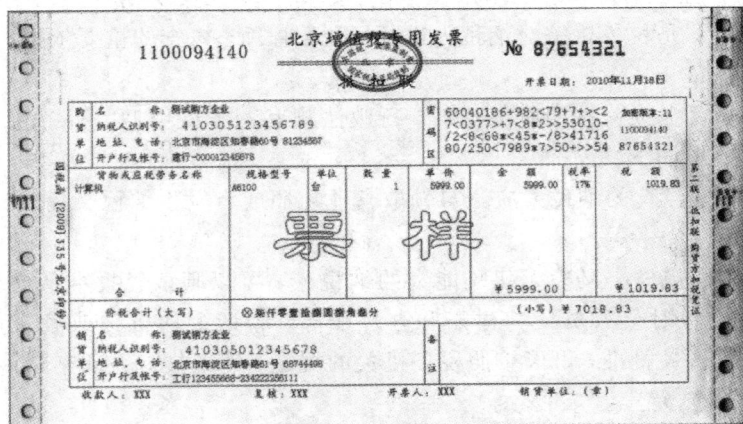

84位字符密文增值税专用发票票样

图 1-2 增值税专用发票

② 增值税普通发票，包括增值税普通发票（折叠票）、增值税电子普通发票（见图 1-3）和增值税普通发票（卷票）。

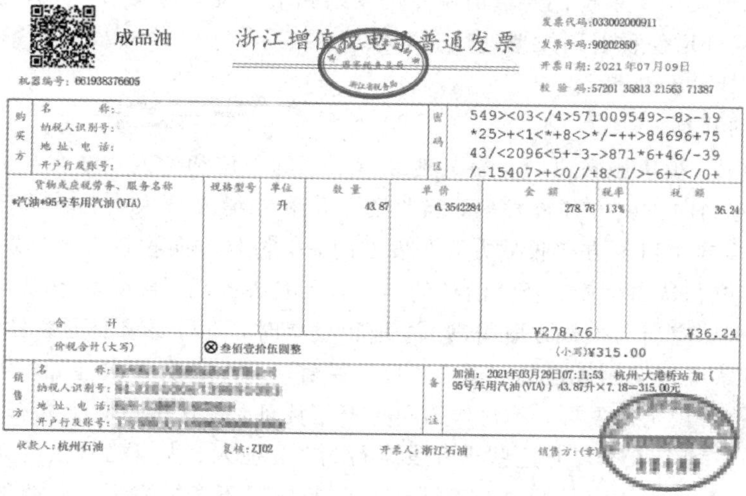

机器编号: 661938376605

成品油

浙江增值税电子普通发票

发票代码:033002000911
发票号码:90202850
开票日期: 2021年07月09日
校验码:57201 35813 21563 71387

购买方 名称: 纳税人识别号: 地址、电话: 开户行及账号:

密码区:
549><03</4>571009549>-8>-19
25>+<1<+8<>*/-++>84696+75
43/<2096<5+-3->871*6+46/-39
/-15407>+<0//+8<7/>-6+-</0+

货物或应税劳务、服务名称	规格型号	单位	数量	单价	金额	税率	税额
*汽油*95号车用汽油(VIA)		升	43.87	6.3542284	278.76	13%	36.24
合计					¥278.76		¥36.24
价税合计(大写)	⊗叁佰壹拾伍圆整				(小写)¥315.00		

销售方 名称: 纳税人识别号: 地址、电话: 开户行及账号:

备注: 加油: 2021年03月29日07:11:53 杭州-大港桥站 加【95号车用汽油(VIA)】43.87升×7.18=315.00元

收款人: 杭州石油 复核: ZJ02 开票人: 浙江石油 销售方:(章)

图 1－3 增值税电子普通发票

③ 其他发票，包括农产品收购发票、农产品销售发票、门票、过路(过桥)费发票、定额发票、客运发票和二手车销售统一发票等。

(2) 发票适用的范围。

① 增值税一般纳税人发生应税销售行为，使用增值税发票管理系统开具增值税专用发票、增值税普通发票、增值税电子普通发票、收费公路通行费增值税电子普通发票、机动车销售统一发票、二手车销售统一发票。

单位和个人可以登录全国增值税发票查验平台，对新系统开具的发票信息进行查验。

② 增值税小规模纳税人发生应税销售行为，开具增值税普通发票，一般不使用增值税专用发票，但也可以到税务机关代开增值税专用发票。为持续推进放管服改革，小规模纳税人(其他个人除外)发生增值税应税行为，需要开具增值税专用发票的，可以自愿使用增值税发票管理系统自行开具。选择自行开具增值税专用发票的小规模纳税人，税务机关不再为其代开增值税专用发票。

③ 2017 年 1 月 1 日起启用增值税普通发票(卷票)，分为 57 mm×177.8 mm 和 76 mm×177.8 mm 两种规格，均为单联。增值税普通发票(卷票)由纳税人自愿选择使用，重点在生活性服务业纳税人中推广。

纳税人可依法书面向税务机关要求使用印有本单位名称的增值税普通发票(折叠票)或增值税普通发票(卷票)，税务机关按规定确认印有该单位名称发票的种类和数量。纳税人通过新系统开具印有本单位名称的增值税普通发票(折叠票)或增值税普通发票(卷票)。

④ 门票、过路(过桥)费发票、定额发票、客运发票和二手车销售统一发票继续使用。

⑤ 餐饮行业增值税一般纳税人购进农业生产者自产农产品，可以使用税务机关监制的农产品收购发票，按照现行规定计算抵扣进项税额。

⑥ 采取汇总纳税的金融机构，省、自治区所辖地市以下分支机构可以使用地市级机构统一领取的增值税专用发票、增值税普通发票、增值税电子普通发票；直辖市、计划单列市所辖区县及以下分支机构可以使用直辖市、计划单列市机构统一领取的增值税专用发票、增值税普通发票、增值税电子普通发票。

⑦ 税务机关使用新系统代开增值税专用发票和增值税普通发票。代开增值税专用发票使用六联票，代开增值税普通发票使用五联票。

2）发票的开具和使用

（1）发票的开具。

① 销售商品、提供服务以及从事其他经营活动的单位和个人，对外发生经营业务收取款项，收款方应当向付款方开具发票；当收购单位和扣缴义务人支付个人款项，国家税务总局认为其他需要由付款方向收款方开具发票时，由付款方向收款方开具发票。

② 所有单位和从事生产、经营活动的个人，在购买商品、接受服务以及从事其他经营活动支付款项时，应当向收款方取得发票。取得发票时，不得要求变更品名和金额。

③ 开具发票应当按照规定的时限、顺序、栏目，全部联次一次性如实开具，并加盖发票专用章。不符合规定的发票，不得作为财务报销凭证，任何单位和个人有权拒收。

④ 任何单位和个人不得有这些虚开发票行为：为他人、为自己开具与实际经营业务情况不符的发票；让他人为自己开具与实际经营业务情况不符的发票；介绍他人开具与实际经营业务情况不符的发票。

（2）发票的使用和保管。

任何单位和个人应当按照发票管理规定使用发票，不得有下列行为：

① 转借、转让、介绍他人转让发票、发票监制章和发票防伪专用品。

② 知道或者应当知道是私自印制、伪造、变造、非法取得或者废止的发票而受让、开具、存放、携带、邮寄、运输。

③ 拆本使用发票。

④ 扩大发票使用范围。

⑤ 以其他凭证代替发票使用。

开具发票的单位和个人应当建立发票使用登记制度，设置发票登记簿，并定期向主管税务机关报告发票使用情况。开具发票的单位和个人应当在办理变更或者注销税务登记的同时，办理发票和发票领购簿的变更、缴销手续。开具发票的单位和个人应当按照税务机关的规定存放和保管发票，不得擅自损毁。已经开具的发票存根联和发票登记簿，应当保存 5 年。保存期满，报经税务机关查验后销毁。

4. 纳税申报管理

纳税申报是纳税程序的中心环节。纳税申报是指纳税人和扣缴义务人就纳税事项向税务机关提出书面申报的一种法定手续，也是基层税务机关核定应纳税额和填开纳税凭证的主要依据。

1）纳税申报的对象

纳税申报的对象是指谁应当办理纳税申报，主要包括：正常履行纳税义务的纳税人；履行扣缴税款义务的扣缴义务人；享受减税、免税待遇的纳税人；临时取得应税收入或发生应税行为的纳税人。

2）纳税申报的内容

纳税申报的内容包括两个方面：一是纳税申报表或者代扣代缴、代收代缴报告表；二是纳税申报的有关资料和证件。

（1）纳税人、扣缴义务人的纳税申报表或者代扣代缴、代收代缴税款报告表主要包括以下内容：

① 税种、税目。

② 应纳税项目或者应代扣代缴、代收代缴税款项目。

③ 计税依据。

④ 扣除项目及标准。

⑤ 适用税率或者单位税额。

⑥ 应退税项目及税额、应减免税项目及税额。

⑦ 应纳税额或者应代扣代缴、代收代缴税额。

⑧ 税款所属期限、延期缴纳税款、欠税、滞纳金等。

（2）纳税人还应根据不同情况相应报送下列有关资料和证件：

① 财务会计报表及其说明材料。

② 与纳税人有关的合同、协议书。

③ 外出经营活动税收管理证明。

④ 境内或者境外公证机构出具的有关证明文件。

⑤ 税务机关规定应当报送的其他有关证件、资料。

3）纳税申报的方式

纳税申报的方式主要有以下几种：

（1）自行申报。自行申报也称为直接申报，是指纳税人、扣缴义务人在规定的申报期限内，自行直接到主管税务机关指定的办税服务场所办理纳税申报手续。这是一种传统的申报方式。

（2）邮寄申报。邮寄申报是指经税务机关批准，纳税人、扣缴义务人使用统一的纳税申报专用信封，通过邮政部门办理交寄手续，并以邮政部门收据作为申报凭据的纳税申报方式。邮寄申报以寄出的邮戳日期为实际申报日期。

（3）数据电文申报。数据电文申报是指经税务机关批准，纳税人、扣缴义务人以税务机关确定的电话语音、电子数据交换和网络传输等电子方式进行纳税申报。这种方式运用了新的电子信息技术，代表着纳税申报方式的发展方向，使用范围逐渐扩大。纳税人、扣缴义务人采取数据电文方式办理纳税申报的，其申报日期以税务机关计算机网络系统收到该数据电文的时间为准，与数据电文相对应的纸质申报资料的报送期限由税务机关确定。

（4）其他方式。实行定期定额缴纳税款的纳税人，可以实行简易申报、简并征期等方式申报纳税。

4）纳税申报的特殊情况

（1）零申报。

① 纳税人在纳税期内没有应纳税款的，也应当按照规定办理纳税申报。

② 纳税人享受减税、免税待遇的，在减税、免税期间应当按照规定办理纳税申报。

（2）延期申报。

① 纳税人、扣缴义务人按照规定的期限办理纳税申报或者报送代扣代缴、代收代缴税款报告表确有困难，需要延期的，应当在规定的期限内向税务机关提出书面延期申请，经

税务机关核准，在核准的期限内办理。

② 纳税人、扣缴义务人因不可抗力，不能按期办理纳税申报或者报送代扣代缴、代收代缴税款报告表的可以延期办理，但应当在不可抗力情形消除后立即向税务机关报告，税务机关应当查明事实，予以核准。

③ 经核准延期办理纳税申报、报送事项的，应当在纳税期内按照上期实际缴纳的税额或者税务机关核定的税额预缴税款，并在核准的延期内办理税款结算。

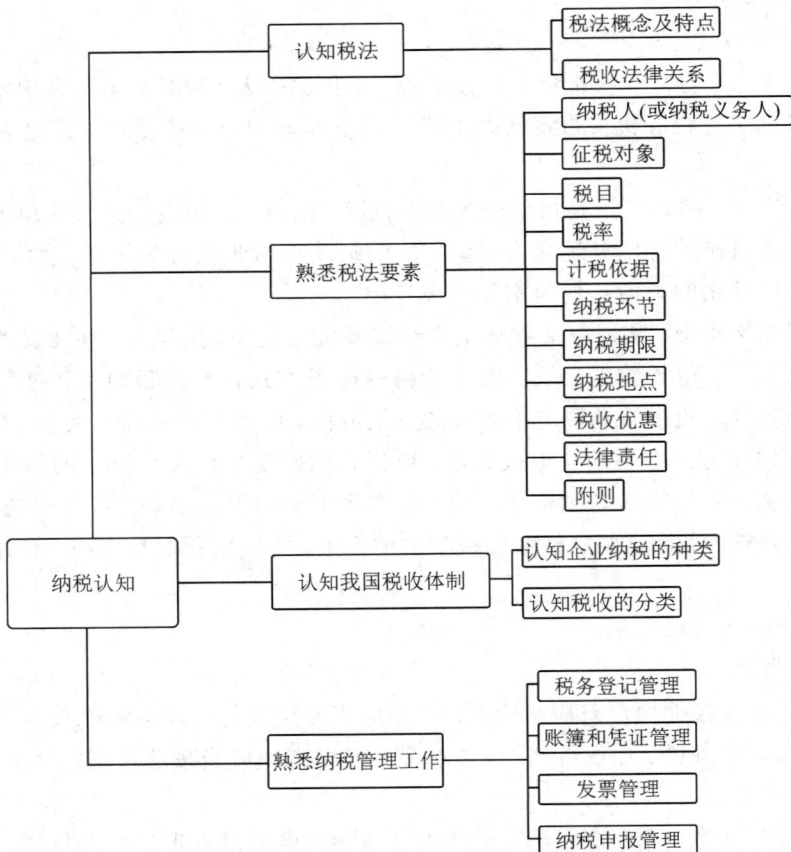

思考与讨论：

某企业按照规定享受 3 年内免纳企业所得税的优惠待遇。当税务局要求该企业进行纳税申报时，会计小王认为，既然本企业享受免税待遇，就不用办理企业所得税纳税申报了。分析小王的看法是否正确。

思 维 导 图

```
                            ┌─ 认知税法 ──┬─ 税法概念及特点
                            │            └─ 税收法律关系
                            │
                            │            ┌─ 纳税人(或纳税义务人)
                            │            ├─ 征税对象
                            │            ├─ 税目
                            │            ├─ 税率
                            ├─ 熟悉税法要素 ─┼─ 计税依据
                            │            ├─ 纳税环节
                            │            ├─ 纳税期限
                            │            ├─ 纳税地点
                            │            ├─ 税收优惠
                            │            ├─ 法律责任
                            │            └─ 附则
  纳税认知 ──┤
                            │                      ┌─ 认知企业纳税的种类
                            ├─ 认知我国税收体制 ──┤
                            │                      └─ 认知税收的分类
                            │
                            │                      ┌─ 税务登记管理
                            │                      ├─ 账簿和凭证管理
                            └─ 熟悉纳税管理工作 ──┼─ 发票管理
                                                   └─ 纳税申报管理
```

中小微企业纳税实务

一、单项选择题

1. 下列关于税法构成要素的说法中，正确的是(　　)。
A. 税目是区分不同税种的主要标志
B. 税率是衡量税负轻重的重要标志
C. 纳税人就是履行纳税义务的法人
D. 征税对象是税收法律关系中征纳双方权利义务所指的物品

2. 下列关于税法要素的说法中，不正确的是(　　)。
A. 税率是计算税额的尺度
B. 税率是衡量税负轻重与否的重要标志
C. 征税对象是对税率的征收额度
D. 征税对象是区别一种税与另一种税的重要标志

3. 区别不同税种的重要标志是(　　)。
A. 纳税环节　　　　　B. 税目　　　　　C. 税率　　　　　D. 征税对象

4. 根据税收法律制度的规定，下列关于税收与税法的说法中，正确的是(　　)。
A. 税收的特征包括强制性、固定性和有偿性
B. 征税主体包括各级税务机关和海关
C. 纳税主体仅指纳税义务人
D. 税法是指以国家为主体，为实现国家职能，凭借政治权力，按照法定标准，无偿取得财政收入的一种特定分配形式

5. 下列各项中，(　　)属于税收的特征。
A. 可偿性　　　　　B. 强制性　　　　　C. 灵活性　　　　　D. 连续性

6. 下列各项中，不属于税法构成要素的是(　　)。
A. 计税依据　　　　B. 纳税义务人　　C. 税收优惠　　　D. 税务代理人

7. 下列各项中，(　　)是采用超额累进税率计算应纳税额的。
A. 对加工服装征收的增值税　　　　B. 对销售房屋征收的增值税
C. 对生产卷烟征收的消费税　　　　D. 对工资、薪金所得征收的个人所得税

8. 下列关于起征点与免征额的说法中，不正确的是(　　)。
A. 征税对象的数额达到起征点的就全部数额征税
B. 征税对象的数额未达到起征点的不征税
C. 当课税对象小于免征额时，不予征税
D. 当课税对象大于免征额时，仅对免征额部分征税

9. 根据税收法律制度的规定，下列各项中属于超率累进税率的是(　　)。
A. 资源税　　　　　　　　　　　B. 城镇土地使用税
C. 印花税　　　　　　　　　　　D. 土地增值税

10. 下列关于纳税环节和纳税期限的表述中，错误的是（　　　）。

A. 纳税环节主要指税法规定的征税对象在从生产到消费的流转过程中应当缴纳税款的环节

B. 纳税期限是指纳税人的纳税义务发生后应依法缴纳税款的期限

C. 纳税期限包括纳税义务发生时间和纳税期限

D. 规定纳税期限是为了保证国家财政收入的及时实现，也是税收强制性和固定性的体现

11. 下列属于税法构成要素的是（　　　）。

A. 应纳税额　　　　　　　　　　　B. 纳税申报

C. 纳税义务发生时间　　　　　　　D. 纳税地点

12. 下列税法构成要素中，衡量纳税义务人税收负担轻重与否的重要标志是（　　　）。

A. 计税依据　　　B. 减税免税　　　C. 税率　　　D. 征税对象

13. 根据税收征收管理法律制度的规定，下列关于账簿和凭证管理的说法中，不正确的是（　　　）。

A. 从事生产、经营的纳税人应当自领取营业执照或者发生纳税义务之日起 15 日内，按规定设置账簿

B. 生产、经营规模小又确无建账能力的纳税人，可以聘请经批准从事会计代理记账业务的专业机构或者财会人员代为建账和办理账务

C. 账簿、会计凭证和报表只能使用中文

D. 账簿、记账凭证、报表、完税凭证、发票、出口凭证以及其他有关涉税资料应当保存 10 年

14. 根据税收征收管理法律制度的规定，下列关于发票的说法中，错误的是（　　　）。

A. 代开增值税专用发票使用五联票，代开增值税普通发票使用六联票

B. 增值税一般纳税人发生应税销售行为，使用增值税发票管理系统开具增值税专用发票、增值税普通发票、增值税电子普通发票、收费公路通行费增值税电子普通发票、机动车销售统一发票、二手车销售统一发票

C. 门票、过路（过桥）费发票、定额发票、客运发票和二手车销售统一发票继续使用

D. 小规模纳税人（其他个人除外）发生增值税应税行为，需要开具增值税专用发票的，可以自愿使用增值税发票管理系统自行开具

15. 根据税收征收管理法律制度的规定，下列各项中应由付款方向收款方开具发票的是（　　　）。

A. 百货公司向甲公司销售办公用品

B. 超市向张某收购一批大米

C. 矿泉水公司向乙个人独资企业销售办公用水

D. 商场向丙厂销售办公用打印机

16. 根据税收征收管理法律制度的规定，关于发票开具、使用和保管的下列表述中，正确的是（　　　）。

A. 销售货物开具发票时，可按付款方要求变更品名和金额

B. 经单位财务负责人批准后，可拆本使用发票

C. 已经开具的发票存根联保存期满后，开具发票的单位可直接销毁

D. 不符合规定的发票，不得作为财务报销凭证，任何单位和个人有权拒收

17. 根据税收征收管理法律制度的规定，下列关于纳税申报方式的表述中，不正确的是（   ）。

A. 邮寄申报以税务机关收到的日期为实际申报日期

B. 数据电文方式的申报日期以税务机关计算机网络系统收到该数据电文的时间为准

C. 实行定期定额缴纳税款的纳税人，可以实行简易申报、简并征期等方式申报纳税

D. 自行申报是指纳税人、扣缴义务人按照规定的期限自行直接到主管税务机关指定的办税服务场所办理纳税申报手续

二、多项选择题

1. 下列关于税收的表述中，正确的有（   ）。

A. 税收是政府收入的最重要来源

B. 税收是人类社会经济发展到一定历史阶段的产物

C. 没有国家存在也一样会有税收

D. 有了社会剩余产品，才给税收的出现奠定了基础

2. 税务师事务所的合伙人可以由（   ）担任。

A. 税务师　　　　　　B. 注册会计师　　　　　C. 会计员　　　　　D. 律师

3. 下列各项中，属于税法的构成要素的有（   ）。

A. 计税依据　　　　　B. 征税对象　　　　　　C. 税目　　　　　　D. 税率

4. 纳税义务人可以是（   ）。

A. 自然人　　　　　　B. 法人　　　　　　　　C. 社会组织　　　　D. 企事业单位

5. 下列各项中，属于我国税率形式的有（   ）。

A. 比例税率　　　　　　　　　　　　　　　B. 超额累进税率

C. 超率累进税率　　　　　　　　　　　　　D. 全额累进税率

6. 下列关于减免税的表述中，正确的有（   ）。

A. 减税是指从应征税额中减征部分税款

B. 免税是指对按规定应征收的税款全部免除

C. 起征点是指对征税对象达到一定数额才开始征税的界限

D. 免征额是指对征税对象总额中免予征收的数额

7. 关于减免税，正确的说法有（   ）。

A. 税法直接规定的长期减免税项目，属于减税和免税具体情况

B. 依法给予的一定期限内的减免税措施，期满之后仍应按规定纳税，属于减免税

C. 制定减免税这种特殊规定，是对按税制规定的税率征税时不能解决的具体问题而采取的一种补充措施

D. 制定减免税这种特殊规定，体现了国家鼓励和支持某些行业或项目发展的税收政策，发挥税收调节经济的作用

8. 下列关于税法的构成要素表述中，正确的有（   ）。

A. 税目是征税对象的具体化

B. 征税对象是区别不同类型税种的主要标志

C. 我国现行的税率主要有比例税率、定额税率和累进税率

D. 计税依据分为从价计征和从量计征

9. 根据税收征收管理法律制度的规定，下列行为属于发票使用中禁止的有（　　）。

A. 转借、转让、介绍他人转让发票、发票监制章和发票防伪专用品

B. 以其他凭证代替发票使用

C. 拆本使用发票

D. 扩大发票使用范围

10. 根据税收征收管理法律制度的规定，税务机关在发票管理中有权（　　）。

A. 检查领购发票的情况

B. 调出发票查验

C. 向当事各方询问与发票有关的问题与情况

D. 查阅与发票有关的凭证、资料，但无权复制

11. 根据税收征收管理法律制度的规定，下列关于纳税申报的表述中，正确的有（　　）。

A. 邮寄申报以税务机关收到的日期为实际申报日期

B. 数据电文申报以税务机关计算机网络系统收到该数据电文的时间为实际申报日期

C. 纳税人在纳税期内没有应纳税款的，不需要办理纳税申报

D. 经核准延期办理纳税申报的，应当在纳税期内按照上期实际缴纳的税额或者税务机关核定的税额预缴税款，并在核准的延期内办理税款结算

三、判断题

1. 计税依据是指计算应纳税额的依据或标准，是区别不同税种的重要标志。（　　）

2. 累进税率是指根据征税对象数额的大小，规定不同等级的税率，即征税对象数额越大，税率越低。（　　）

3. 个人提供应税服务的销售额未达到增值税起征点的，免征增值税；达到起征点的，就超过部分计算缴纳增值税。（　　）

项目一习题答案

项目二　增值税纳税业务

学习目标

（1）掌握增值税的概念、类型及特点；

（2）能判断增值税的纳税人，以及哪些业务应当征收增值税；

（3）掌握增值税应纳税额的计算方法；能根据业务资料正确计算一般纳税人和小规模纳税人的应纳增值税额；

（4）熟悉增值税的征收管理；

（5）了解增值税专用发票的使用与管理。

引导案例

增值税的现实意义

我国从 1978 年开始对增值税进行研究，从仅针对部分城市的机器机械、农业机具两个行业征收增值税，再到 1983 年的全国试行。目前，增值税的征税范围为在中国境内销售或进口货物、提供应税劳务或者服务，同时销售无形资产和不动产，体现了普遍征收的中性税收政策。

我国现行的税收法律体系包括 18 个税种，按征税对象的性质分为流转税、所得税、资源税、财产税和行为目的税。增值税属于流转税，2016 年 5 月 1 日全面"营改增"之后，增值税和消费税构成了我国流转税的核心。增值税在保证财政收入稳定增长、促进专业化协作生产和生产经营结构的合理化，以及促进对外贸易的发展等方面发挥了重要的积极作用。据统计资料显示：2020 年，中国国内增值税（不含进口环节增值税）收入为 56 791 亿元，占税收总收入（154 310 亿元）的 36.8%；企业所得税收入为 36 424 亿元，占税收总收入（154 310 亿元）的 23.6%。因此，增值税在整个税收体制中占据着举足轻重的地位。

讨论：增值税在我国税收体制中的作用和意义。

任务一　认知增值税

任务描述

我国从 1979 年开始在部分城市试行生产型增值税；1994 年在生产和流通领域全面实施生产型增值税；2008 年国务院决定全面实施增值税改革，即将生产型增值税转为消费型增值税。增值税在我国已经开征 40 余年，是我国第一大税种，并且与其他税种息息相关，因此，首先要解决的问题是理解增值税的概念，熟悉增值税的类型，了解增值税的特点，能够结合工作的实际情况判断是否需要缴纳增值税。

1. 增值税的概念

增值税是以商品和劳务在流转过程中产生的增值额作为征税对象而征收的一种流转税。按照我国增值税法的规定，增值税是对在我国境内销售货物或者加工修理修配劳务（以下简称劳务），销售服务、无形资产、不动产以及进口货物的单位和个人，就其销售货物、劳务、服务、无形资产、不动产（以下统称应税销售行为）的增值额和货物进口金额为计税依据而课征的一种流转税。例如，一个杯子 80 元购进，100 元卖出，赚取 20 元差价，这 20 元就是"增值额"。这个杯子在流通过程中产生了增值（也就是卖杯子赚钱了），税务机关针对该"增值"征税，就叫增值税。

增值税法是指国家制定的用以调整增值税征收与缴纳之间权利和义务关系的法律规范。增值税之所以能够在世界上众多国家推广，是因为其可以有效地防止商品在流转过程中的重复征税问题，并使其具备保持税收中性、普遍征收、税收负担由最终消费者承担、实行税款抵扣制度、实行比例税率、实行价外税制度等特点。

2. 增值税的类型

依据税基和购进固定资产的进项税额是否扣除及扣除方式的不同，增值税可分为生产型增值税、收入型增值税和消费型增值税三种类型。

1）生产型增值税

生产型增值税是允许纳税人从本期销售商品的收入中扣除用于生产经营的流动资产的价值，不允许扣除固定资产的价值，也不考虑生产经营过程中固定资产磨损的那部分转移价值（折旧）。其增值部分就整个社会而言相当于国民生产总值，所以称为生产型增值税。少数发展中国家和我国（2008 年 12 月底前）实行的增值税主要属于这种类型。

2）收入型增值税

收入型增值税是指除允许纳税人扣除外购物质资料的价值以外，对于购置用于生产、经营用的固定资产，允许将已提折旧的价值额予以扣除。从整个社会经济来看，它相当于国民收入，故称为收入型增值税。拉丁美洲一些国家的增值税大多选择这种类型。

3）消费型增值税

消费型增值税是指在计算应纳税额时，除扣除中间产品已纳税款，对纳税人购入固定资产的已纳税款外，也允许一次性地从当期销项税额中全部扣除，从而使纳税人用于生产应税产品的全部外购生产资料都不负担增值税。从整个社会经济来看，它相当于全部消费资料的价值，故称为消费型增值税。由于外购固定资产的成本可凭发票一次性全部扣除，既便于操作，又便于管理，因而是最能体现增值税优越性的一种类型，但这种方式会在一定程度上减少财政收入。西方发达国家大多实行这种增值税，2009 年 1 月 1 日开始，我国实行增值税转型，全面实施消费型增值税。

3. 增值税的特点

（1）保持税收中性原理。增值税是以商品或劳务价值中的增值额为征税对象的，可避免对同一对象重复征税。同一货物在其各个生产、流通环节的税负大致相同，使得增值税对生产经营活动以及消费行为基本不发生影响。增值税具有中性税收的特点，有利于生产的专业化分工，提高社会经济资源的利用效率。

（2）普遍征收。增值税不仅可以对制造业征收，而且可以对贸易行业征收；不仅可以在生产环节征收，而且可以在批发、零售及进口诸环节征收。一切从事生产经营活动并取得经营收入的单位和个人都应依法缴纳增值税。

（3）实行税款抵扣制度，具有可操作性。在计算纳税人应纳税款时，要扣除商品在以前生产环节已负担的税款，以避免重复征税。增值税的计算公式如下：

$$增值税应纳税额＝当期销项税额－当期进项税额$$

（4）逐个环节价外征收，具有转嫁性。增值税是在商品交易额或劳务价值之外，由卖方向买方收取的，由买方所承担的增值税又会通过其销售活动全部转移给下一个环节（即下一个买方）而得到足额补偿。因此，从形式上讲，增值税税收负担是由不能再行转嫁的最终消费者承担的。

（5）实行比例税率。由于增值额对不同行业、不同企业和不同产品来说性质是一样的，原则上对增值额应采用单一比例税率，但为了贯彻一些经济政策也会对某些行业或产品实行不同的税率，因而开征增值税的国家一般都规定基本税率和优惠税率或称低税率。

◆ **知识拓展**

我国增值税的开征及改革进程

1980 年前后，在柳州、长沙等城市，对重复征税矛盾较为突出的机器机械和农业机具两个行业试点开征增值税。

1984 年，国务院发布《中华人民共和国增值税暂行条例（草案）》。

1993 年 12 月 13 日发布的《增值税暂行条例》，确定了自 1994 年 1 月 1 日起，增值税的征收范围为销售货物，加工修理修配劳务和进口货物。增值税税制得到进一步完善。

2004 年，东北地区的辽宁省、吉林省、黑龙江省和大连市实行扩大增值税抵扣范围政策的试点。

2012 年 1 月 1 日起，上海开始实施交通运输业和部分现代服务业的增值税扩围改革试点。2013 年 8 月 1 日起，在全国范围内对交通运输业和部分现代服务业实行营业税改征增值税的试点工作。2014 年 1 月 1 日起，试点范围扩大到铁路运输和邮政业服务。2014 年 6 月 1 日起，又将电信业服务纳入试点范围。2016 年 5 月 1 日全面实施营改增，营业税正式退出历史舞台。

任务二　熟悉增值税的基本规定

任务描述

　　企业要准确地进行增值税的纳税申报，需要能根据企业的实际情况确定公司属于增值税的一般纳税人还是小规模纳税人，明确企业经营的哪些产品、哪些行为属于增值税的征收范围，并能够判断公司各产品或行为的税率。

增值税
纳税人的判断

1. 增值税的纳税人

增值税纳税人是指在中华人民共和国境内（以下简称境内）销售货物、劳务、服务、无形资产、不动产的单位和个人。

单位以承包、承租、挂靠方式经营的，承包人、承租人、挂靠人（以下统称承包人）以发包人、出租人、被挂靠人（以下统称发包人）名义对外经营并由发包人承担相关法律责任的，以该发包人为纳税人。否则，以承包人为纳税人。

资管产品运营过程中发生的增值税应税销售行为，以资管产品管理人为增值税纳税人。

在我国境外的单位或者个人在境内销售劳务，在境内未设有经营机构的，以其境内代理人为扣缴义务人；在境内没有代理人的，以购买方为扣缴义务人。

由于我国增值税纳税人众多，会计核算水平参差不齐，因此，依据增值税纳税人的会计核算水平和经营规模，将增值税纳税人分为小规模纳税人和一般纳税人两类。

1）小规模纳税人的认定标准

小规模纳税人是指年应税销售额在规定标准以下，并且会计核算不健全，不能按规定报送有关税务资料的增值税纳税人。小规模纳税人年应征增值税销售额的标准从 2018 年 5 月 1 日起不再按企业类型划分，统一调整为 500 万元及以下标准。但不经常发生应税行为的单位和个体工商户可选择按小规模纳税人纳税。

小规模纳税人不能领购和使用增值税专用发票的，按简易计税办法计算缴纳增值税。发生应税行为，购买方索取增值税专用发票的，自 2019 年 8 月 13 日起，可以自愿使用增值税发票管理系统自行开具。

年应税销售额未超过规定标准的纳税人，会计核算健全，能够提供准确税务资料的，可以向主管税务机关办理一般纳税人资格登记，成为一般纳税人。

为持续推进放管服（即简政放权、放管结合、优化服务）改革，将全面推行小规模纳税人自行开具增值税专用发票（其他个人除外）。

2）一般纳税人的认定标准

应税行为的年应税销售额（是指一个公历年度内的全部应税销售额，包括纳税申报销售额、稽查查补销售额、纳税评估调整销售额），超过财政部和国家税务总局规定标准的纳税人为一般纳税人。

一般纳税人实行登记制，应当向税务机关办理登记手续，另有规定的除外。

下列纳税人不办理一般纳税人登记：

（1）按照政策规定，选择按照小规模纳税人纳税的（包括非企业性单位，不经常发生应税行为的单位和个体工商户）。

（2）年应税销售额超过规定标准的其他个人。

除国家税务总局另有规定外，一经登记为一般纳税人后，不得转为小规模纳税人。

> **思考与讨论：**
>
> 2022 年，浙江某小微企业获得年应税销售额 350 万元，请思考该小微企业应该申请为什么纳税人？

中小微企业纳税实务

2. 增值税的征税范围

增值税的征税范围，包括在我国境内的销售货物、提供应税劳务和销售服务、无形资产、不动产以及进口货物。

1）征税范围的一般规定

（1）销售货物。

在境内销售货物，是指销售货物的起运地或所在地在我国境内。

货物是指有形动产，包括电力、热力、气体。销售货物是指有偿转让货物的所有权，能从购买方取得货币、货物或其他经济利益。

（2）销售劳务。

在境内销售劳务，是指所提供的应税劳务发生在境内。

销售劳务是指有偿提供加工修理修配劳务。

所谓加工，是指受托加工货物，即由委托方提供原料及主要材料，受托方按照委托方的要求，制造货物并收取加工费的业务；所谓修理修配，是指受托方对损伤和丧失功能的货物进行修复，使其恢复原状和功能的业务。

【案例 2－1】 判断杭州佳伟机械制造公司的下列行为是否征收增值税。

第一种情况，3 月 1 日，为已过保修期的客户修理打印机，开具增值税专用发票，注明修理费用 500 元，增值税额 65 元。

第二种情况，3 月 10 日，销售给某小规模纳税人一台打印机，开具普通发票，标明价格 1680 元。

第三种情况，3 月 12 日，受甲公司委托生产加工 10 台打印机，收取加工费 4000 元。

解析 第一种情况，为客户修理打印机，属于提供修理修配的行为，按规定应缴纳增值税。

第二种情况，销售给某小规模纳税人一台打印机，有偿转让了货物的所有权，属于在我国境内销售货物的行为，应缴纳增值税。

第三种情况，受甲公司委托生产加工 10 台打印机，属于受托加工行为，应缴纳增值税。

（3）进口货物。

进口货物是指申报进入我国海关境内的货物。根据《增值税暂行条例》的规定，只要是报关进口的应税货物，均属于增值税的征收范围，除享受免税政策外，在进口环节缴纳增值税。

（4）销售服务。

销售服务是指提供交通运输服务、邮政服务、电信服务、建筑服务、金融服务、现代服务、生活服务。

① 交通运输服务。

交通运输服务是指利用运输工具将货物或者旅客送达目的地，使其空间位置得到转移的业务活动，包括陆路运输服务、水路运输服务、航空运输服务和管道运输服务。

出租车公司向使用本公司自有出租车的出租车司机收取的管理费用，按陆路运输服务缴纳增值税。

水路运输的程租、期租业务，属于水路运输服务。

航空运输的湿租业务，属于航空运输服务。

航天运输服务是指利用火箭等载体，将卫星、空间探测器等空间飞行器发射到空间轨道的业务活动。其按照航空运输服务征收增值税。

无运输工具承运业务是指经营者以承运人身份与托运人签订运输服务合同，收取运费并承担承运人责任，然后委托实际承运人完成运输服务的经营活动。其按照交通运输服务缴纳增值税。

② 邮政服务。

邮政服务是指中国邮政集团公司及其所属邮政企业提供邮件寄递、邮政汇兑和机要通信等邮政基本服务的业务活动，包括邮政普遍服务、邮政特殊服务和其他邮政服务。

a.邮政普遍服务是指函件、包裹等邮件寄递，以及邮票发行、报刊发行和邮政汇兑等业务活动。

b.邮政特殊服务是指义务兵平常信函、机要通信、盲人读物及革命烈士遗物的寄递等业务活动。

c. 其他邮政服务是指邮册等邮品销售、邮政代理等业务活动。

中国邮政集团公司及其所属邮政企业提供的邮政普遍服务和邮政特殊服务免征增值税。

③ 电信服务。

电信服务是指利用有线、无线的电磁系统或者光电系统等各种通信网络资源，提供语音通话服务，以及传送、发射、接收或者应用图像、短信等电子数据和信息的业务活动，包括基础电信服务和增值电信服务。

a.基础电信服务是指利用固网、移动网、卫星、互联网，提供语音通话服务的业务活动，以及出租或者出售带宽、波长等网络元素的业务活动。

b.增值电信服务是指利用固网、移动网、卫星、互联网、有线电视网络，提供短信和彩信服务、电子数据和信息的传输及应用服务、互联网接入服务等业务活动。

卫星电视信号落地转接服务，按照增值电信服务计算缴纳增值税。

④ 建筑服务。

建筑服务是指各类建筑物、构筑物及其附属设施的建造、修缮、装饰，线路、管道、设备、设施等的安装以及其他工程作业的业务活动，包括工程服务、安装服务、修缮服务、装饰服务和其他建筑服务。

固定电话、有线电视、宽带、水、电、燃气、暖气等经营者向用户收取的安装费、初装费、开户费、扩容费以及类似收费，按照安装服务缴纳增值税。

⑤ 金融服务。

金融服务是指经营金融保险的业务活动，包括贷款服务、直接收费金融服务、保险服务和金融商品转让。

a. 贷款服务是指将资金贷与他人使用而取得利息收入的业务活动。

各种占用、拆借资金取得的收入，包括金融商品持有期间（含到期）利息（保本收益、报酬、资金占用费、补偿金等）收入、信用卡透支利息收入、买入返售金融商品利息收入、融资融券收取的利息收入，以及融资性售后回租、押汇、罚息、票据贴现、转贷等业务取得的利息及利息性质的收入和以货币资金投资收取的固定利润或者保底利润，按照贷款服务缴纳增值税。

b. 直接收费金融服务是指为货币资金融通及其他金融业务提供相关服务并且收取费用的业务活动。

c. 保险服务是指投保人根据合同约定，向保险人支付保险费，保险人对于合同约定的可能发生的事故因其发生所造成的财产损失承担赔偿保险金责任，或者当被保险人死亡、伤残、疾病或者达到合同约定的年龄、期限等条件时承担给付保险金责任的商业保险行为，包括人身保险服务和财产保险服务。

d. 金融商品转让是指转让外汇、有价证券、非货物期货和其他金融商品所有业务活动。金融商品转让不得开具增值税专用发票。

思考与讨论：

融资性售后回租、融资租赁与经营租赁的区别是什么？它们分别属于什么服务？

⑥ 现代服务。

现代服务是指围绕制造业、文化产业、现代物流产业等提供技术性、知识性服务的业务活动，包括研发和技术服务、信息技术服务、文化创意服务、物流辅助服务、租赁服务、鉴证咨询服务、广播影视服务、商务辅助服务和其他现代服务。

a. 研发和技术服务包括研发服务、技术转让服务、技术咨询服务、合同能源管理服务、工程勘察勘探服务。

b. 信息技术服务是指利用计算机、通信网络等技术对信息进行生产、收集、处理、加工、存储、运输、检索和利用，并提供信息服务的业务活动，包括软件服务、电路设计及测试服务、信息系统服务、业务流程管理服务和信息系统增值服务。

c. 文化创意服务包括设计服务、知识产权服务、广告服务和会议展览服务。

d. 物流辅助服务包括航空服务、港口码头服务、货运客运场站服务、打捞救助服务、装卸搬运服务、仓储服务和收派服务。

思考与讨论：

结合企业的实际案例，分析交通运输服务与物流辅助服务的区别。

e. 租赁服务包括融资租赁服务和经营租赁服务。

融资性售后回租业务不按照本税目缴纳增值税。

将建筑物、构筑物等不动产或者飞机、车辆等有形动产的广告位出租给其他单位或者个人用于发布广告，按照经营租赁服务缴纳增值税。

车辆停放服务、道路通行服务（包括过路费、过桥费、过闸费等）等按照不动产经营租赁服务缴纳增值税。

f. 鉴证咨询服务包括认证服务、鉴证服务和咨询服务。翻译服务和市场调查服务按照咨询服务缴纳增值税。

g. 广播影视服务包括广播影视节目（作品）的制作服务、发行服务和播映（含放映，下同）服务。

h. 商务辅助服务包括企业管理服务、经纪代理服务、人力资源服务、安全保护服务。

i.其他现代服务是指除研发和技术服务、信息技术服务、文化创意服务、物流辅助服务、租赁服务、鉴证咨询服务、广播影视服务和商务辅助服务以外的现代服务。

⑦ 生活服务。

生活服务是指为满足城乡居民日常生活需求提供的各类服务活动，包括文化体育服务、教育医疗服务、旅游娱乐服务、餐饮住宿服务、居民日常服务和其他生活服务。

a.文化体育服务包括文化服务和体育服务。文化服务是指为满足社会公众文化生活需求提供的各种服务。体育服务是指组织举办体育比赛、体育表演、体育活动，以及提供体育训练、体育指导、体育管理的业务活动。

b.教育医疗服务包括教育服务和医疗服务。教育服务是指提供学历教育服务、非学历教育服务、教育辅助服务的业务活动。医疗服务是指提供医学检查、诊断、治疗、康复、预防、保健、接生、计划生育、防疫等方面的服务，以及与这些服务有关的提供药品、医用材料器具、救护车、病房住宿和伙食的业务。

c.旅游娱乐服务包括旅游服务和娱乐服务。旅游服务是指根据旅游者的要求，组织安排交通、游览、住宿、餐饮、购物、文娱、商务等服务的业务活动。娱乐服务是指为娱乐活动同时提供场所和服务的业务。

d.餐饮住宿服务包括餐饮服务和住宿服务。餐饮服务是指通过同时提供饮食和饮食场所的方式为消费者提供饮食消费服务的业务活动。住宿服务是指提供住宿场所及配套服务等的业务活动。

e.居民日常服务是指主要为满足居民个人及其家庭日常生活需求提供的服务，包括市容市政管理、家政、婚庆、养老、殡葬、照料和护理、救助救济、美容美发、按摩、桑拿、氧吧、足疗、沐浴、洗染、摄影扩印等服务。

f.其他生活服务是指除文化体育服务、教育医疗服务、旅游娱乐服务、餐饮住宿服务和居民日常服务之外的生活服务。

（5）销售无形资产。

销售无形资产是指转让无形资产所有权或者使用权的业务活动。无形资产是指不具实物形态，但能带来经济利益的资产，包括技术、商标、著作权、商誉、自然资源使用权和其他权益性无形资产。

技术包括专利技术和非专利技术。

自然资源使用权包括土地使用权、海域使用权、探矿权、采矿权、取水权和其他自然资源使用权。

其他权益性无形资产包括基础设施资产经营权、公共事业特许权、配额、经营权（包括特许经营权、连锁经营权、其他经营权）、经销权、分销权、代理权、会员权、席位权、网络游戏虚拟道具、域名、名称权、肖像权、冠名权、转会费等。

（6）销售不动产。

销售不动产是指转让不动产所有权的业务活动。不动产是指不能移动或者移动后会引起性质、形状改变的财产，包括建筑物、构筑物等。

建筑物包括住宅、商业营业用房、办公楼等可供居住、工作或者进行其他活动的建造物。

构筑物包括道路、桥梁、隧道、水坝等建造物。

转让建筑物有限产权或者永久使用权的，转让在建的建筑物或者构筑物所有权的，以及在转让建筑物或者构筑物时一并转让其所占土地的使用权的，按照销售不动产缴纳增值税。

2）征税范围的特殊规定

（1）非经营活动的界定。

销售服务、无形资产或者不动产是指有偿提供服务、有偿转让无形资产或者不动产，但属于下列非经营活动的情形除外：

① 行政单位收取的同时满足以下条件的政府性基金或者行政事业性收费。

② 单位或者个体工商户聘用的员工为本单位或者雇主提供取得工资的服务。

③ 单位或者个体工商户为聘用的员工提供服务。

④ 财政部和国家税务总局规定的其他情形。

（2）在境内销售服务、无形资产或不动产的界定。

在境内销售服务、无形资产或不动产是指：① 服务（租赁不动产除外）或者无形资产（自然资源使用权除外）的销售方或者购买方在境内；② 所销售或者租赁的不动产在境内；③ 所销售自然资源使用权的自然资源在境内。

下列情形不属于在境内销售服务或者无形资产：

① 境外单位或者个人向境内单位或者个人销售完全在境外发生的服务。

② 境外单位或者个人向境内单位或者个人销售完全在境外使用的无形资产。

③ 境外单位或者个人向境内单位或者个人出租完全在境外使用的有形动产。

【案例 2－2】 杭州佳伟机械制造公司发生以下业务，请判断是否需要缴纳增值税。

第一种情况，老板为聘用的全职司机为公司提供的驾驶服务。

第二种情况，公司为职工提供的班车服务。

解析 第一种情况，单位聘用的员工为本单位或雇主提供取得工资的服务属于非经营活动，不征收增值税。

第二种情况，单位或者个体工商户为聘用的员工提供服务，不征收增值税。

（3）视同销售行为。

单位或个体工商户的下列行为，视同销售货物、服务、无形资产或者不动产行为：

① 将货物交付其他单位或者个人代销。

② 销售代销货物。

③ 设有两个以上机构并实行统一核算的纳税人，将货物从一个机构移送其他机构用于销售，但相关机构在同一县（市）的除外。

④ 将自产或者委托加工的货物用于非增值税应税项目。

⑤ 将自产、委托加工的货物用于集体福利或个人消费。

⑥ 将自产、委托加工或购进的货物作为投资，提供给其他单位或个体工商户。

⑦ 将自产、委托加工或购进的货物分配给股东或投资者。

⑧ 将自产、委托加工或购进的货物无偿赠送给其他单位或者个人。

⑨ 单位或者个体工商户向其他单位或者个人无偿提供服务、转让无形资产或者不动产，但用于公益事业或者以社会公众为对象的除外。

增值税视同
销售的判断

项目二　增值税纳税业务

【案例2-3】 甲企业(一般纳税人)7月份决定将自产的糕点作为职工福利发放,8月份实际发放时是否视同销售?需要计算增值税吗?进项税额可以抵扣吗?

解析 第一种情况,应视同销售货物。

第二种情况,甲企业应在8月份就上述业务计算增值税(核定销售额进行计算)。

第三种情况,由于甲企业上述业务产生增值税销项税额,因此制作该批糕点耗费的原材料所负担的进项税额可以依法抵扣。

提示: 视同销售行为中,所涉及的外购货物进项税额,凡符合规定的,允许作为当期进项税额抵扣。其中,购进货物用于非增值税应税项目、集体福利或个人消费的,进项税额不得抵扣,已经抵扣的,应作为进项税额转出处理。

(4)混合销售行为。

混合销售是指纳税人的一项销售行为既涉及货物又涉及服务。

从事货物的生产、批发或者零售的单位和个体工商户的混合销售行为,按照销售货物缴纳增值税;其他单位和个体工商户的混合销售行为,按照销售服务缴纳增值税。

上述从事货物的生产、批发或者零售的单位和个体工商户,包括以从事货物批发或者零售为主(指纳税人年货物销售额与年服务销售额的合计数中,货物销售额超过50%),并兼营销售服务的单位和个体工商户在内。

自2017年5月起,纳税人销售活动板房、机器设备、钢结构件等自产货物的同时提供建筑、安装服务的,不属于混合销售,应分别核算货物和建筑服务的销售额,分别适用不同的税率或者征收率。

思考与讨论:

某商场向消费者销售一批空调,由商场送货上门并安装,涉及了哪些纳税行为?

---

(5)兼营行为。

纳税人销售货物,提供加工修理修配劳务,以及销售服务、无形资产或者不动产,适用不同税率或者征收率的,应当分别核算适用不同税率或者征收率的销售额,未分别核算销售额的,从高适用税率或者征收率。

纳税人兼营免税、减税项目的,应当分别核算免税、减税项目的销售额;未分别核算的,不得免税、减税。

【案例2-4】 甲公司为增值税一般纳税人,主要从事货物销售,2021年10月销售货物的同时提供运输服务,取得含增值税货物销售款113 000元、含税运费1130元。思考这是混合销售还是兼营行为。

解析 甲公司的运输业务并未单独开展,而是从属于货物销售行为发生,应认定甲公司发生了销售货物与提供交通运输服务的混合销售行为,并且甲公司的主业为货物销售,其本月收取的上述款项应全部按销售货物缴纳增值税。

(6)不征收增值税项目。

① 根据国家指令无偿提供的铁路运输服务、航空运输服务,属于公益事业的服务。

② 存款利息。

③ 被保险人获得的保险赔付。

④ 房地产主管部门或者其指定机构、公积金管理中心、开发企业以及物业管理单位代收的住宅专项维修资金。

⑤ 在资产重组过程中，通过合并、分立、出售、置换等方式，将全部或者部分实物资产以及与其相关联的债权、负债和劳动力一并转让给其他单位和个人，其中涉及的不动产、土地使用权转让行为。

3. 增值税税率与征收率

1）基本税率

增值税一般纳税人销售或者进口货物，提供加工修理修配劳务，除低税率适用范围和销售个别旧货适用征收率外，从 2019 年 4 月 1 日起，税率一律为 13％，这就是通常说的基本税率。其中，有形动产的租赁服务的税率是 13％。

2）低税率

（1）销售或者进口下列货物，适用 9％税率：

① 粮食等农产品、食用植物油、食用盐。

② 自来水、暖气、冷气、热水、煤气、石油液化气、天然气、沼气、居民用煤炭制品、二甲醚。

③ 图书、报纸、杂志、音像制品、电子出版物。

④ 饲料、化肥、农药、农机、农膜。

（2）销售下列服务、无形资产或者不动产，适用 9％税率：

① 提供交通运输、邮政、基础电信、建筑、不动产租赁服务。

② 销售不动产。

③ 转让土地使用权。

（3）销售下列服务、无形资产或者不动产，适用 6％税率：

① 销售增值电信服务、金融服务、现代服务（租赁服务除外）、生活服务。

② 销售无形资产（转让土地使用权除外）。

3）零税率

（1）纳税人出口货物，税率为零，但国务院另有规定的除外。

（2）中华人民共和国境内的单位和个人销售的下列服务和无形资产，适用增值税零税率：

① 国际运输服务，包括在境内载运旅客或者货物出境；在境外载运旅客或者货物入境；在境外载运旅客或者货物。

② 航天运输服务。

③ 向境外单位提供完全在境外消费的服务：研发服务、合同能源管理服务、设计服务、广播影视节目（作品）的制作和发行服务、软件服务、电路设计及测试服务、信息系统服务、业务流程管理服务、离岸服务外包业务、转让技术。

4）增值税征收率

小规模纳税人以及一般纳税人选择简易办法计税的，征收率为 3％。另有规定的除外，具体介绍如下：

（1）一般纳税人销售自己使用过的属于《增值税暂行条例》第十条规定，不得抵扣未抵扣进项税额的固定资产，按照简易办法依 3％征收率减按 2％征收增值税。

（2）一般纳税人销售自己使用过的其他固定资产应区分不同情形征收增值税：一般纳税人销售自己使用过的 2009 年 1 月 1 日或纳入营改增试点之日后购进或自制的固定资产，按照适用税率征收增值税；销售自己使用过的 2008 年 12 月 31 日或纳入营改增试点之日前购进或自制的固定资产，依 3％征收率减按 2％征收增值税。

（3）一般纳税人销售自己使用过的除固定资产以外的物品，应当按照适用税率征收增值税。

（4）小规模纳税人（除其他个人外，下同）销售自己使用过的固定资产，减按 2％征收率征收增值税。

小规模纳税人销售自己使用过的除固定资产以外的物品，应按 3％的征收率征收增值税。

（5）一般纳税人与小规模纳税人销售旧货，按照简易办法依照 3％征收率减按 2％征收增值税。

（6）一般纳税人销售自产的下列货物，可选择按简易办法依 3％征收率征收增值税：

① 县级及县级以下小型水力发电单位生产的电力。小型水力发电单位，是指各类投资主体建设的装机容量为 5 万千瓦以下（含 5 万千瓦）的小型水力发电单位。

② 建筑用和生产建筑材料所用的砂、土、石料。

③ 以自己采掘的砂、土、石料或其他矿物连续生产的砖、瓦、石灰（不含黏土实心砖、瓦）。

④ 用微生物、微生物代谢产物、动物毒素、人或动物的血液或组织制成的生物制品。

⑤ 自来水。

⑥ 商品混凝土（仅限于以水泥为原料生产的水泥混凝）。

（7）从 2014 年 7 月 1 日起，一般纳税人销售下列货物，暂按简易办法依 3％征收率征收增值税：

① 寄售商店代销寄售物品。

② 典当业销售死当物品。

（8）征税率的特殊规定。

① 小规模纳税人销售不动产（不含个体工商户销售购买的住房和其他个人销售不动产），按照 5％的征收率征收增值税。

② 小规模纳税人出租不动产（不含个人出租住房），按 5％的征收率征收增值税。

③ 一般纳税人销售其 2016 年 4 月 30 日前取得或者自建的不动产，选择简易计税方法计税的，按照 5％的征收率征收增值税。

④ 一般纳税人出租其 2016 年 4 月 30 日前取得或者自建的不动产，选择简易计税方法计税的，按照 5％的征收率征收增值税。

⑤ 房地产开发企业（小规模纳税人）销售自行开发的房地产老项目，按照 5％的征收率征收增值税。

⑥ 房地产开发企业（一般纳税人）销售自行开发的房地产老项目，选择简易计税方法计税的，按照 5％的征收率征收增值税。

⑦ 纳税人提供劳务派遣服务，选择差额纳税的，按照 5％的征收率征收增值税。

中小微企业纳税实务

任务三　理解增值税应纳税额的计算

任务描述

某食品厂为增值税一般纳税人，本月向消费者销售零食，开具普通发票注明价款1130万元；向某批发商销售一批食品，开具增值税专用发票注明价款2000万元，其中增值税额260万元。请计算该电子设备生产厂当月应纳税销售额和销项税额。

1. 一般纳税人应纳税额的计算

增值税一般纳税人实行进项税抵扣法。其应缴增值税的计算公式如下：

当期应纳税额＝当期应交销项税额－当期应交进项税额－上期留抵税额

当期销项税额小于当期进项税额不足抵扣时，其不足部分可以结转下期继续抵扣。

需要注意的是：一般纳税人因销售货物退回或者折让，或者因服务中止或折让而退还给购买方的增值税额，应从当期的销项税额中扣减；因购进货物退出或者折让，或者因服务中止或折让而收回的增值税额，应从当期的进项税额中抵减。

1）销项税额的计算

销项税额是纳税人发生应税销售行为，按照销售额和增值税税率计算，并向购买方收取的增值税税额。其计算公式如下：

$$销项税额＝不含税销售额×增值税税率＝\frac{含税销售额}{1＋增值税税率}×增值税税率$$

（1）一般销售方式下销售额的确定。

① 销售额的确定。

销售额是指纳税人发生应税销售行为取得的全部价款和价外费用，但是不包括收取的销项税额。价外费用是指价外向购买方收取的各种性质的收费，包括手续费、补贴、基金、集资费、返还利润、奖励费、违约金、滞纳金、延期付款利息、赔偿金、代收款项、代垫款项包装费、包装物租金、储备费、优质费、运输装卸费以及其他各种性质的价外收费。无论其会计制度规定如何核算，均应并入销售额计算应纳税额。但下列项目不包括在内：

a. 向购买方收取的销项税额。

b. 受托加工应征消费税的消费品所代收代缴的消费税。

c. 符合国家税收法律、法规规定条件代为收取的政府性基金或者行政事业性收费。

d. 以委托方名义开具发票代委托方收取的款项。

e. 销售货物的同时代办保险等而向购买方收取的保险费，以及向购买方收取的代购买方缴纳的车辆购置税、车辆牌照费。

＊任务解析＊

问题中该食品厂开具的增值税专用发票中注明价款是不含税销售额，不需换算；普通发票注明的价款是含税销售额，需要换算。

$$向消费者零售的计税销售额＝\frac{1130}{(1＋13\%)}＝1000（万元）$$

$$向商场销售的计税销售额＝2000（万元）$$

不含税销售额合计＝2000＋1000＝3000（万元）

销项税额＝3000×13％＝390（万元）

◆ **知识拓展**

销售价款中是否含税的判断一般遵循以下原则：

（1）普通发票中注明的价款一定是含税销售额。

（2）零售价一定是含税销售额。

（3）增值税专用发票的销售额一定是不含税销售额。

（4）增值税纳税人销售货物同时收取的价外收入或逾期包装物押金一定是含税销售额。

② 核定销售额的确定。

《增值税暂行条例实施细则》规定的 8 种视同销售行为，一般不以资金的形式反映出来，因此没有销售额。另外，纳税人发生应税行为价格明显偏低且不具有合理商业目的。这两种情况，税务机关有权按照下列顺序核定其销售额：

a. 按纳税人最近时期同类货物、劳务、服务、无形资产或者不动产的平均价格确定平均销售价格。

b. 按其他纳税人最近时期同类货物、劳务、服务、无形资产或者不动产的平均价格确定平均销售价格。

c. 按组成计税价格确定。组成计税价格的公式如下：

$$组成计税价格＝成本×（1＋成本利润率）$$

征收增值税的货物，同时又征收消费税的，其组成计税价格中应包含消费税税额。其计算公式如下：

$$组成计税价格＝成本×（1＋成本利润率）＋消费税税额$$

或

$$组成计税价格＝\frac{成本×（1＋成本利润率）}{1－消费税税率}$$

成本利润率由国家税务总局确定。

③ 混合销售的销售额的确定。

混合销售的销售额为货物的销售额与服务销售额的合计。

④ 兼营的销售额的确定。

纳税人兼营不同税率的货物、劳务、服务、无形资产或不动产，应当分别核算不同税率或者征收率的销售额；未分别核算销售额的，从高适用税率。

（2）在特殊销售货物方式下销售额的确定。

① 折扣销售方式销售。

折扣销售是指由于购货方购货数量较大等原因而给予购货方的价格优惠。按税法规定：如果销售额和折扣额在同一张发票上分别注明的，可以按折扣后的销售额征收增值税；如果将折扣额另开发票，不论其在财务上如何处理，均不得从销售额中减除折扣额。

特殊销售方式下
销售额的确定

② 以旧换新销售方式销售。

以旧换新销售是指纳税人在销售过程中，折价收回同类旧货物，并以折价款部分冲减新货物价款的一种销售方式。采取以旧换新方式销售货物的，应按新货物的同期销售价格确定销售额，不得扣减旧货物的收购价格。

金银首饰以旧换新业务，可按销售方实际收取的不含增值税的全部价款征收增值税。

③ 还本销售方式销售。

还本销售是指将货物销售出去以后，到约定的期限再由销货方一次或分次将购货款一次或分次退还给购货方的一种销售方式，其实质是一种以提供货物换取还本不付息的行为。税法规定纳税人采取还本销售方式销售货物，其销售额应是货物的销售价格，不得从销售额中减除还本支出。

④ 以物易物方式销售。

以物易物是指购销双方不是以货币结算或主要不以货币结算，而是以货物相互结算，相当于双方都视同购销。以物易物以各自发出的货物核算销售额，并以此计算销项税额，以各自收到的货物按规定核算购货额，并以此计算进项税额。

以物易物双方应分别开具合法的票据，如收到的货物不能取得相应的增值税专用发票或其他合法票据，则不能抵扣进项税额。

⑤ 直销方式销售。

直销企业先将货物销售给直销员，直销员再将货物销售给消费者的，直销企业的销售额为其向直销员收取的全部价款和价外费用。直销员将货物销售给消费者时，按照现行规定缴纳增值税。

直销企业通过直销员向消费者销售货物，直接向消费者收取货款的，直销企业的销售额为其向消费者收取的全部价款和价外费用。

⑥ 包装物租金。

纳税人为销售货物而出租、出借包装物所收取的押金，单独记账核算的，且时间在1年以内又未过期的，不计入销售额征税。但对逾期未收回包装物而不再退还的押金，应换算成不含税收入后计入销售额，按所包装货物的税率计税。另外，对销售除啤酒、黄酒以外的其他酒类产品而收取的包装物押金，无论是否返还以及会计上如何核算，均应并入当期销售额征收增值税。

◆ **知识拓展**

包装费、包装物租金和包装物押金的区别

包装物押金不同于包装物租金，包装费、包装物租金属于价外费用，包装物押金是含税收入，在并入销售额征收时，需要先将该押金换算为不含税收入。

（3）在特殊销售服务方式下销售额的确定。

① 贷款服务，以提供贷款服务取得的全部利息及利息性质的收入为销售额。

② 直接收费金融服务，以提供直接收费金融服务收取的手续费、佣金、酬金、管理费、服务费、经手费、开户费、过户费、结算费、转托管费等各类费用为销售额。

差额计算方式下
销售额的确定

项目二 增值税纳税业务

③ 金融商品转让，按照卖出价扣除买入价后的余额为销售额。转让金融商品出现的正负差，按盈亏相抵后的余额为销售额。若相抵后出现负差，可结转下一纳税期与下期转让金融商品销售额相抵，但年末时仍出现负差的，不得转入下一个会计年度金融商品转让。

金融商品转让，不得开具增值税专用发票。

④ 经纪代理服务，以取得的全部价款和价外费用，扣除向委托方收取并代为支付的政府性基金或者行政事业性收费后的余额为销售额，向委托方收取的政府性基金或者行政事业性收费，不得开具增值税专用发票。

⑤ 航空运输企业的销售额，不包括代收的机场建设费和代售其他航空运输企业客票而代收转付的价款。

⑥ 提供客运场站服务，以其取得的全部价款和价外费用，扣除支付给承运方运费后的余额为销售额。

⑦ 提供旅游服务，可以选择以取得的全部价款和价外费用，扣除向旅游服务购买方收取并支付给其他单位或者个人的住宿费、餐饮费、交通费、签证费、门票费和支付给其他接团旅游企业的旅游费用后的余额为销售额。选择该办法计算销售额的试点纳税人，向旅游服务购买方收取并支付的上述费用不得开具增值税专用发票，可以开具普通发票。

⑧ 提供建筑服务适用简易计税方法的，以取得的全部价款和价外费用扣除支付的分包款后的余额为销售额。

⑨ 房地产开发企业中的一般纳税人销售其开发的房地产项目（选择简易计税方法的房地产老项目除外，是指合同开工日期在 2016 年 4 月 30 日前的房地产项目），以取得的全部价款和价外费用，扣除受让土地时向政府部门支付的土地价款后的余额为销售额。

（4）销售额确定的特殊规定。

纳税人兼营免税、减税项目，应当分别核算免税、减税项目的销售额；未分别核算的，不得免税、减税。

纳税人发生应税销售行为，开具增值税专用发票后，发生开票有误或者销售折让、中止、退回等情形的，应当按照国家税务总局的规定开具红字增值税专用发票；未按照规定开具红字增值税专用发票的，不得扣减销项税额或者销售额。

【案例 2-5】 某家电有限责任公司为增值税一般纳税人，20××年10月发生下列经济业务：

业务一，将一批自己生产的家电作为职工福利，成本为 7020 元，已知增值税税率为13％，成本利润率为 10％。

业务二，其销售的家电标明零售价为 2000 元/台，共 100 台。由于大批量购进，因此给予 8 折商业优惠，销售额与折扣额在同一张发票上的"金额"栏分别注明。

业务三，采取"以旧换新"方式销售电冰箱；本月该商场销售新冰箱 100 台，每台零售价为 3000 元，旧冰箱每台收购价为 200 元。

解析 业务一：

$$组成计税价格＝成本×（1＋成本利润率）＝7020×（1＋10％）$$
$$销项税额＝7020×（1＋10％）×13％＝1003.86（元）$$

业务二：

$$销项税额＝\frac{2000×100×80％}{（1＋13％）}×13％＝18\,407.08（元）$$

业务三：

$$销项税额 = \frac{3000 \times 100}{(1+13\%)} \times 13\% = 34\ 513.27(元)$$

2）进项税额的计算

纳税人购进货物、劳务、服务、无形资产或者不动产，支付或者负担的增值税税额是进项税额。在同一项购销业务中，进项税额与销项税额相对应，销售方的销项税额就是购货方支付的进项税额。但是，不是所有的进项税额都是可以抵扣的。

（1）准予抵扣的进项税额。

一般纳税人购进货物，提供加工修理修配劳务，以及销售服务、无形资产或者不动产所支付的进项税额、准予从销项税额中抵扣的有两种情形：

① 以票抵扣。

a．从销售方取得的增值税专用发票（含税控机动车销售统一发票，下同）上注明的增值税额。

b．从海关取得的海关进口增值税专用缴款书上注明的增值税税额。

c．从境外单位或者个人购进服务、无形资产或者不动产，自税务机关或者扣缴义务人取得的解缴税款的完税凭证上注明的增值税额。

② 计算抵扣。

a．取得增值税专用发票或者海关进口增值税专用缴款书的，按照增值税专用发票或者海关进口增值税专用缴款书上注明的增值税计算进项税额。

b．从按照简易计税方法依照3%征收率计算缴纳增值税的小规模纳税人取得增值税专用发票的，以增值税专用发票上注明的金额和9%的扣除率计算进项税额。

c．取得（开具）农产品销售发票或收购发票的，以农产品销售发票或收购发票上注明的农产品买价和9%的扣除率计算进项税额。

d．纳税人购进用于生产销售或委托加工13%税率货物的农产品，扣除率为10%，计算公式如下：

$$进项税额 = 买价 \times 扣除率$$

③ 境内旅客运输服务的抵扣。自2019年4月1日起，纳税人购进国内旅客运输服务，其进项税额允许从销项税额中抵扣，纳税人未取得增值税专用发票的，暂按照以下规定确定进项税额：

a．取得增值税电子普通发票的，为发票上注明的税额。

b．取得注明旅客身份信息的航空运输电子客票行程单的，按照下列公式计算进项税额：

$$航空旅客运输进项税额 = \frac{票价 + 燃油附加费}{1+9\%} \times 9\%$$

c．取得注明旅客身份信息的铁路车票的，按照下列公式计算进项税额：

$$铁路旅客运输进项税额 = \frac{票面金额}{1+9\%} \times 9\%$$

d．取得注明旅客身份信息的公路、水路等其他客票的，按照下列公式计算进项税额：

可以抵扣的
进项税额

$$公路、水路等其他旅客运输进项税额=\frac{票面金额}{1+3\%}\times3\%$$

（2）不得从销项税额中抵扣的进项税额。

① 用于简易计税方法计税项目、免征增值税项目、集体福利或者个人消费的购进货物、劳务、服务、无形资产和不动产。其中涉及的固定资产、无形资产、不动产，仅指专用于上述项目的固定资产、无形资产（不包括其他权益性无形资产）、不动产。

不可以抵扣的
进项税额

② 非正常损失的购进货物，以及相关的加工修理修配劳务和交通运输业服务。非正常损失是指因管理不善造成被盗、丢失、霉烂变质，以及因违反法律法规造成货物成者不动产被依法没收、销毁、拆除的情形。

③ 非正常损失的在产品、产成品所耗用的购进货物（不包括固定资产）、加工修理修配劳务或者交通运输业服务。

④ 非正常损失的不动产，以及不动产耗用的购进货物、设计服务和建筑服务。

⑤ 非正常损失的不动产在建工程所耗用的购进货物、设计服务和建筑服务。纳税人新建、改建、扩建、修缮、装饰不动产，均属于不动产在建工程。

⑥ 购进的贷款服务、餐饮服务、居民日常服务和娱乐服务。

⑦ 纳税人接受贷款服务向贷款方支付的与该笔贷款直接相关的投融资顾问费、手续费、咨询费等费用。

⑧ 财政部和国家税务总局规定的其他情形。

以上所讲的固定资产是指使用期限超过 12 个月的机器、机械运输工具以及其他与生产经营有关的设备、工具器具等，与会计准则相比，不包括不动产及不动产在建工程。

（3）适用一般计税方法的纳税人，兼营简易计税方法计税项目、免征增值税项目而无法划分不得抵扣的进项税额，按照下列公式计算不得抵扣的进项税额：

$$不得抵扣的进项税额=\frac{当期无法划分的全部进项税额\times\left(当期简易计税方法计税项目销售额+免征增值税项目销售额\right)}{当期全部销售额}$$

（4）一般纳税人当期购进的货物或劳务用于生产经营，其进项税额在当期销项税额中予以抵扣。但已抵扣进项税额的购进货物或劳务如果事后改变用途，用于集体福利或者个人消费、购进货物发生非正常损失、在产品或产成品发生非正常损失等，应当将该项购进货物或劳务的进项税额从当期的进项税额中扣减。

（5）已抵扣进项税额的固定资产、无形资产，发生不得从销项税额中抵扣情形的，应在当月按下列公式计算不得抵扣的进项税额：

$$不得抵扣的进项税额=固定资产、无形资产净值\times适用税率$$

固定资产净值是指纳税人按照财务会计制度计提折旧后计算的固定资产净值。

无形资产净值是指纳税人根据财务会计制度摊销后的余额。

（6）已抵扣进项税额的不动产，发生不得从销项税额中抵扣情形的，应在当月按下列公式计算不得抵扣的进项税额：

$$不得抵扣的进项税额=已抵扣进项税额\times不动产净值率$$

$$不动产净值率=\frac{不动产净值}{不动产原值}\times100\%$$

（7）不得抵扣且未抵扣进项税额的固定资产、无形资产，发生用途改变，用于允许抵扣进项税额的应税项目，可在用途改变的次月计算可以抵扣的进项税额，公式如下：

$$可以抵扣的进项税额 = \frac{固定资产、无形资产净值}{1+适用税率} \times 适用税率$$

（8）不得抵扣且未抵扣进项税额的不动产，发生用途改变，用于允许抵扣进项税额的应税项目，可在用途改变的次月计算可以抵扣的进项税额，公式如下：

可以抵扣的进项税额 = 增值税扣税凭证注明或计算的进项税额 × 不动产净值率

【案例 2-6】 甲企业是增值税一般纳税人，20××年 6 月份有关生产经营业务如下：

业务一，购进生产材料一批，已验收入库，取得增值税专用发票上注明价款 200 万元，增值税额 26 万元；运输公司运输费取得增值税专用发票，注明运输费 5 万元，增值税 0.45 万元。

业务二，购进钢材一批，取得普通发票，注明价款 11.7 万元。

业务三，直接从农民手中购进免税农产品，收购凭证上注明收购款是 50 万元；从农业生产者手中购进免税农产品，收购凭证上注明收购款是 50 万元；委托运输公司运输，取得增值税专用发票，注明运输费 2 万元，税款 0.18 万元。

要求：计算该企业当月可以抵扣的进项税额。

解析 业务一，取得增值税专用发票，可以凭票抵扣。

进项税额 = 26 + 0.45 = 26.45（万元）

业务二，取得普通发票不能抵扣进项额。

业务三，购进免税农产品，可以按收购凭证注明的收购价款计算抵扣 9%。

50 × 9% + 50 × 9% + 0.18 = 9.18（万元）

当月可以抵扣的进项税额 = 26.45 + 9.18 = 35.63（万元）

3）一般纳税人应纳税额的计算

增值税一般纳税人实行进项税抵扣法。其应缴增值税的计算公式如下：

当期应纳税额 = 当期应交销项税额 - 当期应交进项税额

当期销项税额小于当期进项税额不足抵扣时，其不足部分可以结转下期继续抵扣。

一般纳税人应纳税额的计算

【案例 2-7】 某家电企业为一般纳税人，20××年 6 月取得销售收入 113 万元（含税），当月外购原材料 10 万元（不含税金额，取得增值税专用发票），购入办公用品 50 万元（不含税金额，取得普通发票）。计算该纳税人 20××年 6 月份应纳增值税额。

解析

$$销项税额 = \frac{113}{(1+13\%)} \times 13\% = 13（万元）$$

可抵扣的进项税额 = 10 × 13% = 1.3（万元）

20××年 6 月应纳增值税额 = 13 - 1.3 = 11.7（万元）

【案例 2-8】 某汽车生产商为增值税一般纳税人，20××年 8 月份尚未抵扣完的进项税额为 5100 元，该企业 20××年 9 月份有关生产经营业务如下：

业务一，销售甲型小汽车 100 辆给销售公司，每辆不含税售价为 15 万元，开具增值税专用发票注明应收价款 1500 万元，款项均已收到。

业务二，购进机器设备取得增值税专用发票注明价款 20 万元，进项税额 2.6 万元，支付运费取得增值税专用发票，注明运费 5 万元，税款 0.45 万元，该设备当月投入使用。

业务三，企业将某单位逾期未退还包装物押金 4 万元转作其他业务收入。

业务四，当月购进原材料取得税控专用发票注明金额 600 万元，进项税额 78 万元，支付购进原材料运费取得增值税专用发票，注明运费 20 万元，税款 1.8 万元，支付装卸费，取得装卸费 3 万元，税款 0.18 万元。

业务五，企业将购进的钢材转用于企业职工集体福利，按企业材料成本计算方法确定，该材料成本 52 万元，其进项税额为 6.76 万元。

要求：计算该汽车生产商本月应缴纳的增值税税额。

解析 第一步：逐笔分析经济业务，确定是销项税额还是进项税额。

业务一，销售甲型小汽车给销售公司应纳增值税，则：

$$销项税额 = 15\ 000\ 000 \times 13\% = 1\ 950\ 000(元)$$

业务二，购进生产经营用固定资产取得增值税专用发票和货物运输业增值税专用发票，其进项税额允许抵扣，则：

$$允许抵扣的进项税额 = 26\ 000 + 4500 = 30\ 500(元)$$

业务三，逾期未退还包装物押金应纳增值税，因为押金是含税价格，所以应换算成不含税价后征收增值税，则：

$$销项税额 = \frac{40\ 000}{1 + 13\%} \times 13\% = 4601.77(元)$$

业务四，购进材料取得增值税专用发票和货物运输业增值税专用发票，其进项税额允许抵扣，则：

$$允许抵扣的进项税额 = 780\ 000 + 18\ 000 + 1800 = 799\ 800(元)$$

业务五，企业将购进货物改变用途于其他方面的，其进项税额应作转出，则：

$$进项税额转出 = 67\ 600(元)$$

第二步：计算本期销项税额。

$$本期销项税额 = 1\ 950\ 000 + 4601.77 = 1\ 954\ 601.77(元)$$

第三步：计算本期可抵扣的进项税额。

$$当期进项税额 = 30\ 500 + 799\ 800 = 830\ 300(元)$$

$$进项税额转出 = 67\ 600(元)$$

第四步：计算本期增值税实际应纳税额。

$$当期应纳税额 = 当期销项税额 - 当期进项税额 + 进项税额转出 - 上期留抵税额$$

$$= 1\ 954\ 601.77 - 830\ 300 + 67\ 600 - 5100 = 1\ 186\ 801.77(元)$$

【案例 2-9】 某汽车生产商为增值税一般纳税人，20××年 8 月份尚未抵扣完的进项税额为 5100 元，该企业 20××年 9 月份有关生产经营业务如下：

业务一，销售乙型小汽车 50 辆给特约经销商，每辆不含税售价为 12 万元，开具增值税专用发票，注明价款 600 万元，增值税 78 万元。

业务二，企业因材料质量问题将上月所购材料还给供货方，收回价款 4 万元，增值税税额为 0.52 元。

业务三，委托某企业加工一批材料，发出原材料成本 200 万元，支付加工费 10 万元（不含税），材料加工完成后验收入库。

业务四，当月因管理不善而发生意外事故，损失库存原材料金额 35 万元，经批准计营业外支出。

要求：计算该汽车生产商本月应缴纳的增值税税额。

解析

第一步：逐笔分析经济业务，确定是销项税额还是进项税额。

业务一，销售乙型小汽车给特约经销商应纳增值税，则：

$$销项税额＝780\ 000(元)$$

业务二，因材料质量问题将上月所购材料退还给供货方，根据红字增值税专用发票，其税额应冲减可抵扣的进项税。

$$进项税额＝－5200(元)$$

业务三，因支付加工费，其进项税额允许抵扣，则：

$$进项税额＝100\ 000\times13\%＝13\ 000(元)$$

业务四，管理不善，发生原材料意外损失，其进项税应作转出，则：

$$进项税额转出＝350\ 000\times13\%＝45\ 500(元)$$

第二步：计算本期销项税额。

$$本期销项税额＝780\ 000(元)$$

第三步：计算本期可抵扣的进项税额。

$$当期进项税额＝13\ 000－5200＝7800(元)$$

$$进项税额转出＝45\ 500(元)$$

第四步：计算本期增值税实际应纳税额。

$$当期应纳税额＝当期销项税额－当期进项税额＋进项税额转出－上期留抵税额$$
$$＝780\ 000－7800＋45\ 500－5100＝812\ 600(元)$$

2. 小规模纳税人应纳税额的计算

小规模纳税人发生应税销售行为采用简单计税方法计税，应按照销售和征收率计算应纳增值税税额，不得抵扣进项税额。其计算公式如下：

$$应纳税额＝销售额\times征收率$$

$$销售额＝\frac{含税销售额}{1＋征收率}$$

小规模纳税人应纳税额的计算

按照税法规定，小规模纳税人销售货物只能开具普通销货发票，不能使用增值税专用发票，其购进货物不论是否取得增值税专用发票，不能抵扣进项税额但购进税控收款机除外。上述公式中的销售额为不含税销售额，纳税人采用销售额和应纳税额合并定价方法的，应将含税销售额换算成不含税销售额。其计算公式如下：

$$销售额＝\frac{含税销售额}{1＋征收率}$$

纳税人提供适用简易计税方法计税的，因销售折让、中止或者退回而退还给购买方的销售额，应当从当期销售额中扣减当期销售额后仍有余额造成多缴的税款，可以从以后的应纳税额中扣减。

【案例 2－10】 某运输公司为增值税小规模纳税人。20××年 10 月，取得含税运输收入 53 万元，赔偿金收入 5.3 万元；购买汽车用汽油，取得的增值税普通发票注明价款 5.58 万元。根据增值税法律制度的规定，该运输公司当月上述业务应缴纳增值税多少元？

解析
$$应纳增值税 = \frac{53 + 5.3}{1 + 3\%} \times 3\% = 1.7（万元）$$

赔偿金属于向购买方收取的价外费用，应并入销售额缴纳增值税。

小规模纳税人不得抵扣进项税额。

3．进口货物应纳税额的计算

无论是一般纳税人还是小规模纳税人，申报进口货物都应缴纳增值税，需按规定的组成计税价格和规定的税率计算增值税额。其计算公式如下：

$$应纳税额 = 组成计税价格 \times 税率$$

组成计税价格有以下两种情况：

（1）进口货物只征收增值税的，其组成计税价格为

$$组成计税价格 = 关税完税价格 + 关税 = 关税完税价格 \times (1 + 关税税率)$$

（2）进口货物同时征收消费税的，其组成计税价格为

$$组成计税价格 = 关税完税价格 + 关税 + 消费税 = \frac{关税完税价格 \times (1 + 关税税率)}{1 - 消税率}$$

进口货物应纳税额的计算

关于"关税完税价格"的确认问题，以海关审定的成交价格为基础的到岸价格作为完税价格。

【案例2-11】 某进出口公司（增值税一般纳税人），报关进口小汽车100辆，每辆关税完税价格为30万元，进口关税税率为60%，增值税税率为13%。计算该企业应纳的增值税。

解析 进口环节应纳税额的计算：

$$组成计税价格 = 关税完税价格 + 关税 = 30 \times 100 + 30 \times 100 \times 60\% = 4800（万元）$$
$$进口环节应纳税额 = 组成计税价格 \times 适用税率 = 4800 \times 13\% = 624（万元）$$

4．扣缴义务人应扣缴税额的计算

境外单位或者个人在境内销售服务、无形资产或者不动产在境内未设有经营机构的，扣缴义务人按照下列公式计算应扣缴税额：

$$应扣缴税额 = \frac{购买方支付的价款}{1 + 税率} \times 税率$$

【案例2-12】 境外公司为某纳税人提供鉴证咨询服务，合同价款为106万元，且该境外公司没有在境内设立经营机构，应以服务购买方为增值税扣缴义务人，则购买方应当扣缴的税额是多少？

解析
$$应扣缴增值税税额 = \frac{106}{1 + 6\%} \times 6\% = 6（万元）$$

任务四 熟悉增值税的税收优惠

任务描述

为了帮助企业减轻赋税压力，为更多群体提供就业机会，需要给企业提供税收优惠政策，尤其是小微企业。因此，了解增值税的税收优惠政策显得尤为重要。

中小微企业纳税实务

增值税的减免项目等优惠政策，由国务院统一规定，任何地区和部门都不得擅自出台优惠政策。

1．增值税免税项目

《增值税暂行条例》及其实施细则规定的免税项目：

（1）农业生产者销售的自产农业产品。

（2）避孕药品和用具。

（3）古旧图书。

（4）直接用于科学研究、科学试验和教学的进口仪器、设备。

（5）外国政府、国际组织无偿援助的进口物资和设备。

（6）由残疾人组织直接进口供残疾人专用的物品。

（7）个人销售自己使用过的物品。

2．增值税优惠政策

营改增试点期间优惠政策介绍如下。

1）免征增值税项目

（1）托儿所、幼儿园提供的保育和教育服务。

（2）养老机构提供的养老服务。

（3）残疾人福利机构提供的育养服务。

（4）婚姻介绍服务。

（5）殡葬服务。

（6）残疾人员本人为社会提供的医疗服务。

（7）医疗机构提供的医疗服务。

（8）从事学历教育的学校提供的教育服务。

（9）学生勤工俭学提供的服务。

（10）农业机耕、排灌、病虫害防治、植物保护、农牧保险以及相关技术培训业务，家禽、牲畜、水生动物的配种和疾病防治。

（11）纪念馆、博物馆、文化馆、文物保护单位管理机构、美术馆、展览馆、书画院、图书馆在自己的场所提供文化体育服务取得的第一道门票收入。

（12）寺院、宫观、清真寺和教堂举办文化、宗教活动的门票收入。

（13）行政单位之外的其他单位收取的符合相关规定条件的政府性基金和行政事业性收费。

（14）个人转让著作权。

（15）个人销售自建自用住房。

（16）2020 年 12 月 31 日前，公共租赁住房经营管理单位出租公共租赁住房。

（17）台湾航运公司、航空公司从事海峡两岸海上直航、空中直航业务在大陆取得的运输收入。

（18）纳税人提供的直接或者间接国际货物运输代理服务。

（19）符合规定条件的贷款、债券利息收入。

（20）被撤销金融机构以货物、不动产、无形资产、有价证券、票据等财产清偿债务。

（21）保险公司开办的一年期以上人身保险产品取得的保费收入。

（22）符合规定条件的金融商品转让收入。

（23）金融同业往来利息收入。

（24）符合规定条件的担保机构从事中小企业信用担保或者再担保业务取得的收入（不含信用评级、咨询、培训等收入）3年内免征增值税。

（25）国家商品储备管理单位及其直属企业承担商品储备任务，从中央或者地方财政取得的利息补贴收入和价差补贴收入。

（26）纳税人提供技术转让，技术开发和与之相关的技术咨询、技术服务。

（27）同时符合规定条件的合同能源管理服务。

（28）2020年12月31日前，科普单位的门票收入，以及县级及以上党政部门和科协开展科普活动的门票收入。

（29）政府举办的从事学历教育的高等、中等和初等学校（不含下属单位），举办进修班、培训班取得的全部归该学校所有的收入。

（30）政府举办的职业学校设立的主要为在校学生提供实习场所并由学校出资自办、由学校负责经营管理、经营收入归学校所有的企业，从事现代服务（不含融资租赁服务、广告服务和其他现代服务）、生活服务（不含文化体育服务、其他生活服务和桑拿、氧吧）业务活动取得的收入。

（31）家政服务企业由员工制家政服务员提供家政服务取得的收入。

（32）福利彩票、体育彩票的发行收入。

（33）军队空余房产租赁收入。

（34）为了配合国家住房制度改革，企业、行政事业单位按房改成本价、标准价出售住房取得的收入。

（35）将土地使用权转让给农业生产者用于农业生产。

（36）涉及家庭财产分割的个人无偿转让不动产、土地使用权。

（37）土地所有者出让土地使用权和土地使用者将土地使用权归还给土地所有者。

（38）县级以上地方人民政府或自然资源行政主管部门出让、转让或收回自然资源使用权（不含土地使用权）。

（39）安置随军家属就业。

（40）安置自主择业的军队转业干部就业。

（41）提供社区养老、托育、家政等服务取得的收入。

2）增值税即征即退

（1）一般纳税人提供管道运输服务，对其增值税实际税负超过3%的部分实行增值税即征即退政策。

（2）经人民银行、银监会或商务部批准从事融资租赁业务的试点纳税人中的一般纳税人，提供有形动产融资租赁服务和有形动产融资性售后回租服务，对其增值税实际税负超过3%的部分实行增值税即征即退政策。

增值税实际税负，是指纳税人当期提供应税服务实际缴纳的增值税额占纳税人当期提供应税服务取得的全部价款和价外费用的比例。

即征即退，是指税务机关将应征的增值税征收入库后，即时退还；先征后退，是指按税法规定缴纳的税款，由税务机关征收入库后，再由税务机关按规定的程序给予部分或全部退税。

纳税人销售货物、劳务或者应税服务适用免税规定的，可以放弃免税，依照条例的规定缴纳增值税。放弃免税后，36个月内不得再申请免税。

3. 起征点

对销售额未达到规定起征点的个人（包括登记为小规模纳税人的个体工商户和其他个人），可以免征增值税。增值税的起征点：按期纳税的，为月销售额5000～20 000元（含本数）；按次纳税的，为每次（日）销售额300～500元（含本数）；自2019年1月1日至2021年12月31日，对月销售额10万元以下（含本数）的增值税小规模纳税人，免征增值税。

起征点的调整由财政部和国家税务总局规定。省、自治区、直辖市财政厅（局）和国家税务局应当在规定的幅度内，根据实际情况确定本地区适用的起征点，并报财政部和国家税务总局备案。

任务五　了解增值税的纳税申报

任务描述

小明刚进一家代理记账公司负责报税工作，需要在规定的时间内，向税务机关进行纳税申报，并报送增值税纳税申报表（一般纳税人适用和小规模纳税人适用两种）和反映本期销售情况明细的附列资料（一），反映本期进项税额明细的附列资料（二）等相关资料。因此，小明需要熟悉纳税申报流程和准备申报资料，并能根据企业的实际情况正确填写申报表。

1. 增值税的征收管理

1）纳税义务发生时间

（1）纳税人发生应税行为的，为收讫销售款项或者取得索取销售款项凭据的当天；先开具发票的，为开具发票的当天。按销售结算方式的不同，具体分为下列几种形式：

① 采取直接收款方式销售货物的，不论货物是否发出，均为收到销售款或者取得索取销售款凭据的当天。

② 采取托收承付和委托银行收款方式销售货物的，为发出货物并办妥托收手续的当天。

③ 采取赊销和分期收款方式销售货物的，为书面合同约定的收款日期的当天，无书面合同的或者书面合同没有约定收款日期的，为货物发出的当天。

④ 采取预收货款方式销售货物的，为货物发出的当天，但生产销售生产工期超过12个月的大型机械设备、船舶、飞机等货物，为收到预收款或者书面合同约定的收款日期的当天。

⑤ 委托其他纳税人代销货物的，为收到代销单位的代销清单或者收到全部或者部分货款的当天。未收到代销清单及货款的，为发出代销货物满180天的当天。

⑥ 纳税人提供租赁服务采取预收款方式的，其纳税义务发生时间为收到预收款的当天。

⑦ 发生视同销售货物行为的，为货物移送的当天。

⑧ 纳税人从事金融商品转让的，为金融商品所有权转移的当天。

⑨ 纳税人发生视同销售行为的，其纳税义务发生时间为劳务、服务、无形资产转让完成的当天或者不动产权属变更的当天。

（2）进口货物的，为报关进口的当天。

（3）增值税扣缴义务发生时间为纳税人增值税纳税义务发生的当天。

2）增值税的纳税期限

增值税的纳税期限分别为 1 日、3 日、5 日、10 日、15 日、一个月或者 1 个季度。纳税人的具体纳税期限，由主管税务机关根据纳税人应纳税额的大小分别核定；不能按照固定期限纳税的，可以按次纳税。

纳税人以 1 个月或者 1 个季度为 1 个纳税期的，自期满之日起 15 日内申报纳税；以 1 日、3 日、5 日、10 日或者 15 日为 1 个纳税期的，自期满之日起 5 日内预缴税款，于次月 1 日起 15 日内申报纳税并结清上月应纳税款。扣缴义务人解缴税款的期限，依照纳税义务人规定执行。

纳税人进口货物，应当自海关填发海关进口增值税专用缴款书之日起 15 日内缴纳税款。

以 1 个季度为纳税期限的规定适用于小规模纳税人、银行、财务公司、信托投资公司、信用社，以及财政部和国家税务总局规定的其他纳税人。

3）增值税的纳税地点

（1）固定业户应当向其机构所在地或者居住地主管税务机关申报纳税。总机构和分支机构不在同一县（市）的，应当分别向各自所在地的主管税务机关申报纳税；经国务院财政部和国家税务总局或者其授权的财政和税务机关批准，可以由总机构汇总向总机构所在地的主管税务机关申报纳税。跨县（市）提供建筑服务或者销售取得的不动产，应按规定在建筑服务发生或不动产所在地预缴税款后，向机构所在地主管税务机关进行纳税申报。

（2）非固定业户应当向销售地或者劳务发生地的主管税务机关申报纳税；未申报纳税的，由其机构所在地或者居住地的主管税务机关补征税款。

（3）其他个人提供建筑服务，销售或者租赁不动产，转让自然资源使用权，应向建筑服务发生地、不动产所在地、自然资源所在地主管税务机关申报纳税。

（4）进口货物应当向报关地海关申报纳税。

（5）扣缴义务人应当向其机构所在地或者居住地的主管税务机关申报缴纳其扣缴的税款。

2. 增值税的纳税申报

1）一般纳税人的纳税申报

（1）申报程序。

一般纳税人办理纳税申报，需要经过专用发票认证（或选择抵扣）、抄税、报税、办理申报等工作。

① 专用发票认证（或选择抵扣）。增值税专用发票的认证方式可选择手工认证和网上认证。自 2019 年 3 月 1 日起，一般纳税人对取得的增值税专用发票可以不再进行认证，通过增值税发票税控开票软件登录本省增值税发票查询平台，查询、选择用于电报抵扣、出口

退税或者代办退税的增值税发票信息。

② 抄税。使用税控设备开票的增值税一般纳税人，在申报前必须先进行抄税，确保所有开具的销项发票都进入金税系统。

③ 报税。确保所有抵扣的进项发票都进入金税系统，就可以在系统内由系统自动进行比对，确保任何一张抵扣的进项发票都有销项发票与其对应。

④ 办理申报。纳税人应从办理税务登记的次月1日起15日内，不论有无销售额，均应按主管税务机关核定的纳税期限按期向当地税务机关申报。

⑤ 税款缴纳。税务机关将申报表单据送到开户银行，由银行进行自动转账处理。未实行税库银联网的纳税人，需自己到税务机关指定的银行进行现金缴纳。

（2）申报资料。

电子信息采集系统一般纳税人纳税申报资料包括以下几项：

① 必须填报资料：增值税纳税申报表（一般纳税人适用）和反映本期销售情况明细的附列资料（一）；反映本期进项税额明细的附列资料（二）；反映营改增纳税人服务、不动产和无形资产扣除明细的附列资料（三）；反映税额抵减情况表附列资料（四）；增值税减免税申报明细表；备份数据软盘和IC卡；资产负债表和利润表。

② 其他必备资料：海关完税凭证抵扣清单；代开发票抵扣清单；主管国税机关规定的其他必报资料。

③ 备查资料：已开具普通发票存根联；符合抵扣条件并且在本期申报抵扣的增值税专用发票抵扣联；海关进口货物完税凭证，购进农产品普通发票存根联原件及复印件；收购发票；代扣代缴税款凭证存根联；主管税务机关规定的其他备查资料。备查资料是否需要在当期报送，由各级国家税务局确定。

（3）一般纳税人纳税申报表编制。使用案例2-8的内容进行编制的一般纳税人纳税申报表，如表2-1所示。

表 2-1　一般纳税人纳税申报表

增值税及附加税费申报表

（一般纳税人适用）

根据国家税收法律法规及增值税相关规定制定本表。纳税人不论有无销售额，均应按税务机关核定的纳税期限填写本表，并向当地税务机关申报。			
税款所属时间：自　年　月　日至　年　月　日	填表日期：　年　月　日		金额单位：　　元（列至角分）
纳税人识别号（统一社会信用代码）：□□□□□□□□□□□□□□□□□□			所属行业：
纳税人名称：	法定代表人姓名：	注册地址：	生产经营地址：
开户银行及账号：	登记注册类型：	电话号码：	

项　目	栏次	一般项目		即征即退项目	
		本月数	本年累计	本月数	本年累计
销售额 （一）按适用税率计税销售额	1	15 035 398.23			
其中：应税货物销售额	2	15 035 398.23			
应税劳务销售额	3				
纳税检查调整的销售额	4				
（二）按简易办法计税销售额	5				
其中：纳税检查调整的销售额	6				
（三）免、抵、退办法出口销售额	7			—	—
（四）免税销售额	8				
其中：免税货物销售额	9			—	—
免税劳务销售额	10			—	—
税款计算 销项税额	11	1 954 601.77			
进项税额	12	830 300.00			
上期留抵税额	13	5100.00		—	
进项税额转出	14	67 600.00			
免、抵、退应退税额	15			—	—
按适用税率计算的纳税检查应补缴税额	16				
应抵扣税额合计	17＝12＋13－14－15＋16	767 800.00		—	
实际抵扣税额	18（如 17＜11，则为 17，否则为 11）	767 800.00			
应纳税额	19＝11－18	1 186 801.77			
期末留抵税额	20＝17－18				—
简易计税办法计算的应纳税额	21				
按简易计税办法计算的纳税检查应补缴税额	22			—	—
应纳税额减征额	23				
应纳税额合计	24＝19＋21－23	1 186 801.77			

税款缴纳	期初未缴税额(多缴为负数)	25			
	实收出口开具专用缴款书退税额	26		—	—
	本期已缴税额	27＝28＋29＋30＋31			
	① 分次预缴税额	28		—	—
	② 出口开具专用缴款书预缴税额	29		—	—
	③ 本期缴纳上期应纳税额	30			
	④ 本期缴纳欠缴税额	31			
	期末未缴税额(多缴为负数)	32＝24＋25＋26－27	1 186 801.77		
	其中：欠缴税额(≥0)	33＝25＋26－27		—	—
	本期应补(退)税额	34＝24－28－29	1 186 801.77	—	—
	即征即退实际退税额	35		—	—
	期初未缴查补税额	36		—	—
	本期入库查补税额	37		—	—
	期末未缴查补税额	38＝16＋22＋36－37			
附加税费	城市维护建设税本期应补(退)税额	39		—	—
	教育费附加本期应补(退)费额	40		—	—
	地方教育附加本期应补(退)费额	41		—	—

声明：此表是根据国家税收法律法规及相关规定填写的，本人(单位)对填报内容(及附带资料)的真实性、可靠性、完整性负责。

纳税人(签章)：　　年　月　日

经办人：	受理人：
经办人身份证号：	
代理机构签章：	受理税务机关(章)：
代理机构统一社会信用代码：	受理日期：　年　月　日

2) 小规模纳税人的纳税申报

小规模企业无论当季有无销售额，均应填报增值税纳税申报表(适用于小规模纳税)，于季满次月15日前报主管税务征收机关。

（1）申报资料。

① 增值税小规模纳税人纳税申报表及其附列资料。

② 资产负债表和利润表。

③ 主管税务机关要求的其他资料。

（2）申报表的格式与内容如表 2-2 所示。

表 2-2　申报表的格式与内容

增值税及附加税费申报表

（小规模纳税人适用）

纳税人识别号（统一社会信用代码）：□□□□□□□□□□□□□□□□□□

纳税人名称：			金额单位：元（列至角分）	
税款所属期：　　年　月　日至　　年　月　日			填表日期：　　年　月　日	

	项　目	栏次	本期数		本年累计	
			货物及劳务	服务、不动产和无形资产	货物及劳务	服务、不动产和无形资产
一、计税依据	（一）应征增值税不含税销售额（3%征收率）	1				
	增值税专用发票不含税销售额	2				
	其他增值税发票不含税销售额	3				
	（二）应征增值税不含税销售额（5%征收率）	4	—		—	
	增值税专用发票不含税销售额	5	—		—	
	其他增值税发票不含税销售额	6	—		—	
	（三）销售使用过的固定资产不含税销售额	7(7≥8)		—		—
	其中：其他增值税发票不含税销售额	8		—		—
	（四）免税销售额	9=10+11+12				
	其中：小微企业免税销售额	10				
	未达起征点销售额	11				
	其他免税销售额	12				
	（五）出口免税销售额	13(13≥14)				
	其中：其他增值税发票不含税销售额	14				

中小微企业纳税实务

二、税款计算	本期应纳税额	15			
	本期应纳税额减征额	16			
	本期免税额	17			
	其中：小微企业免税额	18			
	未达起征点免税额	19			
	应纳税额合计	20＝15－16			
	本期预缴税额	21		—	—
	本期应补（退）税额	22＝20－21		—	—
三、附加税费	城市维护建设税本期应补（退）税额	23			
	教育费附加本期应补（退）费额	24			
	地方教育附加本期应补（退）费额	25			

声明：此表是根据国家税收法律法规及相关规定填写的，本人（单位）对填报内容（及附带资料）的真实性、可靠性、完整性负责。

纳税人（签章）：　　　　年　月　日

经办人：	受理人：
经办人身份证号：	
代理机构签章：	受理税务机关（章）：
代理机构统一社会信用代码：	受理日期：　　年　月　日

（3）申报缴纳。

按主管税务机关规定的纳税期限携带填列准确无误的申报资料到申报征收窗口办理申报缴款手续。以国税机关填开的《中华人民共和国税收通用缴款书》为完税凭证，作为会计处理依据。

任务六　了解增值税专用发票的使用与管理

任务描述

增值税专用发票是一般纳税人销售应税销售行为开具的发票，是购买方支付增值税额并可按照增值税有关规定据以抵扣增值税进项税额的合法证明。因此，掌握增值税专用发票的开具范围和领用显得尤为重要。

1. 增值税专用发票的联次及用途

增值税专用发票由基本联次或者基本联次附加其他联次构成。基本联次为三联，依次为记账联、抵扣联和发票联。记账联，作为销售方核算销售收入和增值税销项税额的凭证；抵扣联，作为购买方报送主管税务机关认证和留存备查的凭证；发票联，作为购买方核算采购成本和增值税进项税额的凭证。其他联次用途，由一般纳税人自行确定。

自 2014 年 8 月 1 日启用新版增值税专用发票，如图 2-1 所示。

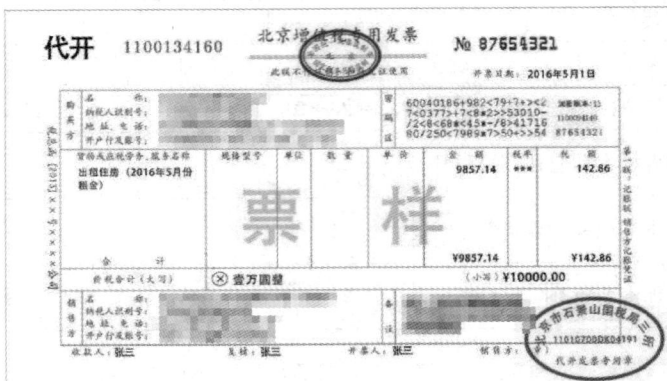

图 2-1 新版增值税专用发票

2. 增值税专用发票的领购和开具范围

1）领购范围

一般纳税人可以凭《发票领购簿》、IC 卡和经办人身份证明领购增值税专用发票。一般纳税人有下列情形之一的，不得领购开具专用发票：

（1）会计核算不健全，不能向税务机关准确提供增值税销项税额、进项税额、应纳税额数据及其他有关增值税税务资料的。

（2）有《税收征管法》规定的税收违法行为，拒不接受税务机关处理的。

（3）有下列行为之一，经税务机关责令限期改正而仍未改正的：虚开增值税专用发票；私自印制专用发票；向税务机关以外的单位和个人买取专用发票；借用他人专用发票；未按《税收征管法》第十一条开具专用发票；未按规定保管专用发票和专用设备；未按规定申请办理防伪税控系统变更发行；未按规定接受税务机关检查。

2）开具范围

一般纳税人发生应税行为，应当向索取增值税专用发票的购买方开具增值税专用发票，并在增值税专用发票上注明销售额和销项税额。

属于下列情形之一的，不得开具增值税专用发票：

（1）商业企业一般纳税人零售烟、酒、食品、服装、鞋帽（不包括劳保专用部分）、化妆品等消费品的。

（2）向消费者个人销售货物，提供加工修理修配劳务，以及销售服务、无形资产或者不动产的。

（3）适用免征增值税规定的应税行为。

增值税小规模纳税人发生应税行为，购买方索取增值税专用发票的，自 2019 年 8 月 13

日起，可以自愿使用增值税发票管理系统自行开具。

3. 增值税专用发票的开具要求

增值税一般纳税人应通过增值税防伪税控系统开具专用发票。防伪税控系统是指经国务院同意推行的，使用专用设备和通用设备，运用数字密码和电子存储技术管理专用发票的计算机管理系统。其中专用设备包括金税卡、IC卡、读卡器等，通用设备包括计算机、打印机、扫描器具等。

增值税专用发票应按照增值税纳税义务的发生时间开具，应与实际交易相符，不得提前或滞后。开具时应项目齐全，字迹清楚，不得压线、错格，发票联和抵扣联加盖财务专用章或者发票专用章。

对已开具增值税专用发票的销售货物、加工修理修配劳务、服务、无形资产或者不动产，销售方要及时足额计入当期销售额计税。凡开具了增值税专用发票，其销售额未按规定计入销售账户核算的，一律按偷税论处。

思 维 导 图

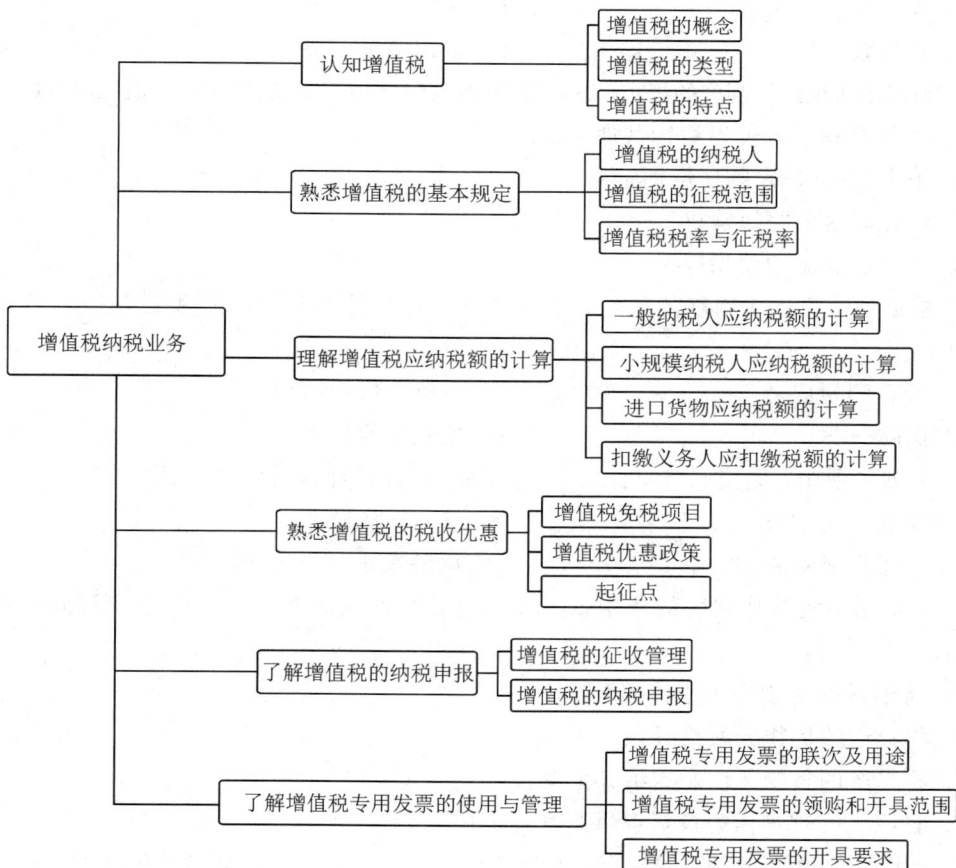

一、单项选择题

1. 下列关于租赁服务的表述中，不正确的是（　　　）。

A. 将建筑物、构筑物等不动产或者飞机、车辆等有形动产的广告位出租给其他单位或者个人用于发布广告，按照经营租赁服务缴纳增值税

B. 技术转让按销售服务缴纳增值税

C. 水路运输的光租业务、航空运输的干租业务，属于经营租赁

D. 车辆停放服务，按不动产经营租赁服务缴纳增值税

2. 根据增值税法律制度的规定，下列各项中应按照"销售服务—建筑服务"税目计算增值税的是（　　　）。

A. 平整土地　　　　　　　　　　B. 出售住宅

C. 出租办公楼　　　　　　　　　D. 转让土地使用权

3. 根据增值税法律制度的规定，下列各项中不属于现代服务的是（　　　）。

A. 研发和技术服务　　　　　　　B. 文化创意服务

C. 安装服务　　　　　　　　　　D. 物流辅助服务

4. 根据增值税法律制度的规定，下列行为中应按照"销售不动产"缴纳增值税的是（　　　）。

A. 将建筑物广告位出租给其他单位用于发布广告

B. 销售底商（建筑物底层商铺）

C. 转让高速公路经营权

D. 转让国有土地使用权

5. 根据增值税法律制度的规定，下列各项中应按照"现代服务"税目计缴增值税的是（　　　）。

A. 经营租赁服务　　　　　　　　B. 融资性售后回租

C. 保险服务　　　　　　　　　　D. 文化体育服务

6. 下列各项中，应按照"销售服务—生活服务"税目计缴增值税的是（　　　）。

A. 文化创意服务　　　　　　　　B. 车辆停放服务

C. 广播影视服务　　　　　　　　D. 旅游娱乐服务

7. 根据增值税法律制度的规定，增值税一般纳税人的下列行为中不应视同销售的是（　　　）。

A. 将购进的货物用于集体福利

B. 将自产的货物分配给股东

C. 将自产的货物无偿赠送给其他单位

D. 将购进的货物作为投资提供给其他单位

8. 根据增值税法律制度的规定，下列各项中应并入销售额计算销项税额的是（　　　）。

A. 以委托方名义开具发票代委托方收取的款项

B. 销售货物向购买方收取的价款之外的手续费

C. 受托加工应征消费税的消费品所代收代缴的消费税

D. 销售货物的同时代办保险而向购买方收取的保险费

9. 甲公司为增值税一般纳税人。2017年1月购进下列货物取得的增值税专用发票上注明的税额，准予从销项额中抵扣的是（　　　）。

A. 用于应税项目生产而购进的动力燃料

B. 为本公司职工健身使用而购进的健身器材

C. 为对外提供污水处理劳务而购进的专用污水处理设备

D. 用于交际应酬而购进的酒类产品

10. 根据增值税法律制度的规定，纳税人提供的下列应税服务适用增值税零税率的是（　　　）。

A. 国际运输服务 　　　　　　　B. 国际货物运输代理服务

C. 存储地点在境外的仓储服务 　D. 标的物在境外使用的有形动产租赁服务

11. 下列项目可以免征增值税的是（　　　）。

A. 商场销售农产品

B. 残疾人组成的福利工厂为社会提供的加工和修理、修配劳务

C. 外国企业无偿援助的进口设备

D. 张某销售自己使用过的旧家具

12. 依据增值税法律制度的规定，下列关于增值税纳税义务发生时间的表述中，不正确的是（　　　）。

A. 从事金融商品转让的，为金融商品所有权转移的当天

B. 提供租赁服务采取预收款方式的，为收到预收款的当天

C. 采取托收承付和委托银行收款方式销售货物的，为收到银行款项的当天

D. 增值税扣缴义务发生时间为纳税人增值税纳税义务发生的当天

13. 2019年9月17日甲公司与乙公司签订一份房屋租赁合同，10月25日收到乙公司预付的本年度房租，11月1日将房屋交付乙公司使用，11月15日向乙公司开具了支票。甲公司该笔业务的增值税纳税义务发生时间是（　　　）。

A. 10月25日 　　　　　　　　B. 11月15日

C. 9月17日 　　　　　　　　　D. 11月1日

二、多项选择题

1. 下列行为中，属于销售无形资产的有（　　　）。

A. 转让技术 　　　　　　　　　B. 转让商标

C. 转让土地使用权 　　　　　　D. 销售商品房

2. 下列各项中，不征收增值税的有（　　　）。

A. 赵某丢失汽车从保险公司处获得的保险赔付

B. 甲航空公司根据国家指令无偿向受灾地区提供救灾物资的运输服务

C. 乙公司从开户银行W取得的活期存款利息

D. 丙粮油集团将本公司生产的食用植物油批发给代理商

3. 下列各项中，属于"租赁服务—不动产租赁服务"的有（　　　）。

A. 融资性售后回租　　　　　　　B. 车辆停放服务

C. 道路通行服务　　　　　　　　D. 飞机、车辆等有形动产的广告位出租

4. 根据增值税法律制度的规定，下列行为中属于视同销售服务或无形资产的有（　　　）。

A. 单位向客户无偿提供房屋装饰服务

B. 单位向客户无偿转让专利技术使用权

C. 单位向客户无偿提供运输服务

D. 单位为本单位员工无偿提供搬家服务

5. 下列各项中属于增值税混合销售行为的有（　　　）。

A. 百货商店在销售商品的同时又提供送货服务

B. 餐饮公司提供餐饮服务的同时又销售烟酒

C. 建材商店在销售木质地板的同时提供安装服务

D. 歌舞厅在提供娱乐服务的同时销售食品

6. 根据增值税法律制度的规定，下列各项业务中应按照 9% 税率计算缴纳增值税的有（　　　）。

A. 房地产开发公司销售不动产　　B. 电信企业提供的增值电信服务

C. 建筑公司提供的安装服务　　　D. 某旅游公司提供的组团旅游服务

7. 根据增值税法律制度的规定，下列服务按照税率 6% 缴纳增值税的有（　　　）。

A. 中国移动提供的短信服务　　　B. 有形动产租赁服务

C. 邮政代理业务　　　　　　　　D. 商标、著作权转让服务

8. 根据增值税法律制度的规定，下列各项表述正确的有（　　　）。

A. 个体工商户只能按小规模纳税人纳税

B. 非企业性单位可以选择按照小规模纳税人纳税

C. 不经常发生应税行为的企业可选择按照小规模纳税人纳税

D. 年应税销售额超过小规模纳税人标准的个人按照一般纳税人纳税

9. 某计算机公司采取预收货款方式向乙公司销售计算机，销售数量为 200 台，含税销售单价为 4500 元，2019 年 2 月 5 日双方签订销售合同，2 月 10 日计算机公司收到全部货款，2 月 15 日和 2 月 20 日计算机公司各发出 100 台计算机，该计算机公司销售计算机缴纳增值税的纳税义务发生时间有（　　　）。

A. 2 月 5 日　　　　　　　　　　B. 2 月 10 日

C. 2 月 15 日　　　　　　　　　　D. 2 月 20 日

10. 以下有关增值税起征点幅度的说法中，正确的有（　　　）。

A. 增值税起征点的适用范围仅限于个人，且不适用于登记为一般纳税人的个体工商户

B. 按期纳税的，为月销售额 1500～3000 元

C. 按期纳税的，为月销售额 5000～20 000 元

D. 按次纳税的，为每次（日）销售额 150～200 元

11. 根据增值税法律制度的规定，下列关于增值税纳税地点的表述中，正确的有（   ）。

A. 固定业户到外县（市）销售货物，应向其销售地的税务机关申报纳税

B. 非固定业户销售应税劳务，应向劳务发生地的税务机关申报纳税

C. 非固定业户销售货物，未向销售地的税务机关申报纳税的，由其机构所在地或者居住地的税务机关补征税款

D. 扣缴义务人应当向其机构所在地或居住地的税务机关申报缴纳其扣缴的税款

12. 根据增值税法律制度的规定，下列各项中免征增值税的有（   ）。

A. 学生勤工俭学提供的服务　　　　B. 古旧图书

C. 金融同业往来利息收入　　　　　D. 其他个人销售自己使用过的物品

13. 根据增值税法律制度的规定，下列项目中属于增值税免税项目的有（   ）。

A. 外国政府、国际组织无偿援助的进口物资和设备

B. 其他个人销售自己使用过的物品

C. 小规模纳税人销售自己使用过的固定资产

D. 一般纳税人销售购进的农产品

14. 根据增值税法律制度的规定，下列关于增值税纳税义务发生时间的表述，正确的有（   ）。

A. 采取托收承付方式销售货物的，为办妥托收手续的当天

B. 采取分期收款方式销售货物的，为书面合同约定的收款日期的当天

C. 采取预收款方式租赁有形动产的，为收到预收款的当天

D. 委托他人代销货物的，为收到代销清单或者收到全部或部分货款的当天

三、判断题

1. 融资性售后回租业务，应按照"租赁服务"税目计缴增值税。（   ）

2. 从中国境外申报进入中国海关境内的货物，均属于增值税的征税范围，除原产于我国的货物外，在进口环节缴纳增值税。（   ）

3. 某商业广场经营单位将该广场 1 号楼的外墙出租给一家广告公司用于发布公告，该经营业务取得的收入应按照"文化创意服务—广告服务"的税目缴纳增值税。（   ）

4. 除国家税务总局另有规定外，纳税人一经认定为一般纳税人后，不得转为小规模纳税人。（   ）

5. 根据增值税法律制度，单位和个体工商户向其他单位或者个人无偿提供交通运输服务、邮政服务和部分现代服务，视同提供应税服务，征收增值税；但以公益活动为目的的或者以社会公众为对象的除外。（   ）

6. 纳税人采取以旧换新方式销售自行车的，应按照其实际收取的不含增值税的全部价款征收增值税。（   ）

7. 纳税人进口货物，凡已缴纳了进口环节增值税的，不论其是否已经支付货款，其取得的海关进口增值税专用缴款书均可作为增值税进项税额抵扣凭证。（   ）

8. 上市公司进口供残疾人专用的物品免征增值税。（   ）

9. 销售方开具增值税发票时，可以适当根据购买方要求填写与实际交易不符的内容。（   ）

10. 纳税人进口货物，应当自海关填发进口增值税专用缴款书之日起 10 日内缴纳税款。（   ）

四、计算题

1. 甲酒店为增值税一般纳税人。2019 年 7 月，甲酒店提供住宿服务取得含税销售额 53 万元；出租上月购进的一处房产，取得不含税租金 10 万元。已知甲酒店对不同种类服务的销售额分别核算，甲酒店当月的销项税额为多少元？

2. 某商场为增值税一般纳税人，10 月份售出甲产品 80 套，含税金额 9492 元，另外为回馈老客户，当月无偿赠送乙商品 80 套（每套含税价格 16.95 元），该商场当月的销项税额为多少？

3. 甲公司为增值税一般纳税人，2019 年 6 月销售新型冰箱 50 台，每台含税价格 5650 元；采取以旧换新方式销售同型号冰箱 20 台，收回的旧冰箱每台作价 226 元，实际每台收取款项 5424 元。计算甲公司当月增值税销项税额。

4. 2019 年 10 月，某增值税一般纳税人提供咨询服务，取得含税收入 318 万元，另外取得奖金 5.3 万元。已知咨询服务适用的增值税税率为 6%，根据增值税法律制度的规定，该业务的销项税额是多少？

5. 甲公司为增值税一般纳税人，本月将一批新研制的产品赠送给老顾客使用，甲公司并无同类产品销售价格，其他公司也无同类货物，已知该批产品的生产成本为 10 万元，甲公司的成本利润率为 10%，则甲公司本月视同销售的增值税销项税额是多少元？

6. 一般纳税人甲于 2019 年 6 月发生如下业务：向农业生产者购入免税农产品，农产品收购发票上的买价为 100 万元，由乙运输公司负责运输该批农产品，乙向甲开具货物运输业增值税专用发票，该专用发票上记载的增值税额为 3 万元。甲当月销售货物取得不含税销售收入 200 万元。根据上述资料，计算甲当月可以抵扣的进项税额和甲当月应纳增值税款。

7. 某百货商场为一般纳税人，于 2019 年 11 月购进一批货物，取得增值税专用发票，不含税进价为 120 万元。当月将该批货物销售给签约的零售超市（小规模纳税人），取得含税销售收入 160 万元。零售超市当月再将购入的货物销售给消费者，取得零售收入 180 万元。已知增值税专用发票当月认证通过，一般纳税人的适用税率为 13%。请回答下列问题：

（1）百货商场可以抵扣的进项税额是多少元？

（2）百货商场本月应纳增值税多少元？

（3）零售超市本月应纳增值税多少元？

8. 2019 年 12 月 6 日，甲公司出售了持有的划分为交易性金融资产的价值 100 000 元的 B 上市公司股票，售价为 206 000 元，则该项业务转让金融商品应缴纳增值税多少元？

9. 甲商店为增值税小规模纳税人，2019 年 8 月销售商品取得含税销售额 61 800 元，购入商品取得普通发票注明金额 10 000 元。已知增值税税率为 13%，征收率为 3%，计算甲商店当月应缴纳增值税税额。

10. 2019 年 8 月甲公司进口一批设备，关税完税价格为 150 万元，已知关税税率为

5%，增值税税率为 13%，计算甲公司当月该笔业务应缴纳增值税税额。

五、综合题

1. 甲企业（增值税一般纳税人）主要从事高档化妆品的生产和销售业务，2019 年 8 月有关经营情况如下：

（1）销售自产高档精华一批，取得不含增值税销售额 600 万元，月收取包装费 2.26 万元。

（2）当月将自产的一批高档口红套装作为职工福利，该批化妆品成本 8 万元，甲企业同类化妆品的平均不含税销售价格为 12 万元。

（3）当月将闲置仓库对外出租，一次性收取一年的含税租金 24 万元。

（4）购进生产用设备一台，取得增值税专用发票注明税额 10 万元。

（5）购进包装设计服务，取得增值税专用发票注明税额 0.32 万元。

（6）企业团建聚餐，购进餐饮服务，取得增值税普通发票注明税额 0.2 万元。

（7）为员工出差购进国内旅客运输服务，取得增值税电子普通发票上注明税额 0.3 万元。

已知：甲企业销售高档化妆品适用增值税税率为 13%，高档妆品成本利润率为 5%；出租不动产选择简易计税方法，增值税征收率为 5%；取得的扣税凭证已勾选抵扣。

要求：根据上述资料，不考虑其他因素，分析并回答下列小题。

（1）计算甲企业当月销售自产高档精华应缴纳增值税销项税额。

（2）计算甲企业当月销售自产高档口红套装应缴纳增值税销项税额。

（3）计算甲企业当月出租闲置仓库应缴纳增值税税额。

（4）甲企业的下列进项税额中，不得从销项税额中抵扣的是（　　　）。

A. 购进国内旅客运输服务的进项税额 0.3 万元

B. 购进生产用设备的进项税额 10 万元

C. 团建购进餐饮服务的进项税额 0.2 万元

D. 购进包装设计服务的进项税额 0.32 万元

2. 甲公司为增值税一般纳税人，主要从事计算机的生产与销售业务。2019 年 10 月有关经营情况如下：

（1）销售 A 型号计算机，取得含增值税价款 565 000 元，另收取包装物租金 56 500 元。

（2）采取以旧换新方式销售 B 型主机 500 台，新的 B 型主机含增值税销售单价 2825 元/台，旧主机每台折价 508.5 元。

（3）购进与计算机配套销售的鼠标，取得增值税专用发票注明税额 20 000 元。

（4）购进与计算机配套销售的键盘，取得增值税普通发票注明税额 12 000 元。

（5）购进一幢办公楼，既用于员工办公、货物展示，又用于职工食堂和职工健身房，取得增值税专用发票注明税额 250 000 元。

（6）购进一批保温杯用于职工福利，取得增值税专用发票注明税额 3000 元。

（7）将自产 C 型号显示器无偿赠送给社区服务中心 20 台，委托某电子商品专卖店代销 500 台，用于对股东分配 100 台；购进 20 个高档鼠标用于奖励销售部员工。

已知：甲公司销售行为适用增值税税率为13%；取得的扣税凭证已勾选抵扣。

要求：根据上述资料，不考虑其他因素，分析并回答下列小题。

（1）计算甲公司当月销售 A 型号计算机增值税销项税额。

（2）计算甲公司当月采取以旧换新方式销售 B 型主机增值税销项税额。

（3）甲公司的下列进项税额中，准予从销项税额中抵扣的是（　　）。

A. 购进计算机配套鼠标的进项税额 20 000 元

B. 购进计算机配套键盘的进项税额 12 000 元

C. 购进办公楼的进项税额 250 000 元

D. 购进保温杯的进项税额 3000 元

3. 甲公司的下列业务中，属于增值税视同销售货物行为的是（　　）。

A. 将自产 C 型号显示器无偿赠送给社区服务中心

B. 委托电子商品专卖店代销自产 C 型号显示器

C. 将自产 C 型号显示器用于对股东分配

D. 购进高档鼠标用于奖励销售部员工

项目二习题答案

中小微企业纳税实务

项目三　消费税纳税业务

学习目标

(1) 正确认识消费税的现实意义；

(2) 理解消费税的概念、由来及特点；

(3) 能判断哪些项目应征收消费税；

(4) 掌握消费税计税依据的确定方法；能根据业务资料计算应纳消费税税额；

(5) 熟悉消费税的计算与征税管理。

引导案例

消费税产生的意义

消费税是企业在销售特定产品时需要缴纳的一种税。消费税是特殊调节税种，是在增值税的征税对象中，选择了15种消费品。这15种消费品主要包括特殊消费品、奢侈品、非生活必需品、高能耗及高档消费品、不可再生和替代的资源类消费品。我们日常生活使用的消费品是不需要缴纳消费税的，但对奢侈品征收消费税是由于国家不鼓励甚至在一定程度上限制人们对奢侈品的消费，从而起到引导消费的作用。消费税对汽油、柴油、小汽车和木制一次性筷子等征税，与环境有比较密切的联系，在一定程度上起到了减少消费、降低污染、保护环境的作用。

消费税采用的是产品差别比例税率。根据消费品的不同种类、档次或者消费品种某一物质成分的含量，以及消费品的市场供求状态、价格水平、国家的产业政策等情况，对消费品制定高低不同的税率、税额。因此，征收消费税既可以引导群众理性对待高税率的应税消费品，合理消费，也能利用经济杠杆从宏观角度调节社会整体的产品结构。

讨论：国家征收消费税的意义和作用。

任务一　认知消费税

任务描述

现行消费税法的基本规范是 2008 年 11 月 5 日经国务院第 34 次常务会议修订通过并颁布，自 2009 年 1 月 1 日起施行的《中华人民共和国消费税暂行条例》。消费税是增值税的配套税种，征税的目的是为了调节产业结构，限制某些奢侈品、高能耗产品的生产，正确引导消费。通过本任务的学习，了解消费税的概念、由来及特点。

1. 消费税的概念

消费税是指对消费品和特定的消费行为按流转额征收的一种商品税。广义上，消费税应对所有消费品包括生活必需品和日用品普遍课税；但从征收实践上看，消费税主要指对特定消费品或特定消费行为等课税。消费税主要以消费品为课税对象，属于间接税，税收随价格转嫁给消费者负担，消费者是税款的实际负担者。消费税的征收具有较强的选择性，是国家贯彻消费政策、引导消费结构从而引导产业结构的重要手段，因而在保证国家财政收入，体现国家经济政策等方面具有十分重要的意义。

认知消费税

2. 消费税的由来

消费税为世界各国所普遍征收，目前有 120 多个国家征收消费税，尤其是一些发展中国家。古罗马的时候已经有类似的税种，近代的消费税开始于美国。我国对消费品的课税由来已久，早在周朝征收的"山泽之赋"就具有消费税性质。

新中国成立后，在 1951 年的时候开征过特种消费行为税：国家对筵席、娱乐、冷食、旅馆等特种消费行为课征，不过很快废除，原因也很简单，计划经济配给制，物资都很匮乏，市场行为很少，也间接说明消费税其实是随着市场经济变化而变化的。1988 年开征筵席税，属于消费行为征税。1993 年 12 月国务院颁布了《中华人民共和国消费税暂行条例》，并于 1994 年开始实施，现行的消费税是在此分税制改革下诞生的。2008 年 11 月国务院修订了《中华人民共和国消费税暂行条例》，2006 年和 2015 年两次调整其征税范围。

3. 消费税的特点

我国现行消费税的特点如下：

(1) 征收范围具有选择性。我国消费税在征收范围上根据产业政策与消费政策仅选择部分消费品征税，而不是对所有消费品都征收消费税。

(2) 一般情况下，征税环节具有单一性。消费税主要在生产销售和进口环节上征收。

(3) 平均税率水平比较高且税负差异大。消费税的平均税率水平比较高，并且不同征税项目的税负差异较大；对诸如香烟等对需要限制或控制消费的消费品，通常税负较重。

(4) 计税方法具有灵活性。既对消费品采用单位税额，以消费品的数量实行从量定额的计税方法，也采用对消费品制定比例税率，以消费品的价格实行从价定率的计税方法。

◆ **知识拓展**

增值税与消费税的异同点分别有哪些？

• 不同点：征收范围不同，增值税对货物普遍征收，消费税对特定货物征收；与价格的关系不同，增值税是价外税，消费税是价内税；纳税环节不同，增值税是在所有环节道道征收，消费税是价内税；计税方法不同，增值税是按照两类纳税人来计算的，消费税是根据应税消费品来计算的。

• 相同点：消费税与增值税同属于流转税，在从价计征时，消费税与增值税的计税依据是相同的，都不含增值税的销售额。

中小微企业纳税实务

任务二　熟悉消费税的基本规定

任务描述

小明刚进一家代理记账公司负责报税工作，发现一家珠宝饰品制造公司当月发生了如下经营业务：向大型商场销售黄金项链100条；向消费者销售自产高档手表30块（单价12 000元）。

请问上述经济业务是否需要征税以及税率分别是多少？

消费税的
基本规定

1. 消费税的纳税义务人

消费税的纳税人是指在中华人民共和国境内生产、委托加工和进口应税消费品的单位和个人。其中，在中华人民共和国境内，是指生产、委托加工和进口应税消费品的起运地或者所在地在境内。单位，是指企业、行政单位、事业单位、军事单位、社会团体及其他单位。个人，是指个体经营者和包括中国公民、外国公民在内的其他个人。

2. 消费税的征税范围

目前，对消费税的征税分布于以下环节。

1）对生产应税消费品在生产销售环节征税

生产应税消费品销售是消费税征收的主要环节，因为一般情况下，消费税具有单一环节征税的特点，对于大多数消费税应税商品而言，在生产销售环节征税以后，流通环节不用再缴纳消费税。纳税人生产应税消费品，除了直接对外销售应征收消费税外，如将生产的应税消费品换取生产资料、消费资料、投资入股、偿还债务，以及用于继续生产应税消费品以外的其他方面都应缴纳消费税。

另外，工业企业以外的单位和个人的下列行为视为应税消费品的生产行为，按规定征收消费税：

（1）将外购的消费税非应税产品以消费税应税产品对外销售的。

（2）将外购的消费税低税率应税产品以高税率应税产品对外销售的。

2）对委托加工应税消费品在委托加工环节征税

委托加工应税消费品是指委托方提供原料和主要材料，受托方只收取加工费和代垫部分辅助材料加工的应税消费品。由受托方提供原材料或其他情形的一律不能视同加工应税消费品。委托加工的应税消费品收回后，再继续用于生产应税消费品销售且符合现行政策规定的，其加工环节缴纳的消费税款可以扣除。

思考与讨论：

增值税的"加工劳务"与消费税的"委托加工"分别如何界定？

3）对进口应税消费品在进口环节征税

单位和个人进口属于消费税征税范围的货物，在进口环节要缴纳消费税。为了减少征税成本，进口环节缴纳的消费税由海关代征。

项目三　消费税纳税业务

4）对零售特定应税消费品在零售环节征税

（1）商业零售金银首饰。

经国务院批准，自1995年1月1日起，金银首饰消费税由生产销售环节征收改为零售环节征收。改在零售环节征收消费税的金银首饰仅限于金基、银基合金首饰以及金、银和金基、银基合金的镶嵌首饰。自2002年1月1日起，对钻石及钻石饰品消费税的纳税环节由生产环节、进口环节后移至零售环节。自2003年5月1日起，铂金首饰消费税改成零售环节征税，其计税依据是不含增值税的销售额。

思考与讨论：

所有的"贵重首饰及珠宝玉石"均改在零售环节征收吗，如何理解零售环节？

（2）零售超豪华小汽车。

自2016年12月1日起，对超豪华小汽车，在生产（进口）环节按现行税率征收消费税的基础上，在零售环节加征消费税，将超豪华小汽车销售给消费者的单位和个人为超豪华小汽车零售环节纳税人。

5）对移送使用应税消费品在移送使用环节征税

如果企业在生产经营的过程中，将应税消费品移送用于加工非应税消费品，则应对移送部分征收消费税。

6）对批发卷烟在卷烟的批发环节征税

与其他消费税应税商品不同的是，卷烟除了在生产销售环节征收消费税外，还在批发环节征收一次。

烟草批发企业将卷烟销售给其他烟草批发企业的，不缴纳消费税。

纳税人兼营卷烟批发和零售业务的，应当分别核算批发和零售环节的销售额、销售数量；未分别核算批发和零售环节销售额、销售数量的，按照全部销售额、销售数量计征批发环节消费税。纳税人销售给纳税人以外的单位和个人的卷烟于销售时纳税。

卷烟批发企业的机构所在地，总机构与分支机构不在同一地区的，由总机构申报纳税。

卷烟消费税在生产和批发两个环节征收后，批发企业在计算纳税时不得扣除已含的生产环节的消费税税款。

思考与讨论：

增值税道道流转、道道征收，而消费税以单环节征收为原则，那哪些应税消费品双环节征收？

3. 消费税的税目

目前消费税税目包括烟、酒、化妆品等15种商品，部分税目还进一步划分了若干子目。

1）烟

本税目包括卷烟（进口卷烟、白包卷烟、手工卷烟和未经国务院批准纳入计划的企业及

中小微企业纳税实务

个人生产的卷烟)、雪茄烟和烟丝。

自 2009 年 5 月 1 日起,在卷烟批发环节加征一道从价税。自 2015 年 5 月 10 日起,将卷烟批发环节从价税税率调整为 10%,并按 0.005 元/支加征从量税。

2) 酒

酒是酒精度在 1 度以上的各种酒类饮料,包括白酒、黄酒、啤酒及其他酒。

对饮食业、商业、娱乐业举办的啤酒屋(啤酒坊)利用啤酒生产设备生产的啤酒,应当征收消费税。果啤属于啤酒,按啤酒征收消费税。

3) 高档化妆品

自 2016 年 10 月 1 日起,本税目调整为包括高档美容、修饰类化妆品、高档护肤类化妆品和成套化妆品。

高档美容、修饰类化妆品和高档护肤类化妆品是指生产(进口)环节销售(完税)价格(不含增值税)在 10 元/毫升(克)或 15 元/片(张)及以上的美容、修饰类化妆品和护肤类化妆品。舞台、戏剧、影视演员化妆用的上妆油、卸妆油、油彩,不属于本税目的征收范围。

4) 贵重首饰及珠宝玉石

本税目包括以金、银、白金、宝石、珍珠、钻石、翡翠、珊瑚、玛瑙等高贵稀有物质,以及其他金属、人造宝石等制作的各种纯金银首饰及镶嵌首饰,与经采掘、打磨、加工的各种珠宝玉石。对出国人员免税商店销售的金银首饰征收消费税。

5) 鞭炮、焰火

本税目包括各种鞭炮、焰火。体育上用的发令纸、鞭炮药引线,不按本税目征收。

6) 成品油

本税目包括汽油、柴油、石脑油、溶剂油、航空煤油、润滑油、燃料油 7 个子目。

汽油是指用原油或其他原料加工生产的辛烷值不小于 66 的可用作汽油发动机燃料的各种轻质油。

柴油是指用原油或其他原料加工生产的,倾点或凝点在 -50 号至 30 号的,可用作柴油发动机燃料的各种轻质油,和以柴油组分为主、经调和精制可用作柴油发动机燃料的非标油。

石脑油又叫化工轻油,是以原油或其他原料加工生产的用于化工原料的轻质油。

溶剂油是用原油或其他原料加工生产的用于涂料、油漆、食用油、印刷油墨、皮革、农药、橡胶、化妆品生产和机械清洗、胶粘行业的轻质油。橡胶填充油、溶剂油原料,属于溶剂油征收范围。

航空煤油也叫喷气燃料,是用原油或其他原料加工生产的用作喷气发动机和喷气推进系统燃料的各种轻质油。航空煤油的消费税暂缓征收。

润滑油是用原油或其他原料加工生产的用于内燃机、机械加工过程的润滑产品。润滑油分为矿物性润滑油、植物性润滑油、动物性润滑油和化工原料合成润滑油。

7) 小汽车

小汽车是指由动力驱动,具有 4 个或 4 个以上车轮的非轨道承载的车辆。本税目征收范围包括:

(1) 乘用车:含驾驶员座位在内最多不超过 9 个座位(含)的,在设计和技术特性上用于载运乘客和货物的各类乘用车。

(2) 中轻型商用客车:含驾驶员座位在内的座位数在 10~23 座(含 23 座)的,在设计和技术特性上用于载运乘客和货物的各类中轻型商用客车。

（3）超豪华小汽车：每辆零售价格130万元（不含增值税）及以上的乘用车和中轻型商用客车。

电动汽车不属于本税目征收范围。车身长度大于7米（含），并且座位在10～23座（含）以下的商用客车，不属于中轻型商用客车征税范围，不征收消费税。沙滩车、雪地车、卡丁车、高尔夫车不属于消费税征收范围，不征收消费税。

8）摩托车

本税目包括轻便摩托车和摩托车两种。对最大设计车速不超过50千米/小时，发动机气缸总工作容量不超过50毫升的三轮摩托车不征收消费税。气缸容量250毫升（不含）以下的小排量摩托车不征收消费税。

9）高尔夫球及球具

高尔夫球及球具是指从事高尔夫球运动所需的各种专用装备，包括高尔夫球、高尔夫球杆、高尔夫球包（袋），以及高尔夫球杆的杆头、杆身和握把。

10）高档手表

高档手表是指销售价格（不含增值税）每只在10 000元（含）以上的各类手表。

11）游艇

本税目征收范围包括艇身长度大于8米（含）小于90米（含），内置发动机，可以在水上移动，一般为私人或团体购置，主要用于水上运动和休闲娱乐等非营利活动的各类机动艇。

12）木制一次性筷子

本税目征收范围包括各种规格的以木材为原料，经过锯段、浸泡、旋切、刨切、烘干、筛选、打磨、倒角、包装等环节加工而成的各类供一次性使用的筷子。未经打磨、倒角的木制一次性筷子属于本税目征税范围。

13）实木地板

实木地板是指以木材为原料，经锯割、干燥、刨光、截断、开榫、涂漆等工序加工而成的块状或条状的地面装饰材料。实木地板按生产工艺不同，可分为独板（块）实木地板、实木指接地板、实木复合地板三类；按表面处理状态不同，可分为未涂饰地板（白坯板、素板）和漆饰地板两类。

本税目征收范围包括各类规格的实木地板、实木指接地板、实木复合地板及用于装饰墙壁、天棚的侧端面为榫、槽的实木装饰板。未经涂饰的素板也属于本税目征税范围。

14）电池

本税目征收范围包括原电池、蓄电池、燃料电池、太阳能电池和其他电池。

自2015年2月1日起对电池（铅蓄电池除外）征收消费税。2015年12月31日前对铅蓄电池缓征消费税；自2016年1月1日起，对铅蓄电池按4%税率征收消费税。

15）涂料

涂料是指涂于物体表面能形成具有保护、装饰或特殊性能的固态涂膜的一类液体或固体材料的总称。

4. 消费税的税率

消费税采用比例税率和定额税率两种形式，共设置了20多档不同的税率（税额）。大部分应税消费品适用比例税率，例如，小汽车、高档化妆品、鞭炮焰火等；黄酒、啤酒、成品油采用定额税率；卷烟、白酒采用比例税率和定额税率相结合的复合计税办法。现行消费税税目、税率见表 3-1。

表 3-1　消费税税目、税率（额）表

税　目	税率（额）
一、烟	
1.卷烟	
（1）甲类卷烟（生产或进口环节，调拨价在 70 元/条及以上）	56％加 0.003 元每支
（2）乙类卷烟（生产或进口环节，调拨价在 70 元/条以下）	36％加 0.003 元/每支
（3）批发环节	11％加 0.005 元/每支
2.雪茄烟	36％
3.烟丝	30％
二、酒	
1.白酒	20％加 0.5 元每 500 克（或者 500 毫升）
2.黄酒	240 元/吨
3.啤酒	
（1）甲类啤酒（每吨出厂价在 3000 元及以上）	250 元/吨
（2）乙类啤酒（每吨出厂价在 3000 元以下）	220 元/吨
4.其他酒	10％
三、高档化妆品	15％
四、贵重首饰及珠宝玉石	
1.金银首饰、铂金首饰和钻石及钻石饰品（零售环节）	5％
2.其他贵重首饰和珠宝玉石	10％
五、鞭炮、焰火	15％
六、成品油	
1.汽油	1.52 元/升
2.柴油	1.2 元/升
3.航空煤油（暂缓征收）	1.2 元/升
4.石脑油	1.52 元/升
5.溶剂油	1.52 元/升
6.润滑油	1.52 元/升
7.燃料油	1.2 元/升
七、小汽车	
1.乘用车	
（1）气缸容量（排气量，下同）在 1.0 升（含 1.0 升）以下的	1％
（2）气缸容量在 1.0 升以上至 1.5 升（含 1.5 升）的	3％

税　目	税率（额）
（3）气缸容量在1.5升以上至2.0升（含2.0升）的	5%
（4）气缸容量在2.0升以上至2.5升（含2.5升）的	9%
（5）气缸容量在2.5升以上至3.0升（舍3.0升）的	12%
（6）气缸容量在3.0升以上至4.0升（含4.0升）的	25%
（7）气缸容量在4.0升以上的	40%
2.中轻型商用客车	5%
3.超豪华小汽车（零售环节）	10%
八、摩托车	
1.气缸容量为250毫升的	3%
2.气缸容量为250毫升以上的	10%
九、高尔夫球及球具	10%
十、高档手表	20%
十一、游艇	10%
十二、木制一次性筷子	5%
十三、实木地板	5%
十四、电池	4%
十五、涂料	4%

注：啤酒每吨出厂价格含包装物及包装物押金，不含增值税。

任务三　理解消费税应纳税额的计算

任务描述

杭州一佳有限责任公司有两套销售方案：一是向其所属销售公司销售高档化妆品100件，单价1500元，再由销售公司按2000元的单价对外销售，则无需再缴纳消费税；二是直接按2000元的单价对外销售。

请问选择哪种方案税收更低？

1.消费税的计算方法

按照现行消费税法的基本规定，消费税应纳税额的计算分为从价计征、从量计征和从价从量复合计征三种方法。

1）从价计征

消费税是价内税，即以含消费税的价格作为计税价格。其应纳税额的计算公式如下：

$$应纳税额＝应税消费品的销售额×比例税率$$

（1）销售额的确定。

销售额为纳税人销售应税消费品向购买方收取的全部价款和价外费用。销售，是指有偿转让应税消费品的所有权；有偿，是指从购买方取得货币、货物或者其他经济利益；价外费用，是指价外向购买方收取的手续费、补贴、基金、集资费、返还利润、奖励费、违约金、滞纳金、延期付款利息、赔偿金、代收款项、代垫款项、包装费、包装物租金、储备费、优质费、运输装卸费以及其他各种性质的价外收费。但下列项目不包括在内：

① 同时符合这些条件的代垫运输费用：承运部门的运输费用发票开具给购买方的；纳税人将该项发票转交给购买方的。

② 同时符合这些条件代为收取的政府性基金或者行政事业性收费：由国务院或者财政部批准设立的政府性基金；由国务院或者省级人民政府及其财政、价格主管部门批准设立的行政事业性收费；收取时开具省级以上财政部门印制的财政票据；所收款项全额上缴财政。

思考与讨论：

增值税的计税依据与消费税的计税依据在什么情况下完全一致？

由于针对应税消费品，增值税和消费税是重复征税，而增值税是价外税，消费税是价内税，因此实行从价计税的应税消费品，其计税依据都是一致的，都是以含消费税不含增值税的销售额作为计税依据。如果纳税人应税消费品的销售额中未扣除增值税税款或者因不得开具增值税专用发票而发生价款和增值税税款合并收取的，在计算消费税时，应将含增值税的销售额换算为不含增值税税款的销售额。其换算公式如下：

$$应税消费品的销售额 = \frac{含增值税的销售额}{1 + 增值税税率或征收率}$$

【**案例 3 - 1**】　某生产化妆品的公司为增值税一般纳税人，2021 年 10 月销售高档化妆品，开具普通发票上注明的销售额为 45 200 元，计算其应缴纳的消费税税额。

解析　　　　$$应纳消费税额 = \frac{45\ 200}{1 + 13\%} \times 15\% = 6000(元)$$

（2）销售额的特殊规定。

其他价外费用，无论是否属于纳税人的收入，均应并入销售额计算征税。实行从价定率办法计算应纳税额的应税消费品连同包装销售的，无论包装是否单独计价，也不论在会计上如何核算，均应并入应税消费品的销售额中征收消费税。

如果包装物不作价随同产品销售，而是收取押金，则此项押金不应并入应税消费品的销售额中征税。但对因逾期未收回的包装物不再退还的或者已收取的时间超过 12 个月的押金，应并入应税消费品的销售额，按照应税消费品的适用税率缴纳消费税。

对既作价随同应税消费品销售，又另外收取押金的包装物的押金，凡纳税人在规定的期限内没有退还的，均应并入应税消费品的销售额，按照应税消费品的适用税率缴纳消费税。

自 1995 年 6 月 1 日起，对销售啤酒、黄酒外的其他酒类产品而收取的包装物押金，无论是否返还以及会计上如何核算，均应并入当期销售额征税。

白酒生产企业向商业销售单位收取的"品牌使用费"是随着应税白酒的销售而向购货方收取的，属于应税白酒销售价款的组成部分，因此，不论企业采取何种方式或以何种名义收取价款，均应并入白酒的销售额中缴纳消费税。

纳税人销售的应税消费品，以外汇结算销售额的，其销售额的人民币折合率可以选择结算的当天或者当月1日的国家外汇牌价（原则上为中间价）。纳税人应在事先确定采取何种折合率，确定后1年内不得变更。

◆ **知识拓展**

包装物押金的增值税、消费税处理见表3-2。

表3-2 包装物押金的增值税、消费税处理

所包装的产品	增值税处理	消费税处理
非酒类产品	逾期未退时并入销售额	逾期未退时并入销售额
啤酒、黄酒		从量征收消费税，包装物押金不征收消费税
酒类产品（除啤酒、黄酒外）	收取时计入销售额	

2）从量计征

在从量定额计算方法下，应纳税额等于应税消费品的销售数量乘以单位税额，应纳税额的多少取决于应税消费品的销售数量和单位税额两个因素。其基本计算公式如下：

$$应纳税额＝应税消费品的销售数量×定额税率$$

（1）销售数量的确定。

销售数量是指纳税人生产、加工和进口应税消费品的数量。具体规定如下：

① 销售应税消费品的，为应税消费品的销售数量。

② 自产自用应税消费品的，为应税消费品的移送使用数量。

③ 委托加工应税消费品的，为纳税人收回的应税消费品数量。

④ 进口的应税消费品，为海关核定的应税消费品进口征税数量。

（2）计量单位的换算标准。

《消费税暂行条例》规定，黄酒、啤酒以吨为税额单位；成品油中汽油、柴油以升为税额单位。其计量单位的换算标准如表3-3所示。

表3-3 吨、升换算表

序 号	名 称	计量单位的换算标准
1	黄酒	1吨＝962升
2	啤酒	1吨＝988升
3	汽油	1吨＝1388升
4	柴油	1吨＝1176升
5	航空煤油	1吨＝1246升
6	石脑油	1吨＝1385升
7	溶剂油	1吨＝1282升
8	润滑油	1吨＝1126升
9	燃料油	1吨＝1015升

【案例 3-2】 某炼油厂采购原油 40 吨，加工成石脑油 12 吨，计算其应纳消费税额。

解析 　　　应纳消费税额＝12×1385×1.52＝25 262.4(元)

3) 从价从量复合计征

现行消费税的征税范围中，只有卷烟、白酒采用复合计征方法。其计算公式如下：

应纳税额＝应税销售数量×定额税率＋销售额×比例税率

【案例 3-3】 某卷烟厂出售卷烟 20 个标准箱，每标准条调拨价格 80 元，共计 400 000 元，计算其应纳消费税税额。

解析 　　　应纳消费税税额＝20×150＋400 000×56%＝227 000(元)

4) 计税依据的特殊规定

(1) 自设非独立核算门市部销售应税消费品的计税规定。

纳税人通过自设非独立核算门市部销售的自产应税消费品，应当按照门市部对外销售额或者销售数量征收消费税。

(2) 应税消费品用于换取生产资料和消费资料，投资入股和抵偿债务的计税规定。

纳税人用于换取生产资料和消费资料，投资入股和抵偿债务等方面的应税消费品，应当以纳税人同类应税消费品的最高销售价格作为计税依据计算消费税。

思考与讨论：

应税消费品用于换取生产资料和消费资料，投资入股和抵偿债务，应当以什么作为增值税的计税依据？

---

(3) 卷烟计税价格的核定。

自 2012 年 1 月 1 日起，卷烟消费税最低计税价格(以下简称计税价格)核定范围为卷烟生产企业在生产环节销售的所有牌号、规格的卷烟。

计税价格由国家税务总局按照卷烟批发环节销售价格扣除卷烟批发环节批发毛利核定。

(4) 纳税人采用以旧换新(含翻新改制)方式销售金银首饰的计税规定。

纳税人采用以旧换新(含翻新改制)方式销售的金银首饰，应按实际收取的不含增值税的全部价款确定计税依据。金银首饰与其他产品组成成套消费品销售的，应按销售额全额征收消费税。

2. 生产销售环节应纳消费税的计算

纳税人在生产销售环节应缴纳的消费税，包括直接对外销售应税消费品应缴纳的消费税和自产自用应税消费品应缴纳的消费税。

1) 直接对外销售应纳消费税的计算

根据税率基本形式的不同，直接对外销售应税消费品涉及以下三种计算方法：

(1) 从价定率计算。其基本计算公式如下：

应纳税额＝应税消费品的销售额×比例税率

直接对外销售
应纳税额的计算

【案例 3-4】 某化妆品生产企业为增值税一般纳税人。2020 年 3 月

15 日向某大型商场销售高档化妆品一批，开具增值税专用发票，取得不含增值税销售额 50 万元，增值税额 8 万元；3 月 20 日向某单位销售高档化妆品一批，开具普通发票，取得含增值税销售额 4.52 万元。计算该化妆品生产企业上述业务应缴纳的消费税额（高档化妆品适用消费税税率 15%）。

解析 化妆品的应税销售额 $=50+\dfrac{4.52}{1+13\%}=54$（万元）

$$应缴纳的消费税额 =54\times15\%=8.1（万元）$$

（2）从量定额计算。其基本计算公式如下：

$$应纳税额 = 应税消费品的销售数量 \times 定额税率$$

【案例 3-5】 某啤酒厂 2020 年 5 月销售甲类啤酒 1000 吨，取得不含增值税销售额 295 万元，增值税税款 47.2 万元，另收取包装物押金 23.4 万元。计算 4 月该啤酒厂应纳消费税税额（销售甲类啤酒，适用定额税率每吨 250 元）。

解析 应纳消费税额 = 销售数量 × 定额税率 = $1000\times250=250\,000$（元）

（3）从价定率和从量定额复合计算。其基本计算公式如下：

$$应纳税额 = 应税消费品的销售数量 \times 定额税率 + 应税销售额 \times 比例税率$$

【案例 3-6】 某白酒生产企业为增值税一般纳税人，2020 年 4 月销售白酒 50 吨，取得不含增值税的销售额 200 万元。计算白酒企业 4 月应缴纳的消费税额（白酒适用比例税率 20%，定额税率每 500 克 0.5 元）。

解析 应纳消费税额 $=50\times2000\times0.00005+200\times20\%=45$（万元）

2）自产自用应纳消费税的计算

所谓自产自用，就是纳税人生产应税消费品后，不是用于直接对外销售，而是用于自己连续生产应税消费品或用于其他方面。纳税人自产自用的应税消费品，用于连续生产应税消费品的，不纳税；凡用于其他方面的，于移送使用时纳税。

自产自用应纳税额的计算

（1）用于连续生产的应税消费品。

所谓用于连续生产的应税消费品，是指作为生产最终应税消费品的直接材料并构成最终产品实体的应税消费品。税法规定对自产自用的应税消费品，用于连续生产应税消费品的不征税，体现了不重复课税原则。

例如，卷烟厂生产出烟丝，再用生产出的烟丝连续生产卷烟，虽然烟丝是应税消费品，但用于连续生产卷烟的烟丝就不用缴纳消费税，只对生产销售的卷烟征收消费税。如果生产的烟丝直接用于销售，则烟丝需要缴纳消费税。

（2）用于其他方面的应税消费品。

用于其他方面是指纳税人用于生产非应税消费品、在建工程、管理部门、非生产机构、提供劳务，以及用于馈赠、赞助、集资、广告、样品、职工福利、奖励等方面。企业自产的应税消费品虽然没有用于销售或连续生产应税消费品，但只要是用于税法所规定的范围的都要视同销售，依法缴纳消费税。

用于生产非应税消费品，是指把自产的应税消费品用于生产《消费税暂行条例》税目、税率表所列 15 类产品以外的产品。如原油加工厂用生产出的应税消费品汽油调和制成溶

中小微企业纳税实务

剂汽油，该溶剂汽油就属于非应税消费品，加工厂应就该自产自用行为缴纳消费税，但是不用缴纳增值税。

用于在建工程，是指把自产的应税消费品用于本单位的各项建设工程。例如，石化工厂把自己生产的柴油用于本厂基建工程的车辆、设备使用。

用于管理部门、非生产机构，是指把自己生产的应税消费品用于与本单位有隶属关系的管理部门或非生产机构。例如，汽车制造厂把生产出的小汽车提供给上级主管部门使用。

用于馈赠、赞助、集资、广告、样品、职工福利、奖励，是指把自己生产的应税消费品无偿赠送给他人，或以资金的形式投资于外单位，或作为商品广告、经销样品，或以福利、奖励的形式发给职工。例如，小汽车生产企业把自己生产的小汽车赠送或赞助给小汽车拉力赛赛手使用，兼作商品广告；酒厂把生产的滋补药酒以福利的形式发给职工等。

◆ **知识拓展**

自产的汽油用于本单位的员工福利，是否需要缴纳消费税？

财税[2010]98 号《关于对成品油生产企业生产自用油免征消费税的通知》规定：从 2009 年 1 月 1 日起，对成品油生产企业在生产成品油过程中，作为燃料、动力及原料消耗掉的自产成品油，免征消费税。对用于其他用途或直接对外销售的成品油照章征收消费税。因此，自产的汽油用于本单位的员工福利，不属于免税的范围，需要缴纳消费税。

（3）组成计税价格及税额的计算。

根据《消费税暂行条例》规定，纳税人自产自用的应税消费品，凡用于其他方面，其销售额的确定顺序如下：

① 按照纳税人生产的同类消费品的销售价格计算纳税。

② 当月同类消费品各期销售价格高低不同，应按销售数量加权平均计算。

③ 如果当月无销售或者当月未完结，则应按照同类消费品上月或者最近月份的销售价格计算纳税。

④ 没有同类消费品销售价格的，按照组成计税价格计算纳税。

根据税率基本形式的不同，自产自用应税消费品对应三种计算方法，如表 3－4 所示。

表 3－4　自产自用应纳消费税的计算

计征方法	计算公式
从价计征	应纳税额＝组成计税价格×比例税率
	$组成计税价格＝\dfrac{成本＋利润}{1－比例税率}$
从量计征	应纳税额＝自产自用数量×定额税率
复合计征	应纳税额＝组成计税价格×比例税率＋自产自用数量×定额税率
	$组成计税价格＝\dfrac{成本＋利润＋自产自用数量×定额税率}{1－比例税率}$

表 3－4 计算公式中所说的"成本"，是指应税消费品的产品生产成本；所说的"利润"，

是指根据应税消费品的全国平均成本利润率计算的利润。应税消费品全国平均成本利润率由国家税务总局确定（见表 3-5）。

表 3-5　平均成本利润率表
单位：%

货物名称	利润率	货物名称	利润率
1. 甲类卷烟	10	10. 贵重首饰及珠宝玉石	6
2. 乙类卷烟	5	11. 摩托车	6
3. 雪茄烟	5	12. 高尔夫球及球具	10
4. 烟丝	5	13. 高档手表	20
5. 粮食白酒	10	14. 游艇	10
6. 薯类白酒	5	15. 木制一次性筷子	5
7. 其他酒	5	16. 实木地板	5
8. 高档化妆品	5	17. 乘用车	8
9. 鞭炮、焰火	5	18. 中轻型商用客车	5

【案例 3-7】　某化妆品公司将一批自产的高档化妆品用作职工福利，该批高档化妆品的成本为 80 000 元，无同类产品市场销售价格，但已知其成本利润率为 5%，消费税税率为 15%，计算该批高档化妆品应缴纳的消费税税额。

解析　　组成计税价格 = 成本 × $\dfrac{1+成本利润率}{1-消费税税率}$

$$= 80\ 000 \times \frac{1+5\%}{1-15\%}$$

$$= \frac{84\ 000}{0.85} = 98\ 823.53（元）$$

应纳消费税额 = 98 823.53 × 15% = 14 823.53（元）

3. 委托加工环节应税消费品应纳税额的计算

委托加工属于生产应税消费品的另一种形式，也需要纳入征收消费税的范围。按照规定，委托加工的应税消费品，由受托方在向委托方交货时代收代缴税款。

1）委托加工应税消费品的确定

委托加工的应税消费品是指由委托方提供原料和主要材料，受托方只收取加工费和代垫部分辅助材料加工的应税消费品。对于由受托方提供原材料生产的应税消费品，或者受托方先将原材料卖给委托方，然后接受加工的应税消费品，以及由受托方以委托方名义购进原材料生产的应税消费品，不论纳税人在财务上是否作销售处理，都不得作为委托加工应税消费品，而应当按照销售自制应税消费品缴纳消费税。

2）委托加工应税消费品计税依据的确定

对于确实属于委托方提供原料和主要材料，受托方只收取加工费和代垫部分辅助材料

委托加工应纳
消费税的计算

加工的应税消费品，由受托方在向委托方交货时代收代缴消费税。委托方是消费税的纳税义务人，受托方就是法定的代收代缴义务人。如果受托方对委托加工的应税消费品没有代收代缴或少代收代缴消费税，则应按照《税收征收管理法》的规定，承担代收代缴的法律责任。但是委托个人（含个体工商户）加工的应税消费品，由委托方收回后缴纳消费税。

委托加工的应税消费品，受托方在交货时已代收代缴消费税，委托方将收回的应税消费品，以不高于受托方的计税价格出售的，为直接出售，不再缴纳消费税；委托方以高于受托方的计税价格出售的，不属于直接出售，需按照规定申报缴纳消费税，在计税时准予扣除受托方已代收代缴的消费税。

对于受托方没有按规定代收代缴税款的，对受托方处以应代收代缴税款50%以上3倍以下的罚款，委托方要补缴税款。对委托方补征税款的计税依据是：如果在检查时，收回的应税消费品已经直接销售的，按销售额计税；收回的应税消费品尚未销售或不能直接销售的（如收回后用于连续生产等），按组成计税价格计税。

🖥️ **思考与讨论：**

委托加工中，消费税的纳税义务人和代收代缴义务人分别是谁，增值税的纳税义务人是谁？

3）组成计税价格及应纳税额的计算

委托加工的应税消费品，按照受托方的同类消费品的销售价格计算纳税，同类消费品的销售价格是指受托方当月销售的同类消费品的销售价格，如果当月同类消费品各期销售价格高低不同，则应按销售数量加权平均计算。但存在下列情况的，不得列入加权平均计算：

（1）销售价格偏低又无正当理由。

（2）无销售价格的应税消费品。

如果当月无销售或者当月未完结，则应按照同类消费品上月或最近月份的销售价格计算纳税。没有同类消费品销售价格的，按照组成计税价格计算纳税。根据计征方法的不同，委托加工应税消费品对应三种计算方法，如表3-6所示。

表3-6 委托加工应纳消费税的计算

计征方法	计算公式
从价计征	应纳税额＝组成计税价格×比例税率
	组成计税价格＝$\dfrac{材料成本＋加工费}{1-比例税率}$
从量计征	应纳税额＝委托加工数量×定额税率
复合计征	应纳税额＝组成计税价格×比例税率＋委托加工数量×定额税率
	组成计税价格＝$\dfrac{材料成本＋加工费＋委托加工数量×定额税率}{1-比例税率}$

表 3 - 6 计算公式中,"材料成本"是指委托方所提供加工材料的实际成本,其目的就是防止假冒委托加工应税消费品或少报材料成本,逃避纳税的现象;"加工费"是指受托方加工应税消费品向委托方所收取的全部费用(包括代垫辅助材料的实际成本,不包括增值税税金)。

【案例 3 - 8】 某鞭炮企业 2020 年 4 月受托为某单位加工一批鞭炮,委托单位提供的原材料金额为 70 万元,收取委托单位不含增值税的加工费 6.5 万元,鞭炮企业无同类产品市场价格,计算鞭炮企业应代收代缴的消费税(鞭炮的适用税率为 15%)。

解析
$$组成计税价格 = \frac{70 + 6.5}{1 - 15\%} = 90(万元)$$

$$应代收代缴消费税 = 90 \times 15\% = 13.5(万元)$$

4. 进口环节应纳消费税的计算

进口的应税消费品,由进口人或者其代理人向报关地海关申报纳税,于报关进口时由海关代征消费税;按照关税征收管理的相关规定,应当自海关填发海关进口消费税专用缴款书之日起 15 日内缴纳税款。

根据计征方法的不同,进口应税消费品对应三种计算方法,如表3 - 7所示。

进口应税消费品应纳税额的计算

表 3 - 7 进口应纳消费税的计算

计征方法	计 算 公 式
从价计征	应纳税额 = 组成计税价格 × 比例税率
	$组成计税价格 = \dfrac{关税完税价格 + 关税}{1 - 比例税率}$
从量计征	应纳税额 = 进口数量 × 定额税率
复合计征	应纳税额 = 组成计税价格 × 比例税率 + 进口数量 × 定额税率
	$组成计税价格 = \dfrac{关税完税价格 + 关税 + 进口数量 × 定额税率}{1 - 比例税率}$

表 3 - 7 计算公式中,"关税完税价格"是指海关核定的关税计税价格。

【案例 3 - 9】 某商贸公司,2021 年 5 月从国外进口一批应税消费品,已知该批应税消费品的关税完税价格为 90 万元,按规定应缴纳关税 9 万元,假定进口的应税消费品的消费税税率为 10%,计算该批消费品进口环节应缴纳的消费税税额。

解析
$$组成计税价格 = \frac{90 + 9}{1 - 10\%} = 110(万元)$$

$$应缴纳消费税税额 = 110 \times 10\% = 11(万元)$$

5. 已纳消费税扣除的计算

为了避免重复征税,现行消费税规定,将外购应税消费品和委托加工收回的应税消费品继续生产应税消费品销售的,可以将外购应税消费品和委托加工收回应税消费品已缴纳

中小微企业纳税实务

的消费税给予扣除。税法规定应按当期生产领用数量计算准予扣除外购的应税消费品已纳的消费税税款。但是，纳税人用外购的已税珠宝玉石生产的改在零售环节征收消费税的金银首饰（镶嵌首饰），在计税时一律不得扣除外购珠宝玉石的已纳税款。

1）外购应税消费品已纳税款的扣除

（1）外购应税消费品连续生产应税消费品。

① 扣除范围包括：

a. 外购已税烟丝生产的卷烟。

b. 外购已税高档化妆品生产的高档化妆品。

c. 外购已税珠宝玉石生产的贵重首饰及珠宝玉石。

d. 外购已税鞭炮焰火生产的鞭炮焰火。

e. 外购已税杆头、杆身和握把为原料生产的高尔夫球杆。

f. 外购已税木制一次性筷子为原料生产的木制一次性筷子。

g. 外购已税实木地板为原料生产的实木地板。

h. 外购已税汽油、柴油、石脑油、燃料油、润滑油用于连续生产的应税成品油。

已纳消费税
扣除的计算

> **思考与讨论：**
>
> 哪些应税消费品不能扣除已纳消费税，能实现跨税目扣除吗？

② 上述当期准予扣除外购应税消费品已纳消费税税款的计算公式如下：

$$\begin{array}{l}\text{当期准予扣除的外购应税} \\ \text{消费品已纳税款}\end{array} = \begin{array}{l}\text{当期准予扣除的外购} \\ \text{应税消费品买价}\end{array} \times \begin{array}{l}\text{外购应税} \\ \text{消费品适用税率}\end{array}$$

$$\begin{array}{l}\text{当期准予扣除的外购} \\ \text{应税消费品买价}\end{array} = \begin{array}{l}\text{期初库存的外购应税} \\ \text{消费品的买价}\end{array} + \begin{array}{l}\text{当期购进的应税} \\ \text{消费品的买价}\end{array} - \begin{array}{l}\text{期末库存的外购} \\ \text{应税消费品的买价}\end{array}$$

【案例 3－10】 某卷烟生产企业，某月初库存外购应税烟丝金额 60 万元，当月又外购应税烟丝金额 500 万元（不含增值税），月末库存烟丝金额 40 万元，其余被当月生产卷烟领用。计算卷烟厂当月准许扣除的外购烟丝已缴纳的消费税税额（烟丝适用的消费税税率为 30％）。

解析 当期准许扣除的外购烟丝买价＝60＋500－40＝520（万元）

当月准许扣除的外购烟丝已缴纳的消费税税额＝520×30％＝156(万元)

（2）外购应税消费品后销售。

对自己不生产应税消费品，而只是购进后再销售应税消费品的工业企业，其销售的化妆品、护肤护发品、鞭炮焰火和珠宝玉石，凡不能构成最终消费品直接进入消费品市场，而需进一步生产加工、包装、贴标的或者组合的珠宝玉石、化妆品、酒、鞭炮焰火等，应当征收消费税，同时允许扣除上述外购应税消费品的已纳税款。

2）委托加工收回的应税消费品已纳税款的扣除

纳税人委托加工的应税消费品已由受托方代收代缴消费税，如委托方收回货物后用于连续生产应税消费品的，其已纳税款准予按照规定从连续生产的应税消费品税额中抵扣。

准予从应纳消费税税额中，按当期生产领用数量计算扣除委托加工收回的应税消费品已纳消费税税款的有：

（1）以委托加工收回的已税烟丝为原料生产的卷烟。

（2）以委托加工收回的已税高档化妆品为原料生产的高档化妆品。

（3）以委托加工收回的已税珠宝玉石为原料生产的贵重首饰及珠宝玉石。

（4）以委托加工收回的已税鞭炮、焰火为原料生产的鞭炮、焰火。

（5）以委托加工收回的已税杆头、杆身和握把为原料生产的高尔夫球杆。

（6）以委托加工收回的已税木制一次性筷子为原料生产的木制一次性筷子。

（7）以委托加工收回的已税实木地板为原料生产的实木地板。

（8）以委托加工收回的已税汽油、柴油、石脑油、燃料油、润滑油用于连续生产的应税成品油。

（9）以委托加工收回的已税摩托车连续生产的应税摩托车（如用外购两轮摩托车改装三轮摩托车）。

上述当期准予扣除委托加工收回的应税消费品已纳消费税税款的计算公式如下：

$$\begin{matrix} \text{当期准予扣除的委托加工} \\ \text{应税消费品已纳税款} \end{matrix} = \begin{matrix} \text{期初库存的委托加工} \\ \text{应税消费品已纳税款} \end{matrix} + \begin{matrix} \text{当期收回的委托加工} \\ \text{应税消费品已纳税款} \end{matrix} - \begin{matrix} \text{期末库存的委托加工} \\ \text{应税消费品已纳税款} \end{matrix}$$

6. 特殊环节应纳消费税的计算

1）卷烟批发环节应纳消费税的计算

为了适当增加财政收入，完善烟产品消费税制度，自 2009 年 5 月 1 日起，在卷烟批发环节加征一道从价税。自 2015 年 5 月 10 日起，卷烟批发环节税率又有调整。

（1）纳税义务人：在中华人民共和国境内从事卷烟批发业务的单位和个人。

纳税人销售给纳税人以外的单位和个人的卷烟于销售时纳税。纳税人之间销售的卷烟不缴纳消费税。

（2）征收范围：纳税人批发销售的所有牌号规格的卷烟。

（3）适用税率：从价税税率 11%，从量税税率 0.005 元/支。

（4）计税依据：纳税人批发卷烟的销售额（不含增值税）、销售数量。

纳税人应将卷烟销售额与其他商品销售额分开核算，未分开核算的，一并征收消费税。

纳税人兼营卷烟批发和零售业务的，应当分别核算批发和零售环节的销售额、销售数量；未分别核算批发和零售环节销售额、销售数量的，按照全部销售额、销售数量计征批发环节消费税。

（5）纳税义务发生时间：纳税人收讫销售款或者取得索取销售款凭据的当天。

（6）纳税地点：卷烟批发企业的机构所在地，总机构与分支机构不在同一地区的，由总机构申报纳税。

卷烟消费税在生产和批发两个环节征收后，批发企业在计算纳税时不得扣除已含的生产环节的消费税税款。

【案例 3-11】 某烟草公司属于增值税一般纳税人，持有烟草批发许可证，2021 年 7 月收回委托加工的卷烟 200 箱，集团公司将其中 20 箱销售给烟草批发商 A 公司，取得含税销售收入 83.62 万元；80 箱销售给烟草零售商 B 专卖店，取得不含税销售收入 320 万元；100 箱作为股本与 C 公司合资成立一家烟草零售经销商 D 公司。计算集团公司向 A 公司销售卷烟应缴纳的消费税税额；集团公司向 B 专卖店销售卷烟应缴纳的消费税税额；集团公司向 D 公司投资卷烟应缴纳的消费税税额。

解析 烟草批发商之间不征收消费税，因此集团公司向 A 公司销售卷烟不缴纳消费税。

$$\text{集团公司向 B 专卖店销售卷烟应纳消费税税额} = 320 \times 11\% + \frac{80 \times 50\,000 \times 0.005}{10\,000} = 37.2（万元）$$

$$\text{集团公司向 D 公司投资卷烟应纳消费税税额} = \frac{100 \times 320 \times 11\%}{80} + \frac{100 \times 50\,000 \times 0.005}{10\,000} = 46.5（万元）$$

2）超豪华小汽车零售环节应纳消费税的计算

为了引导合理消费，促进节能减排，自 2016 年 12 月 1 日起，在生产（进口）环节按现行税率征收消费税基础上，超豪华小汽车在零售环节加征一道消费税。

（1）征税范围：每辆零售价格 130 万元（不含增值税）及以上的乘用车和中轻型商用客车，即乘用车和中轻型商用客车子税目中的超豪华小汽车。

（2）纳税人：将超豪华小汽车销售给消费者的单位和个人为超豪华小汽车零售环节纳税人。

（3）税率：10%。

（4）应纳税额的计算公式如下：

$$\text{应纳税额} = \text{零售环节销售额（不含增值税）} \times \text{零售环节税率}$$

国内汽车生产企业直接销售给消费者的超豪华小汽车，消费税税率按照生产环节税率和零售环节税率加总计算。其消费税应纳税额计算公式如下：

$$\text{应纳税额} = \text{销售额（不含增值税）} \times \text{（生产环节税率} + \text{零售环节税率）}$$

7. 消费税出口退税的计算

对纳税人出口应税消费品，免征消费税；国务院另有规定的除外。

1）出口免税并退税

有出口经营权的外贸企业购进应税消费品直接出口，以及外贸企业受其他外贸企业委托代理出口应税消费品的，适用消费税免税并退税政策。外贸企业只有在受其他外贸企业委托代理出口应税消费品时，才可办理退税。外贸企业在受其他企业（主要是非生产性的商贸企业）委托代理出口应税消费品时，是不予退（免）税的。

属于从价定率计征消费税的，为已征且未在内销应税消费品应纳税额中抵扣的购进出口货物金额；属于从量定额计征消费税的，为已征且未在内销应税消费品应纳税额中抵扣的购进出口货物数量；属于复合计征消费税的，按从价定率和从量定额的计税依据分别确定。

$$\text{消费税应退税额} = \text{从价定率计征消费税的退税计税依据} \times \text{比例税率} +$$
$$\text{从量定额计征消费税的退税计税依据} \times \text{定额税率}$$

出口货物的消费税应退税额的计税依据，按购进出口货物的消费税专用缴款书和海关进口消费税专用缴款书确定。

2）出口免税但不退税

有出口经营权的生产性企业自营出口或生产企业委托外贸企业代理出口自产的应税消费品，依据其实际出口数量免征消费税，不予办理退还消费税。免征消费税是指对生产性企业按其实际出口数量免征生产环节的消费税。不予办理退还消费税，因已免征生产环节的消费税，该应税消费品出口时，已不含有消费税，所以无需再办理退还消费税。

3）出口不免税也不退税

除生产企业、外贸企业外的其他企业，具体是指一般商贸企业，这类企业委托外贸企业代理出口应税消费品一律不予退（免）税。

◆ 知识拓展

消费税与增值税出口退税政策的区别

（1）增值税的出口退税依据法定退税率，而消费税的征税率就是退税率。

（2）增值税对于生产企业自营出口或委托外贸企业代理出口采用"免、抵、退"办法，而消费税采用出口免税不退税的政策。

（3）增值税对于外贸企业收购货物出口采用"先征后退"办法，而消费税采用出口免税并退税的政策。

任务四　了解消费税的纳税申报

任务描述

小明刚进一家代理记账公司负责报税工作，需要在规定的时间内，根据会计资料计算应纳消费税税额，准备申报材料，进行纳税申报和税款缴纳工作。

1. 纳税义务发生时间

纳税人生产的应税消费品应于销售时纳税，进口应税消费品应于报关进口环节纳税，但金银首饰、钻石及钻石饰品在零售环节纳税。消费税纳税义务发生的时间，以货款结算方式或行为发生时间分别确定。

（1）纳税人销售的应税消费品，其纳税义务的发生时间如下：

① 纳税人采取赊销和分期收款结算方式的，为书面合同约定的收款日期的当天，书面合同没有约定收款日期或者无书面合同的，为发出应税消费品的当天。

② 纳税人采取预收货款结算方式的，其纳税义务的发生时间为发出应税消费品的当天。

③ 纳税人采取托收承付和委托银行收款方式销售的应税消费品，其纳税义务的发生时间为发出应税消费品并办妥托收手续的当天。

④ 纳税人采取其他结算方式的，其纳税义务的发生时间，为收讫销售款或者取得索取销售款凭据的当天。

（2）纳税人自产自用的应税消费品，其纳税义务的发生时间为移送使用的当天。

（3）纳税人委托加工的应税消费品，其纳税义务的发生时间为纳税人提货的当天。

（4）纳税人进口的应税消费品，其纳税义务的发生时间为报关进口的当天。

2. 纳税期限

按照《中华人民共和国消费税暂行条例》规定，消费税的纳税期限分别为 1 日、3 日、5 日、10 日、15 日、1 个月或者 1 个季度。纳税人的具体纳税期限由主管税务机关根据纳税人应纳税额的大小分别核定；不能按照固定期限纳税的，可以按次纳税。

纳税人以 1 个月或以 1 个季度为一期纳税的，自期满之日起 15 日内申报纳税；以 1 日、3 日、5 日、10 日或者 15 日为一期纳税的，自期满之日起 5 日内预缴税款，于次月 1 日起至 15 日内申报纳税并结清上月应纳税款。

纳税人进口应税消费品，应当自海关填发海关进口消费税专用缴款书之日起 15 日内缴纳税款。

3. 纳税地点

（1）纳税人销售的应税消费品，以及自产自用的应税消费品，除国务院财政、税务主管部门另有规定外，应当向纳税人机构所在地或者居住地的主管税务机关申报纳税。

（2）委托加工的应税消费品，受托方为个人的，由委托方向机构所在地或者居住地的主管税务机关解缴消费税税款；受托方为除个人外的其他企事业单位，由受托方向机构所在地或者居住地的主管税务机关解缴消费税税款。

（3）进口的应税消费品，由进口人或者其代理人向报关地海关申报纳税。

（4）纳税人到外县(市)销售或者委托外县(市)代销自产应税消费品的，于应税消费品销售后，向机构所在地或者居住地主管税务机关申报纳税。

（5）纳税人的总机构与分支机构不在同一县(市)，应当分别向各自机构所在地的主管税务机关申报纳税。但在同一省(自治区、直辖市)范围内，经省(自治区、直辖市)财政厅(局)、国家税务局审批同意，并上报财政部、国家税务总局备案，可以由总机构汇总向总机构所在地的主管税务机关申报缴纳消费税。

（6）纳税人销售的应税消费品，因质量等原因发生退货的，其已缴纳的消费税税款在纳税人将已开具的红字增值税发票、退税证明等资料报主管税务机关备案，并由主管税务机关核对无误后可予以退还，不能自行直接抵减应纳税款。

（7）纳税人直接出口的应税消费品办理免税后，发生退关或者国外退货，复进口时已予以免税的，可暂不办理补税，待其转为国内销售的当月申报缴纳消费税。

4. 纳税申报

消费税的申报时间与增值税的申报时间相同，在中华人民共和国境内生产、委托加工和进口规定的消费品的单位和个人，以及国务院确定的销售规定的消费品的其他单位和个人，依据相关税收法律、法规、规章及其他有关规定，均应在次月 1 日与 15 日内根据应税消费品分别填写《消费税及附加税费申报表》(见图 3-1)及其他纳税资料，向主管税务机关进行纳税申报。

消费税及附加税费申报表

税款所属期：自　　年　　月　　日至　　年　　月　　日

纳税人识别号（统一社会信用代码）：□□□□□□□□□□□□□□□□□□□□

纳税人名称：　　　　　　　　　　　　　　　　　　金额单位：人民币元（列至角分）

项目	适用税率		计量单位	本期销售数量	本期销售额	本期应纳税额
应税消费品名称	定额税率	比例税率				
	1	2	3	4	5	6＝1×4＋2×5
合　计	—	—	—	—	—	

	栏次	本期税费额
本期减（免）税额	7	
期初留抵税额	8	
本期准予扣除税额	9	
本期应扣除税额	10＝8＋9	
本期实际扣除税额	11［10＜（6－7），则为10，否则为6－7］	
期末留抵税额	12＝10－11	
本期预缴税额	13	
本期应补（退）税额	14＝6－7－11－13	
城市维护建设税本期应补（退）税额	15	
教育费附加本期应补（退）费额	16	
地方教育附加本期应补（退）费额	17	

声明：此表是根据国家税收法律法规及相关规定填写的，本人（单位）对填报内容（及附带资料）的真实性、可靠性、完整性负责。

纳税人（签章）：　　　年　　月　　日

经办人： 经办人身份证号：　　　代理机构签章： 代理机构统一社会信用代码：	受理人： 受理税务机关（章）： 受理日期：　　年　　月　　日

图 3-1　消费税及附加税费申报表

中小微企业纳税实务

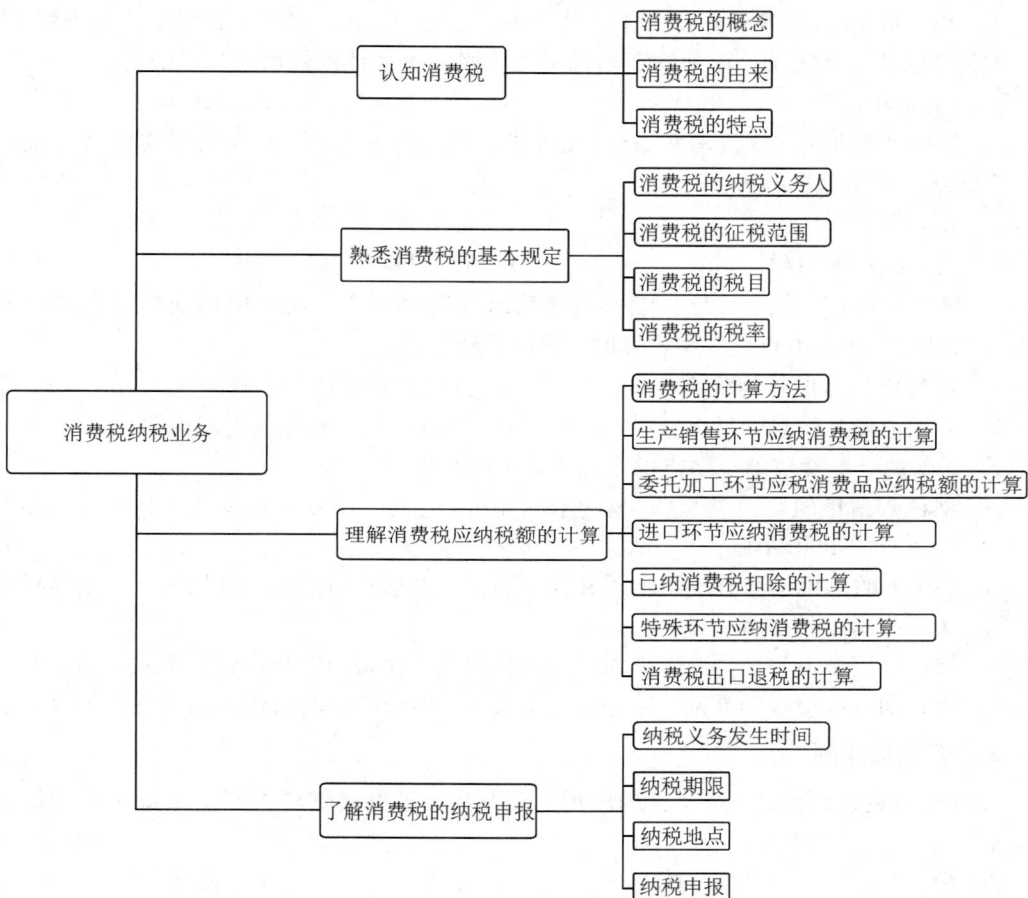

思维导图

消费税纳税业务

- 认知消费税
  - 消费税的概念
  - 消费税的由来
  - 消费税的特点
- 熟悉消费税的基本规定
  - 消费税的纳税义务人
  - 消费税的征税范围
  - 消费税的税目
  - 消费税的税率
- 理解消费税应纳税额的计算
  - 消费税的计算方法
  - 生产销售环节应纳消费税的计算
  - 委托加工环节应税消费品应纳税额的计算
  - 进口环节应纳消费税的计算
  - 已纳消费税扣除的计算
  - 特殊环节应纳消费税的计算
  - 消费税出口退税的计算
- 了解消费税的纳税申报
  - 纳税义务发生时间
  - 纳税期限
  - 纳税地点
  - 纳税申报

习　题

一、单项选择题

1. 根据消费税法律制度的规定，下列行为中应缴纳消费税的是（　　）。

A. 卷烟厂销售自产的卷烟　　　　B. 汽车厂销售自产的载货汽车

C. 外贸公司进口高档电器产品　　D. 银行销售金银纪念币

2. 根据消费税法律制度的规定，下列行为中不缴纳消费税的是（　　）。

A. 外贸公司进口高档手表

B. 首饰店零售金银首饰

C. 小汽车生产企业将自产小汽车奖励给优秀员工

D. 烟草批发企业将卷烟销售给其他烟草批发企业

3. 根据消费税法律制度的规定，下列消费品中实行从价定率和从量定额相结合的复合计征办法征收消费税的是（　　　）。

　　A. 汽油　　　　　B. 卷烟　　　　　C. 啤酒　　　　　D. 实木地板

4. 2018年12月甲啤酒厂生产150吨啤酒，销售100吨，取得不含增值税销售额30万元，增值税税额4.8万元，甲啤酒厂当月销售啤酒消费税计税依据为（　　　）。

　　A. 34.8万元　　　B. 30万元　　　　C. 150吨　　　　D. 100吨

5. 委托加工收回的应税消费品（受托方已代收代缴消费税）由委托方收回后直接出售的，应缴纳的税金是（　　　）。

　　A. 消费税　　　　　　　　　　　　B. 增值税

　　C. 消费税和增值税　　　　　　　　D. 什么税都不交

6. 纳税人将应税消费品与非应税消费品以及适用税率不同的应税消费品组成成套消费品销售的，在计算消费税应纳税额时，采用的税率是（　　　）。

　　A. 应税消费品的平均税率　　　　　B. 应税消费品的最高税率

　　C. 应税消费品的最低税率　　　　　D. 应税消费品的各自不同税率

7. 下列关于消费税纳税地点的表述中，正确的是（　　　）。

　　A. 纳税人销售的应税消费品，除另有规定外，应当向纳税人机构所在地或者居住地的税务机关申报纳税

　　B. 纳税人的总机构与分支机构不在同一省的，由总机构汇总向总机构所在地的税务机关申报缴纳消费税

　　C. 进口的应税消费品，由进口人或者其代理人向机构所在地的税务机关申报纳税

　　D. 委托加工的应税消费品，受托方为个人的，由受托方向居住地的税务机关申报纳税

二、多项选择题

1. 根据消费税制度的规定，下列应税消费品中，采取比例税率和定额税率复合征收形式的有（　　　）。

　　A. 白酒　　　　　B. 雪茄烟　　　　C. 卷烟　　　　　D. 黄酒

2. 根据消费税法律制度的规定，下列应税消费品中，采用从量计征办法计缴消费税的有（　　　）。

　　A. 黄酒　　　　　B. 葡萄酒　　　　C. 啤酒　　　　　D. 药酒

3. 下列各项中，采取从价计征消费税的有（　　　）。

　　A. 高档手表　　　B. 高尔夫球　　　C. 烟丝　　　　　D. 黄酒

4. 根据消费税法律制度的规定，下列各项中纳税人应当以同类应税消费品的最高销售价格作为计税依据的有（　　　）。

　　A. 将自产应税消费品用于换取生产资料

　　B. 将自产应税消费品用于换取消费资料

　　C. 将自产应税消费品用于对外捐赠

　　D. 将自产应税消费用于投资入股

5. 下列关于应税消费品销售额的表述中，正确的是（　　　）。

　　A. 应税消费品销售额包括向购买方收取的增值税税款

　　B. 纳税人自产自用应税消费品，按照纳税人生产的同类消费品的销售价格确定销售额

C. 随同从价计征应税消费品出售的包装物，无论是否单独计价，均应并入销售额

D. 对因逾期未收回的包装物不再退还的或者已收取的时间超过 12 个月的押金，应并入应税消费品的销售额

6. 根据消费税法律制度的规定，下列连续生产的应税消费品，在计征消费税时准予按当期生产领用数量计算扣除外购应税消费品已纳消费税税款的有（　　）。

A. 以外购已税高档化妆品原料生产的高档化妆品

B. 以外购已税实木地板原料生产的实木地板

C. 以外购已税烟丝生产的烟卷

D. 以外购已税汽油、柴油为原料生产的汽油、柴油

7. 根据消费税法律制度的规定，纳税人外购和委托加工收回的应税消费品，用于连续生产应税消费品的，已缴纳的消费税税款准予从应纳消费税税额中抵扣。下列各项中不得扣除已缴纳的消费税的有（　　）。

A. 委托加工收回的已税烟丝用于生产卷烟

B. 委托加工收回的已税玉石用于生产金银镶嵌首饰

C. 委托加工收回的已税涂料用于生产涂料

D. 委托加工收回的已税啤酒用于生产啤酒

8. 甲公司为增值税一般纳税人，机构所在地在 S 市。2017 年 2 月，其在 S 市销售货物一批；在 W 市海关报关进口货物一批；接受 Y 市客户委托加工应缴纳消费税的货物一批。下列关于甲公司上述业务纳税地点的表述中，正确的有（　　）。

A. 委托加工货物应向 Y 市税务机关申报缴纳增值税

B. 委托加工货物应向 S 市税务机关解缴代收的消费税

C. 进口货物应向 W 市海关申报缴纳增值税

D. 销售货物应向 S 市税务机关申报缴纳增值税

三、判断题

1. 委托加工的应税消费品，除受托方为个人之外，应由受托方在向委托方交货时代收代缴消费税。（　　）

2. 对由于减免增值税、消费税而发生退税的，已征收的城市维护建设税不予退还。（　　）

3. 白酒生产企业向商业销售单位收取的"品牌使用费"，应并入白酒应税销售额计征消费税。（　　）

4. 纳税人用外购的已税珠宝玉石生产的改在零售环节征收消费税的金银首饰，在计算应交消费税时，一律不得扣除外购珠宝玉石的已纳税款。（　　）

5. 各酒类生产企业生产销售酒而收取的包装物押金，无论是否逾期，押金均应并入销售额缴纳消费税。（　　）

6. 企业将自己生产的应税消费品以福利或奖励的形式发给本单位职工，由于没有产生销售额，不必计入销售额，因而无需纳税。（　　）

7. 消费税只在应税消费品的生产、委托加工、进口环节征收，在批发零售环节不再征收。（　　）

8. 纳税人自产自用应税消费品，不管用于哪方面，都需计缴消费税。（　　）

9. 委托加工的应税消费品，委托方收回后直接出售的，不再征收消费税。（　　）

四、计算题

1. 甲公司是一家化妆品生产企业，属于增值税一般纳税人。2019年3月，该厂销售高档化妆品取得不含增值税销售收入100万元；销售普通化妆品取得不含增值税销售收入80万元；将高档化妆品与女士丝巾组成礼盒成套销售，取得不含增值税销售额50万元。已知高档化妆品的消费税税率为15%，增值税税率为13%。计算该企业当月应缴纳消费税税额。

2. 甲化妆品公司为增值税一般纳税人，2018年6月向某商场销售一批高档化妆品，取得含增值税销售额3 944 000元。已知增值税税率为13%，消费税税率为15%。计算甲化妆品公司该笔业务应缴纳消费税税额。

3. 甲酒厂为增值税一般纳税人，2018年3月销售白酒50吨，取得含增值税销售额3 480 000元。已知增值税税率为13%，白酒消费税比例税率为20%，定额税率为0.5元/500克。计算甲酒厂当月应缴纳消费税税额。

4. 甲公司为增值税一般纳税人，2018年10月将1辆生产成本5万元的自产小汽车用于抵偿债务，同型号小汽车含增值税平均售价11.3万元/辆，含增值税最高售价13.56万元/辆。已知增值税税率为13%，消费税税率为5%。求甲公司当月该笔业务应缴纳消费税税额。

5. 甲化妆品公司为增值税一般纳税人，2018年12月销售高档化妆品元旦套装400套，每套含增值税售价696元，将同款元旦套装30套用于对外赞助。已知增值税税率为13%，消费税税率为15%。计算甲化妆品公司当月元旦套装应缴纳消费税税额。

6. 2017年5月甲化妆品厂将一批自产高档化妆品用于馈赠客户，该批高档化妆品生产成本为17 000元，无同类高档化妆品销售价格。已知消费税税率为15%，成本利润率为5%。计算甲化妆品厂当月该笔业务应缴纳消费税税额。

7. 某白酒厂春节前，将新研制的白酒1吨作为过节福利发放给员工饮用，该白酒无同类产品市场销售价格。已知该批白酒生产成本为20 000元，成本利润率为5%，白酒消费税比例税率为20%，定额税率为0.5元/斤。计算该批白酒应缴纳消费税税额。

8. 甲卷烟厂为增值税一般纳税人，受托加工一批烟丝，委托方提供的烟叶成本为49 140元，甲卷烟厂收取含增值税加工费2436元。已知增值税税率为13%，消费税税率为30%，无同类烟丝销售价格。计算甲卷烟厂该笔业务应代收代缴消费税税额。

9. 2018年3月甲公司进口一批高档手表，海关审定的关税完税价格为100万元，缴纳关税30万元。已知高档手表消费税税率为20%。计算甲公司当月进口高档手表应缴纳消费税税额。

10. 甲企业为增值税一般纳税人，2017年12月初库存烟丝不含增值税买价5万元，本月外购烟丝不含增值税买价40万元，月末库存烟丝不含增值税买价10万元，领用的烟丝当月全部用于连续生产卷烟。已知烟丝消费税税率为30%。计算甲企业本月准予扣除的外购烟丝已缴纳消费税税额。

五、综合题

甲公司为增值税一般纳税人，主要从事化妆品生产和销售业务。2018年9月有关经营情况如下：

（1）进口一批高档护肤类化妆品，海关核定的关税完税价格为85万元，已缴纳关税

4.25万元。

（2）购进生产用化妆包，取得增值税专用发票注明税额16万元；支付其运输费，取得增值税专用发票注明税额0.4万元，因管理不善该批化妆包全部丢失。

（3）委托加工高档美容类化妆品，支付加工费取得增值税专用发票注明税额64万元。

（4）购进生产用酒精，取得增值税专用发票注明税额12.8万元。

（5）销售自产成套化妆品，取得含增值税价款696万元，另收取包装物押金3.48万元。

已知：增值税税率为13%；高档化妆品消费税税率为15%。取得的扣税凭证均已通过税务机关认证。

要求：根据上述资料，不考虑其他因素，分析回答下列小题。

（1）计算甲公司进口高档护肤类化妆品增值税税额的下列算式中，正确的是（   ）。

A. $(85+4.25) \times 13\% = 11.60$（万元）

B. $\dfrac{85}{1-15\%} \times 13\% = 13$（万元）

C. $\dfrac{85+4.25}{1-15\%} \times 13\% = 13.65$（万元）

D. $85 \times 13\% = 11.05$（万元）

（2）甲公司的下列进项税额中，准予从销项税额中抵扣的是（   ）。

A. 支付加工费的进项税额64万元

B. 支付运输费的进项税额0.4万元

C. 购进生产用酒精的进项税额12.8万元

D. 购进生产用化妆包的进项税额16万元

（3）甲公司的下列业务中，应缴纳消费税的是（   ）。

A. 委托加工高档美容类化妆品   B. 购进生产用酒精

C. 购进生产用化妆包   D. 进口高档护肤类化妆品

（4）计算甲公司销售自产成套化妆品消费税税额的下列算式中，正确的是（   ）。

A. $\dfrac{696}{1+13\%} \times 15\% = 87.67$（万元）

B. $696 \times 15\% = 104.4$（万元）

C. $\left(\dfrac{696}{1+13\%} + 3.48\right) \times 15\% = 92.91$（万元）

D. $\dfrac{696+3.48}{1+13\%} \times 15\% = 92.85$（万元）

项目三习题答案

项目三　消费税纳税业务

项目四 关税纳税业务

学习目标

(1) 掌握关税的基本法律知识；

(2) 熟悉关税的概念、征收范围和纳税人；

(3) 掌握关税完税价格的确定方法；能根据业务资料正确计算应纳关税税额；

(4) 掌握关税征收管理的相关规定和日常纳税申报工作。

引导案例

关税的重要性

2009年9月11日，美国政府对从中国进口的所有小轿车和轻型卡车轮胎实施惩罚性关税，即在4%的原有关税基础上，在今后三年分别加征35%、30%和25%的附加关税。这是中国加入WTO以来，第一次运用"特保条款"对中国产品征收惩罚性关税。而中国商务部依照我国法律和世贸组织规则，对原产于美国的部分进口汽车产品和肉鸡产品启动了反倾销和反补贴立案审查程序，进行贸易反击。

2018年美国开始对中国进口的商品发起调查，然后就列出来了一连串清单，要对这些商品另外加收15%～25%的惩罚性关税，每年涉及的商品总额高达1300亿美元。

从此类事件中可以看出，关税已经成为贸易壁垒战屡试不爽的武器。作为一名财会从业人员，有必要了解关税的知识，掌握必要的技能。

讨论：关税对我国经济的重要性。

任务一 认知关税

任务描述

现行关税法律规范以全国人民代表大会于2000年7月修正颁布的《中华人民共和国海关法》为法律依据。对进出口货物征收关税不仅是一个税收问题，更是直接关系到国与国之间的主权和经济利益。因此，要了解关税是谁缴税、对什么征税以及税率是多少至关重要。

认知关税

1. 关税的概念

关税是世界各国普遍征收的一个税种，对进出国境或关境的货物、物品征收的一种税。

关境又称为税境，是指一国海关法规可以全面实施的境域。国境是一个主权国家的领土范围。在通常情况下，一国的关境与其国境的范围是一致的，关境即国境。但由于自由港、自由区和关税同盟的存在，关境与国境有时不完全一致。

我国目前对进出境货物征收的关税分为进口关税和出口关税两类。

思考与讨论：

"关境"与"国境"是同一个概念吗？分别如何理解？

2. 关税纳税人

贸易性商品的纳税人是经营进出口货物的收、发货人，具体包括：外贸进出口公司；工贸或农贸结合的进出口公司；其他经批准经营进出口商品的企业。

物品的纳税人是物品的所有人和推定为所有人的人，包括：入境旅客随身携带的行李、物品的持有人；各种运输工具上服务人员入境时携带自用物品的持有人；馈赠物品以及其他方式入境个人物品的所有人；个人邮递物品的收件人。

3. 关税征税对象

关税的征税对象是准许进出境的货物、物品。凡准许进出口的货物，除国家另有规定的以外，均应由海关征收进口关税或出口关税。货物是指贸易性商品；物品包括入境旅客随身携带的行李和物品、各种运输工具上服务人员携带进口的自用物品、个人邮递物品、馈赠物品及以其他方式入境的个人物品。

对从境外采购进口的原产于中国境内的货物，也应按规定征收进口关税。

4. 关税税率

1）税率的种类

关税的税率分为进口税率和出口税率两种。其中，进口税率又分为普通税率、最惠国税率、协定税率、特惠税率、关税配额税率和暂定税率。进口货物适用何种关税税率是以进口货物的原产地为标准的。

为鼓励国内企业出口创汇，我国对绝大部分出口货物不征收出口关税，只对少数产品征收出口关税。

进口关税一般采用比例税率，实行从价计征的办法，但对啤酒、原油等少数货物则实行从量计征。对广播用录像机、放像机、摄像机等实行从价加从量的复合税率。

（1）普通税率，适用原产于未与我国共同适用最惠国条款的世界贸易组织成员，未与我国订有相互给予最惠国待遇、关税优惠条款贸易协定和特殊关税优惠条款贸易协定的国家或者地区的进口货物，以及原产地不明的货物。

（2）最惠国税率，适用原产于与我国共同适用最惠国条款的世界贸易组织成员的进口货物；或原产于与我国签订含有相互给予最惠国待遇的双边贸易协定的国家或者地区的进口货物，以及原产于我国的进口货物。

◆ 知识拓展

WTO 规则中的最惠国待遇原则

世界贸易组织是当代最重要的国际经济组织之一，拥有 164 个成员，成员贸易总额达到全球的 98％，被誉为"经济联合国"。

最惠国待遇是指缔约双方在通商、航海、关税、公民法律地位等方面相互给予的不低于现时或将来给予任何第三国的优惠、特权或豁免待遇。其中最主要的是进出口商品的关税待遇。

（3）协定税率，适用原产于与我国签订含有关税优惠条款的区域性贸易协定的国家或地区的进口货物。

（4）特惠税率，适用原产于与我国签订含有特殊关税优惠条款的贸易协定的国家或地区的进口货物。

（5）关税配额税率，是指关税配额限度内的税率。关税配额是进口国限制进口货物数量的措施，把征收关税和进口配额相结合以限制进口。对于在配额内进口的货物可以适用较低的关税配额税率，对于配额之外的则适用较高税率。

（6）暂定税率，是指在最惠国税率的基础上，对于一些国内需要降低进口关税的货物，以及出于国际双边关系的考虑需要个别安排的进口货物实行的税率。

2）税率的确定

进出口货物应当依照《海关进出口税则》规定的归类原则归入合适的税号，按照适用的税率征税。其中：

（1）进出口货物，应当按照收发货人或者他们的代理人申报进口或者出口之日实施的税率征税。

（2）进口货物到达前，经海关核准先行申报的，应当按照装载此货物的运输工具申报进境之日实施的税率征税。

（3）进出口货物的补税和退税，适用该进出口货物原申报进口或者出口之日所实施的税率，但下列情况除外：

① 按照特定减免税办法批准予以减免税的进口货物，后因情况改变经海关批准转让或出售需予补税的，应按其原进口之日实施的税率征税。

② 加工贸易进口料、件等属于保税性质的进口货物，如经批准转为内销，则应按向海关申报转为内销当日实施的税率征税；如未经批准擅自转为内销的，则按海关查获日期所施行的税率征税。

③ 对经批准缓税进口的货物以后交税时，不论是分期还是一次交清税款，都应按货物原进口之日实施的税率计征税款。

（4）分期支付租金的租赁进口货物，分期付税时，都应按该项货物原进口之日实施的税率征税。

① 溢卸、误卸货物事后确定需予征税时，应按其原运输工具申报进口日期所实施的税率征税。如原进口日期无法查明的，可按确定补税当天实施的税率征税。

② 对由于《海关进出口税则》归类的改变、完税价格的审定或其他工作差错而需补征税款的，应按原征税日期实施的税率征税。

③ 查获的走私进口货物需予补税时，应按查获日期实施的税率征税。

④ 暂时进口货物转为正式进口需予补税时，应按其转为正式进口之日实施的税率征税。

5. 关税税收优惠

关税的减税、免税分为法定性减免税、政策性减免税和临时性减免税。

法定减免是指《海关法》和《进出口关税条例》中规定的减免税。对有下述情况的货物，经海关审查无误后可以免税。主要有下列情形：

（1）一票货物关税税额、进口环节增值税或者消费税税额在人民币 50 元以下的。

（2）无商业价值的广告品及货样。

（3）国际组织、外国政府无偿赠送的物资。

（4）进出境运输工具装载的途中必需的燃料、物料和饮食用品。

（5）因故退还的中国出口货物，可以免征进口关税，但已征收的出口关税，不予退还。

（6）因故退还的境外进口货物，可以免征出口关税，但已征收的进口关税不予退还。

有下列情形之一的进口货物，海关可以酌情减免税：

（1）在境外运输途中或者在起卸时，遭受到损坏或者损失的。

（2）起卸后海关放行前，因不可抗力遭受损坏或者损失的。

（3）海关查验时已经破漏、损坏或者腐烂，经证明不是保管不慎造成的。

中国缔结或参加的国际条约规定减征、免征关税的货物、物品，海关应当按照规定减免关税。

为境外厂商加工、装配成品和为制造外销产品而进口的原材料、辅料、零件、部件、数套件和包装物料，海关按照实际加工出口的成品数量免征进口关税；或者对进口料件、先征进口关税，再按照实际加工出口的成品数量予以退税。

任务二　熟悉关税应纳税额的计算

任务描述

某商场于 20ＸＸ年 2 月进口一批高档美容修饰类化妆品。该批货物在国外的买价为 120 万元，货物运抵我国入关前发生的运输费、保险费和其他费用分别为 10 万元、6 万元、4 万元。货物报关后，该商场按规定缴纳了进口环节的增值税和消费税并取得了海关开具的缴款书。将化妆品从海关运往商场所在地取得增值税专用发票，注明运输费用 5 万元、增值税进项税额 0.50 万元，该批化妆品当月在国内全部销售，取得不含税销售额 50 万元（假定化妆品进口关税税率为 20％，增值税税率为 16％，消费税税率为 15％）。

要求：计算该批化妆品进口环节应缴纳的关税、增值税、消费税和国内销售环节应缴纳的增值税。

1. 关税计税依据

关税完税价格是海关计征关税所使用的计税价格，海关以进出口货物的实际成交价格

为基础审定完税价格。实际成交价格是一般贸易项下进口或出口货物的买方为购买该项货物向卖方实际支付或应当支付的价格。实际成交价格不能确定时，完税价格由海关依法估定。纳税人向海关申报的价格不一定等于完税价格，只有经海关审核并接受的申报价格才能作为完税价格。

1）进口货物的完税价格

（1）一般贸易项下进口的货物以海关审定的成交价格为基础的到岸价格作为完税价格。"成交价格"是一般贸易项下进口货物的买方为购买该项货物向卖方实际支付或应当支付的价格。"到岸价格"是指包括货价以及货物运抵我国关境内输入地点起卸前的包装费、运费、保险费及其他劳务费等费用构成的一种价格。具体要注意以下几点：

① 在货物成交过程中，进口人在成交价格外另支付给卖方的佣金，应计入成交价格，而向境外采购代理人支付的买方佣金则不能列入，如已包括在成交价格中应予以扣除。

② 卖方付给进口人的正常回扣，应从成交价格中扣除。

③ 卖方违反合同规定延期交货的罚款，卖方在货价中冲减时，罚款则不能从成交价格中扣除。

④ 为了在境内生产、制造、使用或出版、发行的目的而向境外支付的与该进口货物有关的专利、商标、著作权，以及专有技术、计算机软件及资料等费用应包括在到岸价格。

思考与讨论：

如何理解计入进口货物完税价格的卖方佣金和不计入的买方佣金？

（2）特殊贸易项下进口货物的完税价格。

对于某些特殊、灵活的贸易方式(如寄售等)下进口的货物，在进口时没有"成交价格"可作依据，为此《进出口关税条例》对这些进口货物制定了确定其完税价格的方法，主要有：

① 运往境外加工的货物。出境时已向海关报明，并在海关规定期限内复运进境的，以境外加工费和料件费以及复运进境的运输及其相关费用和保险费审查确定完税价格。

② 运往境外修理的机械器具、运输工具或者其他货物。出境时已向海关报明并在海关规定期限内复运进境的，以经海关审定的修理费和料件费作为完税价格。

③ 租借和租赁进口货物。租借、租赁方式进境的货物，以海关审查确定的货物租金作为完税价格。

④ 对于国内单位留购的进口货样、展览品和广告陈列品，以留购价格作为完税价格，但对于留购货样、展览品和广告陈列品的买方，除按留购价格付款外，又直接或间接给卖方一定利益的，海关可以另行确定上述货物的完税价格。

⑤ 逾期未出境的暂进口货物。对于经海关批准暂时进口的施工机械、工程车辆、供安装使用的仪器和工具、电视或电影摄制机械，以及盛装货物的容器等，如入境超过半年仍留在国内使用的，应自第7个月起，按月征收进口关税，其完税价格按原货进口时的到岸价格确定，每月的税额计算公式如下：

$$每月关税 = \frac{货物原到岸价格 \times 关税税率}{48} \times 1$$

⑥ 转让出售进口减免税货物。按照特定减免税办法批准予以减免税进口的货物，在转

中小微企业纳税实务

让或出售而需补税时，可按这些货物原进口时的到岸价格来确定其完税价格。其计算公式如下：

$$完税价格 = 原入境到岸价格 \times \frac{1 - 实际使用月份}{管理年限 \times 12}$$

其中：管理年限是指海关对减免税进口的货物监督管理的年限。

2）出口货物的完税价格

出口货物应当以海关审定的货物的离岸价格，扣除出口关税后作为完税价格。出口货物在成交价格以外，买方还另行支付的货物包装费，应计入成交价格。当离岸价格不能确定时，完税价格由海关估定。其计算公式如下：

$$出口货物完税价格 = \frac{离岸价格}{1 + 出口税率}$$

离岸价格应以该项货物运离关境前的最后一个口岸的离岸价格为实际离岸价格，但下列费用应予扣除：

（1）若该项货物从内地起运，则从内地口岸至最后出境口岸所支付的国内段运输费用应予扣除。

（2）离岸价格不包括装船以后发生的费用。

（3）出口货物在成交价格以外支付给国外的佣金应予扣除，未单独列明的则不予扣除。

3）进出口货物完税价格的审定

对于进出口货物的收发货人或其代理人向海关申报进出口货物的成交价格明显偏低，而又不能提供合法证据和正当理由的；申报价格明显低于海关掌握的相同或类似货物的国际市场上公开成交货物的价格，而又不能提供合法证据和正当理由的；电报价格经海关调查认定买卖双方之间有特殊经济关系或对货物的使用、转让互相订有特殊条件或特殊安排，影响成交价格的，以及其他特殊成交情况，海关认为需要估价的，则按以下方法依次估定完税价格：

（1）相同货物成交价格法。即以从同一出口国家或者地区购进的相同货物的成交价格作为该被估货物完税价格的价格依据。

（2）类似货物成交价格法。即以从同一出口国家或者地区购进的类似货物的成交价格作为被估货物的完税价格的依据。

（3）国际市场价格法。即以进口货物的相同或类似货物在国际市场上公开的成交价格为该进口货物的完税价格。

（4）国内市场价格倒扣法。即以进口货物的相同或类似货物在国内市场上的批发价格，扣除合理的税、费、利润后的价格。

（5）合理方法估定的价格。如果按照上述几种方法顺序估价仍不能确定其完税价格时，则可由海关按照合理方法估定。

2. 关税应纳税额的计算

1）从价税计算方法

从价税是最普遍的关税计征方法，它以进（出）口货物的完税价格作为计税依据。进（出）口货物应纳税额的计算公式如下：

$$应纳税额 = 应税进（出）口货物数量 \times 单位完税价格 \times 适用税率$$

【案例 4 – 1】　2021 年 9 月甲公司进口办公设备一台，海关审定的货价为 50 万元，运抵我国关境内输入地点起卸前的运费为 5 万元、保险费为 2 万元。已知关税税率为 10%。计算甲公司当月该笔业务应缴纳关税税额。

解析　关税的完税价格＝货价＋$\dfrac{\text{运抵我国关境内输入地点起卸前的}}{\text{运费、保险费和其他劳务费用}}$

$$＝50+5+2=57（万元）$$

$$\text{关税的税额}＝\text{完税价格}×\text{适用税率}＝57×10\%=5.7（万元）$$

【案例 4 – 2】　2021 年 10 月，甲公司进口一辆小汽车自用，支付买价 17 万元，货物运抵我国关境内输入地点起卸前的运费和保险费共计 3 万元，货物运抵我国关境内输入地点起卸后的运费和保险费共计 2 万元，另支付买方佣金 1 万元。已知关税税率为 20%，消费税税率为 25%，增值税税率为 13%，城建税税率为 7%，教育费附加征收比率为 3%。假设无其他纳税事项，计算下列税额：

（1）甲公司应缴纳的关税。

（2）进口环节应缴纳的消费税、增值税。

（2）甲公司应缴纳的城建税和教育费附加。

解析　　甲公司应缴纳的关税＝(17+3)×20%=4（万元）

$$\text{进口环节应缴纳的消费税}=\dfrac{17+3+4}{1-25\%}×25\%=8（万元）$$

$$\text{进口环节应缴纳的增值税}=(17+3+4+8)×13\%=4.16（万元）$$

城建税和教育费附加"进口不征、出口不退"。

2）从量税计算方法

从量税是以进口商品的数量为计税依据的一种关税计征方法。其应纳税额的计算公式如下：

$$\text{应纳税额}＝\text{应税进口货物数量}×\text{关税单位税额}$$

3）复合税计算方法

复合税是对某种进口货物同时使用从价和从量计征的一种关税计征方法。其应纳税额的计算公式如下：

$$\text{应纳税额}＝\text{应税进口货物数量}×\text{关税单位税额}＋\text{应税进口货物数量}×$$
$$\text{单位完税价格}×\text{适用税率}$$

4）滑准税计算方法

滑准税是指关税的税率随着进口商品价格的变动而反方向变动的一种税率形式，即价格越高，税率越低，税率为比例税率。因此，对实行滑准税率的进口商品应纳关税税额的计算方法与从价税的计算方法相同。

任务三　了解关税的纳税申报

任务描述

小明刚进一家代理记账公司负责报税工作，正好负责一家进出口贸易公司的报税工作。关税与其他税种的不同之处在于关税由海关征收。货物的进出口报关以及如何填报进

中小微企业纳税实务

出口货物报关单是比较复杂的一个过程。通过本任务的学习，掌握关税的纳税申报。

1．进出口货物的报关

1）报关时间

进口货物的纳税义务人应当自运输工具申报进境之日起 14 日内，出口货物的纳税义务人除海关特准的外，应当在货物运抵海关监管区后、装货的 24 小时以前，向货物的进出境地海关申报，海关根据税则归类和完税价格计算应缴纳的关税和进口环节代征税，并填发税款缴款书。

2）报关应提交的资料

进出口货物时应当提交的资料：进出口货物报关单（见图 4-1 和图 4-2）、合同、发票、装箱清单、载货清单、提运单、代理报关授权委托协议、进出口许可证件，以及海关要求的加工贸易手册及其他进出口有关单证。

中华人民共和国海关出口货物报关单

预录入编号：　　　　　　　　　　　　　　　海关编号：

收发货人	出口口岸	出口日期		申报日期
生产销售单位	运输方式	运输工具名称		提运单号
申报单位	监管方式	征免性质		备案号
贸易国（地区）	抵运国（地区）	起运港		境内货源地
许可证号	成交方式	运费	保费	杂费
合同协议号	件数	包装种类	毛重（公斤）	净重（公斤）
集装箱号	随附单据	生产厂家		
标记唛码及备注				
项号　商品编号　商品名称、规格型号　数量及单位　最终目的国（地区）　单价 总价 币制 征免				
特殊关系确认：　　　　　价格影响确认：　　　　　支付特许权使用费确认：				
录入员　　　录入单位	兹声明对以上内容承担如实申报，依法纳税之法律责任		海关批注及签章	
报关人员	申报单位（签章）			

图 4-1　出口货物报关单样表

中华人民共和国海关进口货物报关单

收发货人	进口口岸	进口日期		申报日期
消费使用单位	运输方式	运输工具名称		提运单号
申报单位	监管方式	征免性质		备案号
贸易国（地区）	抵运国（地区）	装货港		境内目的地
许可证号	成交方式	运费	保费	杂费
合同协议号	件数	包装种类	毛重（公斤）	净重（公斤）
集装箱号	随附单据	用途		
标记唛码及备注				
项号　商品编号　商品名称、规格型号　数量及单位　最终目的国（地区）　单价　总价　币制　征免				
特殊关系确认：　　　　价格影响确认：　　　　支付特许权使用费确认：				
录入员　　录入单位	兹声明对以上内容承担如实申报，依法纳税之法律责任	海关批注及签章		
报关人员	申报单位（签章）			

图 4-2　进口货物报关单样表

2. 关税的缴纳

1）缴纳期限

关税是在货物实际进出境时，即在纳税人按进出口货物通关规定向海关申报后、海关放行前一次性缴纳的。纳税人应当在海关填发税款缴款书之日起 15 日内（星期日和法定节假日除外），向指定银行缴纳税款。关税纳税人因不可抗力或者在国家税收政策调整的情形下，不能按期缴纳税款的，经海关总署批准，可以延期缴纳税款，但最长不得超过 6 个月。逾期不缴的，除依法追缴外，由海关自到期次日起至缴清税款之日止，按日征收欠缴税额 0.5‰的滞纳金。

2）缴纳地点

根据纳税人的申请及进出口货物的具体情况，关税可以在关境地缴纳，也可在主管地缴纳。

3. 关税的执行

1）关税的退还

对由于海关误征、多缴纳税款的；海关核准免验的进口货物在完税后，发现有短卸情况，经海关审查认可的；已征出口关税的货物，因故未装运出口申报退关，经海关查验属实的，纳税人可以从缴纳税款之日起的 1 年内，书面声明理由，连同纳税收据一起向海关申请退税，逾期不予受理。

2）关税的补征和追征

海关应当自受理退税申请之日起 30 日内作出书面答复，并通知退税申请人。进出口货物完税后，如发现少征或漏征税款，海关有权在 1 年内予以补征；如因收发货人或其代理人违反规定而造成少征或漏征税款的，海关在 3 年内可以追缴。

思 维 导 图

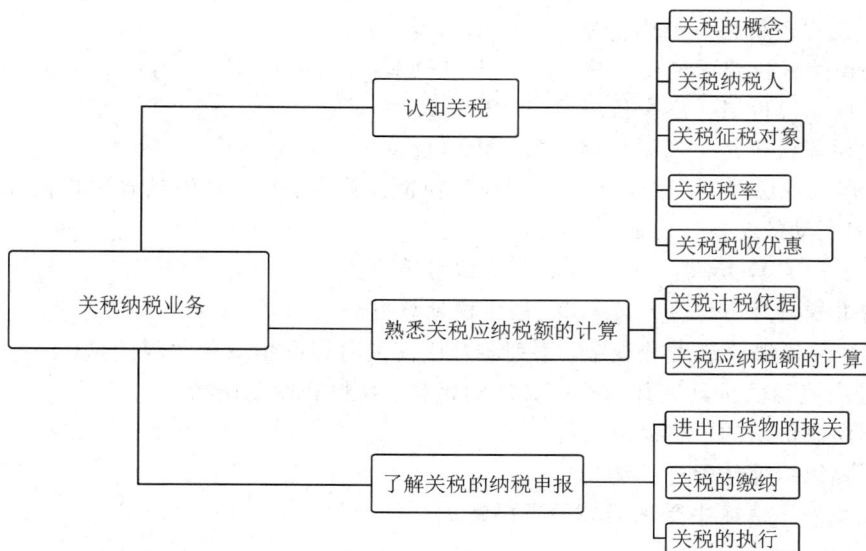

习 题

一、单项选择题

1.根据关税法律制度的有关规定，下列不属于关税纳税人的是（　　）。

A. 外贸出口公司

B. 工贸或农贸结合的进口公司

C. 经营出口货物的发货人

D. 个人邮递物品的发件人

2. 根据关税法律制度的规定，进口原产于与我国签订含有关税优惠条款的区域性贸易协定的国家或地区的进口货物，适用的关税税率是（   ）。

A. 最惠国税率

B. 暂定税率

C. 协定税率

D. 关税配额税率

3. 甲企业 2019 年 7 月 1 日免税进口一台机器设备，到岸价格为 300 万元，海关规定的监管年限为 2 年。甲企业于 2020 年 3 月 31 日将该设备出售，则甲企业应补交关税的完税价格的下列计算中，正确的是（   ）。

A. $300 \times [1-9 \div (2 \times 12)] = 187.5$（万元）

B. $300 \times (1-9 \div 12) = 75$（万元）

C. $300 \times [1-15 \div (2 \times 12)] = 112.5$（万元）

D. $300 \times 9 \div 12 = 225$（万元）

4. 根据关税法律制度的规定，下列关于出口货物关税完税价格的计算公式中，正确的是（   ）。

A. 关税完税价格＝离岸价格÷（1－出口税率）

B. 关税完税价格＝离岸价格÷（1＋出口税率）

C. 关税完税价格＝离岸价格×（1－出口税率）

D. 关税完税价格＝离岸价格×（1＋出口税率）

5. 根据关税法律制度的规定，下列应纳税额计算方法中，税率随着进口商品价格的变动而反方向变动的是（   ）。

A. 从价税计算方法   B. 复合税计算方法

C. 滑准税计算方法   D. 从量税计算方法

6. 根据关税法律制度的规定，下列各项中海关可以酌情减免关税的是（   ）。

A. 进出境运输工具装载的途中必需的燃料、物料和饮食用品

B. 无商业价值的广告品及货样

C. 国际组织无偿赠送的物资

D. 在境外运输途中受到损坏的进口货物

二、多项选择题

1. 根据关税法律制度的规定，下列各项中，应当计入出口关税完税价格的有（   ）。

A. 出口关税

B. 出口货物装船以后发生的费用

C. 出口货物在成交价格中未单独列明的支付给国外的佣金

D. 出口货物在成交价格以外买方另行支付的货物包装费

2. 2020 年 10 月，甲企业进口一辆小汽车自用，支付买价 17 万元，卖方佣金 3 万元，货物运抵我国关境内输入地点起卸前的运费和保险费共计 3 万元，货物运抵我国关境内输入地点起卸后的运费和保险费共计 2 万元，另支付买方佣金 1 万元。已知关税税率为 20％，消费税税率为 25％，增值税税率为 13％，城建税税率为 7％，教育费附加征收比率为 3％。假设无其他纳税事项，则下列关于甲企业相关税金的计算，正确的有（   ）。

中小微企业纳税实务

A. 应纳进口关税＝(17＋3＋3＋2＋1)×20％

B. 应纳进口环节消费税＝(17＋3＋3)×(1＋20％)÷(1－25％)×25％

C. 应纳进口环节增值税＝(17＋3＋3)×(1＋20％)÷(1－25％)×13％

D. 应纳城建税和教育费附加 1.34 万元

3. 根据关税法律制度的规定，下列各项中属于法定减免关税的有(　　　)。

A. 进出境运输工具装载的途中必需的燃料、物料和饮食用品

B. 外国政府无偿赠送的物资

C. 无商业价值的广告品

D. 无商业价值的货样

三、判断题

1. 暂时进口货物转为正式进口需予补税时，应按其原进口之日实施的税率征税。(　　　)

2. 因故退还的境外进口货物，经海关审查无误后，可以免征出口关税，已征收的进口关税退还。(　　　)

四、计算题

1. 2020 年 5 月，甲企业进口一辆小汽车自用，支付买价 17 万元，货物运抵我国关境内输入地点起卸前的运费和保险费共计 3 万元，货物运抵我国关境内输入地点起卸后的运费和保险费共计 2 万元，另支付购货佣金 1 万元。已知关税税率为 20％，消费税税率为 25％，城建税税率为 7％，教育费附加征收比率为 3％。假设无其他纳税事项，分别计算关税、消费税、增值税。

2. 2020 年 6 月，甲公司进口一批货物。海关核定的货价为 90 万元，货物运抵我国关境内输入地点起卸前的包装费 2 万元，运费 5 万元，保险费 0.3 万元。已知关税税率为 10％，计算甲公司当月进口该批货物应缴纳关税税额。

项目四习题答案

项目五　企业所得税纳税业务

（1）了解企业所得税的概念、特点及作用；

（2）能正确判断企业所得税的居民企业和非居民企业；

（3）掌握企业所得税的征税对象；

（4）掌握允许从应纳所得额中扣除项目的扣除标准；

（5）掌握企业所得税应纳税额的计算；

（6）熟悉企业所得税的征税管理，能正确进行纳税申报。

引导案例

预提费用的汇算清缴

毕业生小李新入职一家会计事务所担任审计助理，正好审计一家建筑企业。在审计过程中发现，该企业收到收入 60 万元，发票已开，会计已经计入营业收入，并且已申报缴纳增值税。该企业发生的设备费、材料费等大约 48 万元，费用发票尚未收到，但是会计已经计入预提费用。小李不解：为什么发票还没收到的情况下就可以确认成本；如果确认成本不能进行税前扣除，税务部门要求在所得税汇算时进行纳税调整，又应当如何处理？

讨论：尚未收到发票的费用，在汇算清缴期内取得发票和没有取得发票，税务分别如何处理。

任务一　认知企业所得税

任务描述

《中华人民共和国企业所得税法》由中华人民共和国第十届全国人民代表大会第五次会议于 2007 年 3 月 16 日通过，自 2008 年 1 月 1 日起实施。企业所得税作为调节国家和企业之间分配关系的重要工具，是国家筹集财政收入的重要渠道，可以说在调节经济方面起到"自动稳定器"的作用。通过本任务的学习，了解企业所得税的概念、特点及分类。

认知企业所得税

1．企业所得税的概念及特点

1）概念

企业所得税，是指国家对境内企业的生产、经营所得和其他所得依法征收的一种税。它是国家与企业利润分配的重要手段。

企业主要包括股份制企业、联营企业、私营企业、国有企业、集体企业、有生产经营所得和其他所得的其他组织。

2）特点

（1）符合税收公平原则。

企业所得税是根据量能负担原则，依据纳税人所得额的不同确定不同税率，实现多得多征、少得少征、无得不征的方式。

（2）征税对象是应纳税所得额。

应纳税所得额是指按照税法规定，纳税人的收入总额扣除各项成本、费用后的余额，不等同于企业的利润。当财务会计处理与税法规定处理相抵触的时候，以税法规定为准。

思考与讨论：

应纳税所得额等于依据会计制度的规定计算的利润总额吗？如果不一致，分别如何理解。

（3）税收负担不易转嫁。

企业所得税属于直接税，在分配环节予以课征，所得税税负不容易转嫁。

（4）计征方式比较复杂。

既然企业所得税的计税依据是净所得，必然涉及成本、费用的归集与分配，较之于对流转额征税，计算和征收的难度要大。另外，政府为了堵塞漏洞，法律规定了税前扣除与非扣除项目；同时还规定纳税企业年度亏损可以用下一年度实现的利润抵补，并可连续抵补五年，造成所得税的计征更加复杂。

2．企业所得税的类型

世界各国的经济发展水平不同，所采用的所得税类型也各不相同，以课征方式为标准，可分为以下四种类型。

1）综合所得税制

综合所得税制是指对纳税人各种类型的所得按照同一征收方式和同税率征收的法律制度。其特点是：不论收入来源于什么渠道，也不论收入采取何种形式，均按所得的合计额统一计税。其立法依据是课税应考虑纳税人的综合负担能力，所以应税所得是纳税人的所得总额。

2）分类所得税制

分类所得税制是指对纳税人不同类型的所得规定不同税率。这类税制的立法依据是纳税人获得不同性质所得时，所要付出的劳动不同，应在课税时对不同性质所得确定不同税率，实行差别待遇。

3）分类综合所得税制

分类综合所得税制是指兼有综合和分类两类所得税制度性质的所得税制。其主要特点是：对纳税人的收入综合计税，坚持了量能负担原则；同时又区分不同性质收入，分别计税，体现了区别对待原则。我国企业所得税目前采用综合所得税，个人所得税采用分类所得税制。

4）地方所得税制

按征收管理体制和征收方式标准，地方所得税制划分为分权制下的地方税和集权制下的地方税。分权制下的地方税在一些联邦制国家实行，各地方政府之间的税率可能有很大的差异；集权制下的地方税在中央集权制的国家实行，地方税通过用中央政府所得税附加的办法征收。

3. 企业所得税的作用

企业所得税是调控经济发展的重要方式，是强化经济监督的重要工具，是筹集财政收入的重要渠道，也是维护国家主权的重要手段。企业所得税的作用体现在以下几个方面：

1）促进企业改善经济管理活动，提升企业的盈利能力

由于企业所得税只对利润征税，因此企业的盈利能力越强，税务承担能力就越强。企业的利润又是由企业的收入、成本、费用等决定的，因此，税务机关会对企业的收入、成本、费用等进行检查，对企业的经营管理活动和财务管理活动展开监督，促使企业改善经营管理活动，提高盈利能力。

2）调节产业结构，促进经济发展

所得税体现税负公平、量能负担，税务机关通过各项税收优惠政策的实施，发挥其对纳税人投资、产业结构调整、环境治理等方面的调控作用。

3）为国家建设筹集财政资金

税收的首要职能是筹集财政收入。除了增值税，税收最高的就是企业所得税，是我国税制的主要税种之一。

任务二　熟悉企业所得税的基本规定

任务描述

小明刚进一家代理记账公司负责报税工作，发现某商贸企业从业人员50人，资产总额为500万元，当年应纳税所得额为130万元。小明不知道该企业属于什么类型的企业，适用的企业所得税税率是多少。

企业所得税的
基本规定

1. 纳税义务人

企业所得税的纳税义务人一般是指在中华人民共和国境内的企业和其他取得收入的组织（以下统称企业）。《企业所得税法》第一条规定，除个人独资企业、合伙企业不适用企业所得税法外，凡在我国境内，企业和其他组织为企业所得税的纳税人，依照本法规定缴纳企业所得税。

根据国际上的通行做法，我国选择了地域管辖权和居民管辖权的双重管辖权标准，将

企业所得税的纳税义务人分类为居民企业和非居民企业，最大限度地维护我国的税收利益。

1）居民企业

居民企业是指依法在中国境内成立，或者依照外国（地区）法律成立但实际管理机构在中国境内的企业。其中实际管理机构是指对企业的生产经营、人员、账务、财产等实施实质性全面管理和控制的机构。例如，在我国注册成立的沃尔玛（中国）公司，通用汽车（中国）公司，是我国的居民企业。在英国百慕大群岛等国家和地区注册的公司，如果实际管理机构在我国境内，也是我国的居民企业。

思考与讨论：

企业中的机构、场所与实际管理机构的区别是什么？并分别举例说明。

2）非居民企业

非居民企业是指按照中国税法规定不符合居民企业标准的企业，即依照外国（地区）法律、法规成立且实际管理机构不在中国境内，但在中国境内设立机构、场所的，或者在中国境内未设立机构、场所，但有来源于中国境内所得的企业。例如，在我国设立的代表处及其他分支机构等外国企业。

对中国境内未设立机构、场所的非居民企业或者虽设立机构、场所但取得的所得与其所设机构、场所没有实际联系的中国境内所得应缴纳的所得税，实行源泉扣缴方法，以支付人为扣缴义务人。扣缴义务人未依法扣缴或者无法履行扣缴义务的，由纳税人在所得发生地缴纳。纳税人未依法缴纳的，税务机关可以从该纳税人在中国境内其他收入项目的支付人应付的款项中，追缴该纳税人的应纳税款。

◆ **知识拓展**

为什么个人独资企业和合伙企业属于个人所得税的纳税人？

个人独资企业以投资者为纳税义务人，合伙企业以每一个合伙人为纳税义务人。我国法律规定，个人独资企业和合伙企业的出资人对外承担无限责任，都属于法律主体中的非法人组织。个人独资企业的财产归出资人一人所有；合伙企业的财产由全体合伙人共有，他们均应就其出资人所得缴纳个人所得税。因此，个人独资企业和合伙企业不属于企业所得税纳税人，并且其生产经营所得比照个体工商户的生产、经营所得征收个人所得税。

2. 征税对象

企业所得税的征税对象是指企业取得的生产经营所得、其他所得和清算所得。

1）居民企业的征税对象

居民企业应当将其来源于中国境内、境外的所得作为征税对象。

2）非居民企业的征税对象

非居民企业在中国境内设立机构、场所的，应当就其所设机构、场所取得的来源于中国境内的所得，以及发生在中国境外但与其所设机构、场所有实际联系的所得，作为征税对象。非居民企业在中国境内未设立机构、场所的，或者虽设立机构、场所但取得的所得与其所设机构、场所没有实际联系的，应当将其来源于中国境内的所得作为征税对象。

上述所称实际联系，是指非居民企业在中国境内设立的机构、场所拥有的据以取得所得的股权、债权，以及拥有、管理、控制据以取得所得的财产。

思考与讨论：

如何判断企业的收入哪些属于境内所得，哪些属于境外所得，并分别举例说明。

3）所得来源地的确定

所得来源地与支付地并不是一个概念，企业所得税法对所得来源地的确认有明确规定：

（1）销售货物所得，按交易活动发生地确定。

（2）提供劳务所得，按劳务发生地确定。

（3）不动产转让所得按不动产所在地确定，动产转让所得按转让动产的企业或者机构、场所所在地确定，权益性投资资产转让所得按被投资企业所在地确定。

（4）股息、红利等权益性投资所得按分配所得的企业所在地确定。

（5）利息所得、租金所得、特许权使用费所得，按负担支付所得的企业或机构、场所所在地确定，或按负担、支付所得的个人的住所地确定。

（6）其他所得，由国务院财政、税务主管部门确定。

3．税率

我国企业所得税实行的是比例税率，具体规定介绍如下。

1）基本税率

企业所得税的基本税率是 25%，适用于居民企业和在中国境内设有机构、场所且所得与机构、场所有关联的非居民企业。

2）低税率

（1）对符合条件的小型微利企业减按 20%。

自 2021 年 1 月 1 日起至 2022 年 12 月 31 日，对小型微利企业年应纳税所得额不超过 100 万元的部分，减按 12.5% 计入应纳税所得额，按 20% 的税率缴纳企业所得税；对年应纳税所得额超过 100 万元但不超过 300 万元的部分，减按 50% 计入应纳税所得额，按 20% 的税率缴纳企业所得税。

◆ **知识拓展**

小型微利企业的判定标准

小型微利企业，是指从事国家非限制和禁止行业，且同时符合年度应纳税所得额不超过 300 万元、从业人数不超过 300 人、资产总额不超过 5000 万元等三个条件的企业。

从业人数，包括与企业建立劳动关系的职工人数和企业接受的劳务派遣用工人数。所称从业人数和资产总额指标，应按企业全年的季度平均值确定。具体计算公式如下：

$$季度平均值 = \frac{季初值 + 季末值}{2}$$

$$全年季度平均值 = \frac{全年各季度平均值之和}{4}$$

年度中间开业或者终止经营活动的，以其实际经营期作为一个纳税年度确定上述相关指标。

（2）在中国境内未设立机构、场所，或者设立机构、场所但取得的所得与其所设机构、场所没有实际联系的非居民企业，减按10%的税率征收企业所得税。

3）优惠税率

（1）对国家需要重点扶持的高新技术企业，减按15%的税率征收企业所得税。

（2）对经认定符合条件的技术先进型服务企业，减按15%的税率征收企业所得税。

（3）自2021年1月1日起至2030年12月31日，对设在西部地区的鼓励类产业企业减按15%的税率征收企业所得税。

（4）自2020年1月1日起至2024年12月31日，对注册在海南自由贸易港并实质性运营的鼓励类产业企业，减按15%的税率征收企业所得税。

任务三 理解企业所得税应纳税额的计算

任务描述

某工厂20××年实现营业收入1000万元，营业成本400万元，税金及附加55万元，投资收益50万元（其中：认购国债利息收入30万元，金融债券利息收入20万元），营业外收入10万元，营业外支出40万元（包括赞助某单位25万元，合同违约金支出10万元，因税收违法被税务机关处以罚款5万元），管理费用230万元，财务费用120万元。请计算该工厂20××年应纳税所得额为多少？

企业所得税应纳税所得额的确定

1. 应纳税所得额的确定

企业所得税应纳税额的计算依据是应纳税所得额，其基本计算公式如下：

应纳税所得额＝收入总额－不征税收入－免税收入－各项扣除金额－以前年度亏损

税法上的应纳税所得额的计算以权责发生制为原则，属于当期的收入和费用，不论款项是否收付，其金额按照企业所得税的规定确定。会计利润是按照会计准则计算而来的。由于税法规定和会计规定存在差异，应纳税所得额与会计利润两者可能相等，也可能不相等。在计算应纳税所得额时，企业财务、会计处理方法与税收法律法规的规定不一致，应当依照税收法律法规的规定计算。因此，也可以在会计利润的基础上得出应纳税所得额，其计算公式如下：

应纳税所得额＝会计利润＋纳税调整增加额－纳税调整减少额

假定有一项成本费用，按照会计规定，计算会计利润时应当减100，而按照税法规定，计算应纳税所得额时可以减80或减160。画图对比税会差异，如图5-1所示，将会计口径的利润调整为税法口径的利润（应纳税所得额）。

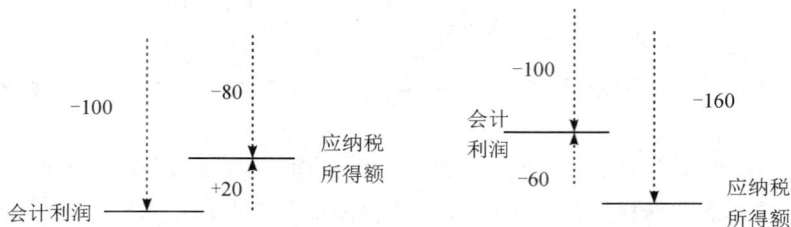

图 5-1 税会差异

思考与讨论：

假定有一项收入，按照会计规定，计算会计利润时应当加 100，而按照税法规定，计算应纳税所得额时可以加 80，画图对比税会差异，将会计口径的利润调整为税法口径的利润（应纳税所得额）。

《企业所得税法》对收入总额、不征税收入、免税收入、扣除项目标准、弥补以前年度亏损等都做了规定。

1）收入总额

收入总额是指以货币形式和非货币形式从各种来源取得的收入。货币形式，包括现金、存款、应收账款、应收票据、准备持有至到期的债券投资以及债务的豁免等。非货币形式，包括固定资产、生物资产、无形资产、股权投资、存货、不准备持有至到期的债券投资、劳务以及有关权益等，其应当按照公允价值确定收入额。

收入总额包括：销售货物收入，转让财产收入，提供劳务收入，股息、红利等权益性投资收益，租金收入，利息收入，特许权使用费收入，接受捐赠收入以及其他收入。

（1）销售货物收入。

销售货物收入，是指企业销售商品、产品、原材料、包装物、低值易耗品以及其他存货取得的收入。

（2）转让财产收入。

转让财产收入，是指企业转让固定资产、生物资产、无形资产、股权、债权等财产取得的收入。转让财产收入应当按照从财产受让方已收或应收的合同或协议价款确认收入。

（3）提供劳务收入。

提供劳务收入，是指企业从事建筑安装、修理修配、交通运输、仓储租赁、金融保险、邮电通信、咨询经纪、文化体育、科学研究、技术服务、教育培训、餐饮住宿、中介代理、卫生保健、社区服务、旅游、娱乐、加工以及其他劳务服务活动取得的收入。

企业在各个纳税期末，提供劳务交易的结果能够可靠估计的，应采用完工进度（百分比）法确认提供劳务收入。

（4）股息、红利等权益性投资收益。

股息、红利等权益性投资收益，是指企业因权益性投资从被投资方取得的收入。股息、红利等权益性投资收益，除国务院财政、税务主管部门另有规定外，按照被投资方作出利润分配决定的日期确认收入的实现。

（5）租金收入。

租金收入，是指企业提供固定资产、包装物或者其他有形资产的使用权取得的收入。租金收入，按照合同约定的承租人应付租金的日期确认收入的实现。如果交易合同或协议中规定租赁期限跨年度，且租金提前一次性支付的，出租人可对上述已确认的收入，在租赁期内，分期均匀计入相关年度收入。

（6）利息收入。

利息收入，是指企业将资金提供他人使用但不构成权益性投资，或者因他人占用本企业资金取得的收入，包括债券利息、存款利息、欠款利息、贷款利息等收入。利息收入按照合同约定的债务人应付利息的日期确认收入的实现。

（7）特许权使用费收入。

特许权使用费收入，是指企业提供专利权、非专利技术、商标权、著作权以及其他特许权的使用权取得的收入。特许权使用费收入按照合同约定的特许权使用人应付特许权使用费的日期确认收入的实现。

（8）接受捐赠收入。

接受捐赠收入，是指企业接受的来自其他企业、组织或者个人无偿给予的货币性资产、非货币性资产。接受捐赠收入按照实际收到捐赠资产的日期确认收入的实现。

（9）其他收入。

其他收入，是指企业取得《企业所得税法》具体列举的收入外的其他收入。

（10）视同销售收入

国务院财政、税务主管部门另有规定的除外，企业发生非货币性资产交换，以及将货物、财产、劳务用于捐赠、偿债、赞助、集资、广告、样品、职工福利或者利润分配等用途的，应当视同销售货物、转让财产或者提供劳务。

国家税务总局对企业处置资产是否作视同销售处理，以资产所有权属在形式和实质上是否改变为原则，除将资产转移至境外以外，由于资产所有权属在形式和实质上均不发生改变，因此应作为内部处置资产。用于市场推广或销售、交际应酬、职工奖励或福利、股息分配、对外捐赠等属于视同销售。

【案例 5-1】　杭州一佳有限公司将甲产品用于员工福利，该产品的成本是 50 000 元，同类产品不含税售价为 60 000 元。请问：计算应纳所得税时是否需要进行纳税调整？

解析　（1）按企业会计准则进行会计处理时，作为销售，确认收入 60 000 元。

（2）根据企业所得税法相关规定，将自产产品用于员工福利属于视同销售行为，应按同类产品售价确认计税销售收入 60 000 元。

（3）会计收入与税法确定的收入相等，不需要进行纳税调整。

【案例 5-2】　续案例 5-1，杭州一佳有限公司将甲产品用于企业在建工程。请问：计算应纳所得税时是否需要进行纳税调整？

解析　（1）按企业会计准则进行会计处理时，不作为销售。

（2）根据企业所得税法相关规定，将甲产品用于企业在建工程，资产所有权属未改变，不属于视同销售行为。

（3）会计收入与税法确定的收入相等，不需要进行纳税调整。

2）不征税收入

不征税收入往往用于特殊用途，是指不是企业经营行为带来的收入，不列入征税范围。具体包括：

（1）财政拨款。

（2）依法收取并纳入财政管理的行政事业性收费、政府性基金。

（3）国务院规定的其他不征税收入。

提示：企业的不征税收入用于支出所形成的费用或者财产，不得扣除或者计算对应的折旧、摊销扣除。

3）免税收入

免税收入是企业经营行为带来的收益，列入征税范围，但由于其符合国家鼓励、照顾的政策或方向，因此予以减免。具体包括：

（1）国债利息收入。

（2）符合条件的居民企业之间的股息、红利等权益性投资收益。

税收政策规定，对于被投资企业是未上市居民企业，以及连续持有该公司股票12个月以上的上市居民企业，取得的股息、红利等投资收益，享受免税政策。对于连续持有该公司股票不足12个月的上市居民企业，取得的股息、红利等投资收益，不享受免税政策。

（3）符合条件的非营利组织从事非营利性活动取得的收入给予免税，不包括非营利组织从事营利性活动取得的收入，但国务院财政、税务主管部门另有规定的除外。

符合条件的非营利组织的收入主要包括社会各界的公益性捐赠收入、向会员收取的会费收入、政府部门的补助收入、对外投资取得的投资收益、销售商品和提供服务形成的收入等。取得的收入除用于与该组织有关的、合理的支出外，全部用于登记核定或者章程规定的公益性或者非营利事业。同时，财产及其孳息不用于分配。

> **思考与讨论**：
>
> 非营利组织主要包括哪些？列举常见的非营利收入和营利收入。

◆ **知识拓展**

针对利息的优惠政策

（1）下列所得免征企业所得税：

① 外国政府向中国政府提供贷款取得的利息所得。

② 国际金融组织向中国政府和居民企业提供优惠贷款取得的利息所得。

（2）对企业取得的2012年及以后年度发行的地方政府债券利息收入，免征企业所得税。

（3）对企业投资者持有2019—2023年发行的铁路债券取得的利息收入，减半征收企业所得税。

4）不得扣除项目

在计算应纳税所得额时，下列项目不得扣除：

（1）向投资者支付的股息、红利等权益性投资收益款项。

（2）企业所得税税款。

（3）税收滞纳金。

（4）罚金、罚款和被没收财物的损失。

思考与讨论：

税法规定，纳税人的生产、经营因违反国家法律、法规和规章，被有关部门处以的行政性罚款不得扣除，应调增纳税所得额，商业性罚款可以扣除。如何理解行政性罚款和商业性罚款？请分别列举。

（5）不符合规定的捐赠支出。

（6）赞助支出，具体是指企业发生的与生产经营活动无关的各种非广告性质的赞助支出。

（7）未经核定的准备金支出。

（8）企业之间支付的管理费、企业内营业机构之间支付的租金和特许权使用费，以及非银行企业内营业机构之间支付的利息。

（9）与取得收入无关的其他支出。

提示：合同违约金、银行罚息、法院判决由企业承担的诉讼费属于商业性质的罚款，可以税前据实扣除。

企业所得税准予扣除项目的具体规定

5）税前扣除项目及标准

（1）税前扣除项目。

企业所得税法规定，企业实际发生的与取得收入有关的、合理的支出，包括成本、费用、税金、损失和其他支出，准予在计算应纳税所得额时扣除。

企业发生的支出应当区分收益性支出和资本性支出。收益性支出在发生当期直接扣除；资本性支出应当分期扣除或者计入有关资产成本，不得在发生当期直接扣除。

① 成本，是指企业在生产经营活动中发生的销售成本、销货成本、业务支出以及其他耗费，即企业销售商品（产品、材料、下脚料、废料、废旧物资等）、提供劳务、转让固定资产、无形资产的成本。

② 费用，是指企业在生产经营活动中发生的销售费用、管理费用和财务费用，已经计入成本的有关费用除外。

③ 税金，是指企业发生的除企业所得税和允许抵扣的增值税以外的各项税金及其附加，具体规定如表5-1所示。

表 5 - 1　税 金 的 扣 除

情　　形	税　　费
不得扣除	企业所得税和允许抵扣的增值税
计入税金及附加在当期扣除	消费税、资源税、土地增值税、关税、城市维护建设税、教育费附加及房产税、车船税、城镇土地使用税、印花税等
发生当期计入相关资产成本以后分期扣除	车辆购置税、契税、进口关税、耕地占用税、不得抵扣的增值税

④ 损失，是指企业在生产经营活动中发生的固定资产和存货的盘亏、毁损、报废损失、转让财产损失，呆账损失，坏账损失，自然灾害等不可抗力因素造成的损失以及其他损失。

⑤ 其他支出。

（2）税前扣除标准。

① 职工福利费、工会经费、职工教育经费。

企业发生的职工福利费、工会经费、职工教育经费按标准扣除。未超过标准的按实际发生数额扣除，超过扣除标准的只能按标准扣除。企业发生的职工福利费、工会经费、职工教育经费的标准分别为实发工资薪金总额14%、2%、8%的部分。其中，企业职工教育经费支出超过部分准予结转以后年度扣除。

【案例 5-3】 杭州一佳有限公司20××年度合理的实际工资为540万元，当年发生职工福利费80万元、工会经费15万元、职工教育经费40万元。已知，在计算企业所得税应纳税所得额时，职工福利费、工会经费、职工教育经费的扣除比例为14%、2%、8%，计算上述三项费用准予扣除的金额。

解析 计算过程如表5-2所示。

表 5-2 计 算 过 程

项目	税法扣除限额	实际发生额	税前准予扣除
职工福利费	540×14%=75.6	80	75.6
工会经费	540×2%=10.8	15	10.8
职工教育经费	540×8%=43.2	40	40

② 社会保险费。

企业依照国务院有关主管部门或者省级人民政府规定的范围和标准为职工缴纳的"五险一金"，即基本养老保险费、基本医疗保险费、失业保险费、工伤保险费、生育保险等基本社会保险费和住房公积金，准予扣除。

自2008年1月1日起，企业根据国家有关政策规定，为在本企业任职或者受雇的全体员工支付的补充养老保险费、补充医疗保险费，分别在不超过职工工资总额5%标准内的部分，在计算应纳税所得额时准予扣除；超过的部分，不予扣除。

企业参加的财产保险，按照规定缴纳的保险费，准予扣除。企业发生的合理的劳动保护支出，据实扣除。

商业人身保险费支出中，企业职工因公出差乘坐交通工具发生的人身意外保险费支出，与按照国家规定为特殊工种职工支付的人身安全保险费支出，据实扣除。企业为投资者或者职工支付的商业保险费，不得扣除。

【案例 5-4】 杭州一佳有限公司20××年度会计利润为1000万元，支出中包括：合理的工资、薪金总额540万元，按规定标准为职工缴纳的基本社会保险费100万元，为受雇的全体员工支付的补充养老保险费50万元，为公司高管购买重大疾病险缴纳的商业保险费20万元。不考虑其他因素，计算该公司20××年度发生的保险费在企业所得税税前准予扣除的数额。

解析 合理的工资、薪金540万元，基本社会保险费100万元，可以全额扣除。

补充养老保险费的扣除限额＝540×5%＝27（万元），实际发生额 50 万元超过扣除限额，按限额 27 万元在税前扣除。

为公司高管缴纳的商业保险费 20 万元不得扣除。

该公司 20××年度发生的保险费在企业所得税税前准予扣除的数额＝100＋27＝127（万元）。

③ 借款费用。

企业在生产经营活动中发生的合理的不需要资本化的借款费用，准予扣除。企业为购置、建造固定资产、无形资产和经过 12 个月以上的建造才能达到预定可销售状态的存货发生借款的，在有关资产购置、建造期间发生的合理的借款费用，应当作为资本性支出计入有关资产的成本，并依照《企业所得税法实施条例》的有关规定扣除。

④ 利息费用。

企业在生产经营活动中发生的下列利息支出，按照下列规定扣除：

a. 非金融企业向金融企业借款的利息支出、金融企业的各项存款利息支出和同业拆借利息支出、企业经批准发行债券的利息支出可据实扣除。

b. 非金融企业向非金融企业借款的利息支出，不超过按照金融企业同期同类贷款利率计算的数额的部分可据实扣除，超过部分不许扣除。

金融企业，是指各类银行、保险公司及经中国人民银行批准从事金融业务的非银行金融机构。

【案例 5－5】 20××年 10 月初，杭州一佳有限公司向金融企业借入流动资金 600 万元，期限 4 个月，年利率为 8%；向非金融企业 A 公司借入同类借款 1800 万元，期限 4 个月，年利率为 12%。已知，金融企业同期同类贷款年利率为 8%。计算该公司 20××年度企业所得税应纳税所得额准予扣除的利息费用。

解析 向金融企业借入流动资金产生的利息据实扣除：
$$600×8\%÷12×4＝16（万元）$$
向非金融企业借入流动资金产生的利息限额扣除：
$$1800×8\%÷12×4＝48（万元）$$
该公司 20××年度企业所得税应纳税所得额准予扣除的利息费用＝16＋48＝64（万元）

⑤ 汇兑损失。

企业在货币交易中，以及纳税年度终了时将人民币以外的货币性资产、负债，按照期末即期人民币汇率中间价折算为人民币时产生的汇兑损失，除已经计入有关资产成本以及与向所有者进行利润分配相关的部分外，准予扣除。

⑥ 广告费和业务宣传费。

企业发生的符合条件的广告费和业务宣传费支出，除国务院财政、税务主管部门另有规定外，不超过当年销售（营业）收入 15% 的部分，准予扣除；超过部分，准予在以后纳税年度结转扣除。企业在筹建期间，发生的广告费和业务宣传费，可按实际发生额计入企业筹办费，并按有关规定在税前扣除。其中，销售（营业）收入主要包括销售货物收入（包括视同销售货物收入）、提供劳务收入（包括视同提供劳务收入）、租金收入、特许权使用费收入和逾期未退包装物押金收入。

自 2021 年 1 月 1 日起至 2025 年 12 月 31 日，对化妆品制造或销售、医药制造和饮料制造（不含酒类制造）企业发生的广告费和业务宣传费支出，不超过当年销售（营业）收入30％的部分，准予扣除；超过部分，准予在以后纳税年度结转扣除。

烟草企业的烟草广告费和业务宣传费支出，一律不得在计算应纳税所得额时扣除。

【案例 5-6】 杭州一佳有限公司 20×× 年度实现销售收入 3000 万元，发生符合条件的广告费和业务宣传费支出 350 万元。在计算该企业 20×× 年度应纳税所得额时，允许扣除的广告费和业务宣传费支出是多少？

解析 按税法规定，该公司准予扣除的广告费支出为 $3000 \times 15\% = 450$（万元）。实际发生 350 万元低于 450 万元，按照 350 万元扣除。

⑦ 业务招待费。

企业发生的与生产经营活动有关的业务招待费支出，按照发生额的 60％扣除，但最高不得超过当年销售（营业）收入的 5‰。

企业在筹建期间，发生的与筹办活动有关的业务招待费支出，可按实际发生额的 60％计入企业筹办费，并按有关规定在税前扣除。

【案例 5-7】 杭州一佳有限公司 20×× 年度实现销售收入 3000 万元，发生符合条件的业务招待费支出 100 万元。在计算该企业 20×× 年度应纳税所得额时，允许扣除的广告费和业务宣传费支出是多少？

解析 按税法规定，按照发生额的 60％扣除：$100 \times 60\% = 60$（万元）。同时最高不得超过当年销售（营业）收入的 5‰：$3000 \times 5‰ = 15$（万元）。因此，该公司准予扣除的业务招待费支出为 15 万元。

⑧ 公益性捐赠。

公益性捐赠，是指企业通过公益性社会组织或者县级以上人民政府及其部门，用于符合法律规定的慈善活动、公益事业的捐赠。

a. 企业当年发生以及以前年度结转的公益性捐赠支出，不超过年度利润总额12％的部分，在计算应纳税所得额时准予扣除；超过年度利润总额12％的部分，准予结转以后三年内在计算应纳税所得额时扣除。

b. 自 2021 年 1 月 1 日起，企业或个人通过公益性群众团体用于符合法律规定的公益慈善事业捐赠支出，准予按税法规定在计算应纳税所得额时扣除。

c. 自 2019 年 1 月 1 日起至 2025 年 12 月 31 日，企业通过公益性社会组织或者县级以上人民政府及其组成部门和直属机构，用于目标脱贫地区的扶贫捐赠支出，准予在计算企业所得税应纳税所得额时据实扣除。企业同时发生扶贫捐赠支出和其他公益性捐赠支出，在计算公益性捐赠支出年度扣除限额时，符合条件的扶贫捐赠支出不计算在内。

d. 企业在非货币性资产捐赠过程中发生的运费、保险费、人工费用等相关支出，凡纳入国家机关、公益性社会组织开具的公益捐赠票据记载的数额中的，作为公益性捐赠支出按照规定在税前扣除；上述费用未纳入公益性票据记载的数额中的，作为企业相关费用按照规定在税前扣除。

◆ **知识拓展**

公益性捐赠具体范围

公益性捐赠具体范围包括：

(1) 救助灾害、救济贫困、扶助残疾人等困难的社会群体和个人的活动；

(2) 教育、科学、文化、卫生、体育事业；

(3) 环境保护、社会公共设施建设；

(4) 促进社会发展和进步的其他社会公共和福利事业。

【案例 5－8】 杭州一佳有限公司 20×× 年度会计利润为 1000 万元，直接向希望小学捐款 60 万元，通过公益性社会组织向受灾地区捐款 40 万元。计算该公司 20×× 年度企业所得税应纳税所得额时，准予扣除的捐赠额。

解析 直接捐赠的 60 万元不得扣除；通过公益性社会组织捐赠的 40 万元，限额＝1000×12％＝120(万元)，当年准予扣除的捐赠额为 40 万元。

⑨ 租赁费用。

企业根据生产经营活动的需要租入固定资产支付的租赁费，按照以下方法扣除：

a. 以经营租赁方式租入固定资产发生的租赁费支出，按照租赁期限均匀扣除。

b. 以融资租赁方式租入固定资产发生的租赁费支出，按照规定构成融资租入固定资产价值的部分应当提取折旧费用分期扣除。

⑩ 手续费及佣金。

a. 2019 年 1 月 1 日起，保险企业发生与其经营活动有关的手续费及佣金支出，不超过当年全部保费收入扣除退保金等后余额的 18％(含本数)的部分，在计算应纳税所得额时准予扣除；超过部分，允许结转以后年度扣除。

b. 其他企业：按与具有合法经营资格的中介服务机构或个人(不含交易双方及其雇员、代理人及代表人等)所签订服务协议或合同确认的收入金额的 5％ 计算限额。

c. 从事代理服务、主营业务收入为手续费、佣金的企业(如证券、期货、保险代理等企业)，其为取得该类收入而实际发生的营业成本(包括手续费及佣金支出)，准予在企业所得税前据实扣除。

⑪ 其他准予扣除项目。

a. 环境保护专项资金。

企业依照法律、行政法规有关规定提取的用于环境保护、生态恢复等方面的专项资金，准予扣除。上述专项资金提取后改变用途的，不得扣除。

b. 劳动保护费。

企业发生的合理的劳动保护支出，准予扣除。

c. 有关资产的费用。

企业转让各类固定资产发生的费用，允许扣除。企业按规定计算的固定资产折旧费、无形资产和递延资产的摊销费准予扣除。

d. 总机构分摊的费用。

非居民企业在中国境内设立的机构、场所，就其中国境外总机构发生的与该机构、场所生产经营有关的费用，能够提供总机构出具的费用汇集范围、定额、分配依据及方法等证明文件，并合理分摊的，准予扣除。

e. 党组织工作经费。

国有企业（包括国有独资、全资和国有资本绝对控股、相对控股企业）纳入管理费用的党组织工作经费，实际支出不超过职工年度工资、薪金总额1%的部分，可以据实在企业所得税前扣除。

非公有制企业党组织工作经费纳入企业管理费列支，不超过职工年度工资、薪金总额1%的部分，可以据实在企业所得税前扣除。

6) 亏损弥补

税法规定，企业某一纳税年度发生的亏损可以用下一年度的所得弥补，下一年度的所得不足以弥补的，可以逐年延续弥补，但最长不得超过5年。企业在汇总计算缴纳企业所得税时，其境外营业机构的亏损不得抵减境内营业机构的盈利。

自2018年1月1日起，当年具备高新技术企业或科技型中小企业资格的企业，其具备资格年度之前5个年度发生的尚未弥补完的亏损，准予结转以后年度弥补，最长结转年限由5年延长至10年。

【案例5-9】 杭州一佳有限公司2015—2021年度的盈亏如表5-3所示，计算该企业2015—2021年总计应缴纳的企业所得税税额（不考虑所得税税率的变化）。

表5-3 盈 亏 表

年份	2015	2016	2017	2018	2019	2020	2021
利润/万元	−20	+12	−1	+4	−5	+2	+38

解析 （1）该公司2015年度亏损20万元，按照税法规定可以用2016—2020年的利润弥补亏损，如果没有弥补完则不能继续弥补。2016—2020年总利润为12＋4＋2＝18（万元），剩下没有弥补的亏损不能继续弥补。

（2）该公司2017年度亏损1万元，按照税法规定可以用2018—2022年的利润弥补亏损，即可以用2021的利润弥补1万元。

（3）该公司2019年度亏损5万元，按照税法规定可以用2020—2024年的利润弥补亏损，即可以用2021的利润弥补5万元。

（4）应纳税所得额＝38−1−5＝32（万元）。

7) 税收优惠

在确定应纳税所得额时处理考虑上面的不征税收入、免税收入、不得扣除事项、税前扣除标准及亏损弥补之外，还需要考虑税后优惠政策来调整应纳税所得额的各项税收优惠政策。

（1）减计收入。

综合利用资源是指企业以《资源综合利用企业所得税优惠目录》规定的资源作为主要原材料，生产国家非限制和禁止并符合国家和行业相关标准的产品取得的收入，减按90%计入收入总额。

自2019年6月1日起至2025年12月31日，社区提供养老、托育、家政等服务的机

企业所得税的
税收优惠

构，提供社区养老、托育、家政服务取得的收入，在计算应纳税所得额时，减按90％计入收入总额。

（2）加计扣除。

加计扣除主要包括新产品的研究开发费用、安置国家鼓励就业人员所支付的工资。

① 研究开发费用。

企业开展研发活动中实际发生的研发费用，未形成无形资产计入当期损益的，在按规定据实扣除的基础上，在2018年1月1日至2023年12月31日期间，再按照实际发生额的75％在税前加计扣除；形成无形资产的，在上述期间按照无形资产成本的175％在税前摊销。

制造业企业开展研发活动中实际发生的研发费用，未形成无形资产计入当期损益的，在按规定据实扣除的基础上，自2021年1月1日起，再按照实际发生额的100％在税前加计扣除；形成无形资产的，自2021年1月1日起，按照无形资产成本的200％在税前摊销。

下列行业不适用税前加计扣除政策：烟草制造业；住宿和餐饮业；批发和零售业；房地产业；租赁和商务服务业；娱乐业；财政部和国家税务总局规定的其他行业。

② 安置国家鼓励就业人员所支付的工资。

企业安置残疾人员的，在按照支付给残疾职工工资据实扣除的基础上，按照支付给残疾职工工资的100％加计扣除。企业安置国家鼓励安置的其他就业人员所支付的工资的加计扣除办法，由国务院另行规定。

（3）减征与免征优惠。

① 免征企业所得税的项目：蔬菜、谷物、薯类、油料、豆类、棉花、麻类、糖料、水果、坚果的种植；农作物新品种的选育；中药材的种植；林木的培育和种植；牲畜、家禽的饲养；林产品的采集；灌溉、农产品初加工、兽医、农技推广、农机作业和维修等农、林、牧、渔服务业项目；远洋捕捞。

② 减半征收企业所得税的项目：花卉、茶以及其他饮料作物和香料作物的种植；海水养殖、内陆养殖。

③ 享受"三免三减半"优惠：企业从事国家重点扶持的公共基础设施项目投资经营的所得和从事符合条件的环境保护、节能节水项目的所得，自项目取得第1笔生产经营收入所属纳税年度起，第1年至第3年免征企业所得税，第4年至第6年减半征收企业所得税。

④ 符合条件的技术转让所得：在一个纳税年度内，居民企业技术转让所得不超过500万元的部分，免征企业所得税；超过500万元的部分，减半征收企业所得税。其计算公式如下：

$$技术转让所得＝技术转让收入－技术转让成本－相关税费$$

【案例5-10】 居民企业杭州一佳有限公司20××年将自行开发的一项专利技术转让，取得转让收入800万元，与该项技术转让有关的成本和费用为160万元。根据企业所得税法律制度的规定，计算该公司20××年企业所得税应纳税所得额时，该项技术转让所得应当调整会计利润的金额是多少？

解析 该项技术转让对会计利润的影响为800－160＝640（万元）。

由于在一个纳税年度内，居民企业技术转让所得不超过500万元的部分免征企业所得税，超过 500 万元的部分减半征收企业所得税，因此该项技术转让所得对应纳税所得额的影响为（800－160－500）×50％＝70（万元）。

应当纳税调减 640－70＝570（万元）。

（4）抵扣应纳税所得额。

① 创业投资企业采取股权投资方式投资于未上市的中小高新技术企业 2 年以上的，可以按照其投资额的 70％在股权持有满 2 年的当年抵扣该创业投资企业的应纳税所得额；当年不足抵扣的，可以在以后纳税年度结转抵扣。

② 有限合伙制创业投资企业采取股权投资方式直接投资于初创科技型企业满 2 年的，该合伙创投企业的法人合伙人可以按照对初创科技型企业投资额的 70％抵扣法人合伙人从合伙创投企业分得的所得；当年不足抵扣的，可以在以后纳税年度结转抵扣。

（5）抵免应纳税额。

企业"购置并实际使用"环境保护、节能节水、安全生产等专用设备的，该专用设备的投资额的 10％可以从企业当年的应纳税额中抵免；当年不足抵免的，可以在以后 5 个纳税年度结转抵免。

（6）加速折旧。

企业的固定资产由于技术进步等原因，确需加速折旧的，可以缩短折旧年限或者采取加速折旧的方法。可以采取缩短折旧年限或者采取加速折旧的方法的固定资产包括：

① 由于技术进步，产品更新换代较快的固定资产。

② 常年处于强震动、高腐蚀状态的固定资产。

采取缩短折旧年限方法的，最低折旧年限不得低于税法规定折旧年限的 60％；采取加速折旧方法的，可以采取双倍余额递减法或者年数总和法。

企业在 2018 年 1 月 1 日至 2023 年 12 月 31 日期间新购进（包括自行建造）的设备、器具，单位价值不超过 500 万元的，允许一次性计入当期成本费用在计算应纳税所得额时扣除，不再分年度计算折旧。

2．应纳税所得额的计算

应纳税所得额的计算一般有以下两种计算方法：

一是直接法，计算公式如下：

应纳税所得额＝收入总额－不征税收入－免税收入－各项扣除金额－以前年度亏损

二是间接法，计算公式如下：

应纳税所得额＝会计利润＋纳税调整增加额－纳税调整减少额

【案例 5－11】 杭州一佳有限公司为居民企业，主要从事化妆品的生产和销售业务。通过审查该公司账目，得到如下信息：

（1）全年取得销售（营业）收入 2000 万元（其中国债利息收入 10 万元）；销售成本 900 万元；销售税金 120 万元（含增值税 90 万元）。

（2）发生销售费用 500 万元（其中广告费 350 万元），管理费用 380 万元（其中发生与生产经营活动有关的业务招待费支出 12 万元、新技术的研究开发费用 35 万元），财务费用 50 万元。

（3）实发合理工资、薪金总额 500 万元，发生职工福利费支出 15 万元、职工教育经费支出 6 万元，拨缴工会经费 2 万元。

（4）营业外收入 68 万元，营业外支出 58 万元（通过公益性社会团体向灾区的捐款 38 万元；由于消费设施不合格，被处以罚款 3 万元）。

（5）全年实现会计利润总额 300 万元。

请根据以上资料进行年度纳税调整，并计算该企业 20××年的应纳税额。

解析 （1）国债利息收入免税收入，需调减 10 万元。

（2）广告费和业务宣传费的扣除标准：销售收入的 15% 为 2000×15%＝300，由于实际支出的广告费和业务宣传费 350 万元超过扣除限额，因此需要纳税调增 350－300＝50（万元）。

业务招待费的扣除标准：发生额的 60% 为 12×60%＝7.2（万元），与营业收入的 5‰ 为 2000×5‰＝10（万元）比较，得出税前扣除限额 7.2 万元，实际支出业务招待费 12 万元，需要调增 12－7.2＝4.8（万元）。

新技术的研究开发费用按照实际发生额的 75% 在税前加计扣除，需要调减 35×75%＝26.25（万元）。

（3）三项经费：

准予税前扣除的工会经费限额＝500×2%＝10（万元），该企业向工会组织拨付了 2 万元，未超过限额，可以在税前扣除，不需要进行调整。

准予税前扣除的职工福利费＝500×14%＝70（万元），该企业实际支出了 15 万元，未超过限额，可以在税前扣除，不需要进行调整。

准予税前扣除的职工教育经费＝500×8%＝40（万元），该企业实际支出了 6 万元，未超过限额，可以在税前扣除，不需要进行调整。

（4）公益性捐赠。通过公益性社会团体向灾区的捐款属于公益性捐赠，扣除限额为 300×12%＝36（万元），实际捐赠 38 万元超过扣除限额，需调增 38－36＝2（万元）。

（5）行政性罚款支出不允许在税前扣除，应调增 3 万元。

（6）当年应纳税所得额＝300－10＋50＋4.8－26.25＋2＋3＝323.55（万元）。

3. 应纳所得税额的计算

1）预缴企业所得税额的计算

根据《企业所得税法》的规定，企业所得税实行按年计征、分月（季）预缴、年终汇算清缴、多退少补的办法。企业在预缴企业所得税时，应当按照月度或者季度的实际利润额预缴；按照月度或者季度的实际利润额预缴有困难的，可以按照上一纳税年度应纳税额的月度或者季度平均额预缴。其计算公式如下：

$$本月（季）应缴所得税额＝实际利润额\left(或\frac{上一年度应纳税所得额}{12 或 4}\right)×税率$$

其中：实际利润额是指纳税人按会计制度核算的利润总额。

2）应纳所得税额的汇算清缴

企业应当自年度终了之日起五个月内，向税务机关报送年度企业所得税纳税申报表，并汇算清缴，结清应缴应退税款。企业在报送企业所得税纳税申报表时，应当按照规定附送财务会计报告和其他有关资料。其计算公式如下：

$$应纳所得税额＝应纳税所得额×税率－减免所得税额－抵免所得税额$$

$$本年应补（退）的所得税额＝应纳所得税额－本年累计已预缴的所得税额$$

（1）减免所得税额。

减免所得税额主要包括：纳税人从事国家非限制和禁止行业并符合规定条件的小型微利企业，享受20%的优惠税率；纳税人从事国家需要重点扶持的高新技术企业，减按15%的税率；民族自治地方的自治机关对本民族自治地方的企业应缴纳的企业所得税中属于地方分享的，可以决定减征或者免征；其他专项优惠减征额。

（2）抵免所得税额。

① 企业购置并实际使用《环境保护专用设备企业所得税优惠目录》《节能节水专用设备企业所得税优惠目录》《安全生产专用设备企业所得税优惠目录》规定的环境保护、节能节水、安全生产等专用设备的，该专用设备的投资额的10%可以从企业当年的应纳税额中抵免；当年不足抵免的，可以在以后5个纳税年度结转抵免。

【案例5－12】 由案例5－11可知，杭州一佳有限公司20××年度当年应纳税所得额为323.55万元，当年已经预缴了企业所得税36万元，当年购买并实际使用了环境保护专用设备80万元，计算该企业年终汇算清缴时应补（退）所得税额。已知，企业所得税税率为25%。

解析 年度应纳税所得税税额＝323.55×25%－80×10%＝72.89（万元）

年终汇算清缴时应补交所得税税额＝72.89－36＝36.89（万元）

② 境外所得抵扣税额。

居民企业取得来源于中国境外的应税所得或者非居民企业在中国境内设立机构、场所，取得发生在中国境外但与该机构、场所有实际联系的应税所得，如果已在境外缴纳的所得税税额，可以从其当期应纳税额中抵免，则抵免限额为该项所得依我国企业所得税法计算的应纳税额；超过抵免限额的部分，可以在以后5个纳税年度内用每年抵免限额抵免当年应抵税额后的余额进行抵补。

境外收入应纳税额的计算

已在境外缴纳的所得税税额，是指企业来源于中国境外的所得依照境外税收法律以及相关规定应当缴纳并已经实际缴纳的企业所得税性质的税款。

抵免限额，是指企业来源于中国境外的所得，依照企业所得税法的规定计算的应纳税额。自2017年7月1日起，企业可以选择按国（地区）别分别计算，或者不按国（地区）别汇总计算其来源于境外的应纳税所得额，并按照税法规定的税率，分别计算其可抵免境外所得税税额和抵免限额。上述方式一经选择，5年内不得改变。

【案例5－13】 杭州一佳有限公司20××年度境内应纳税所得额为100万元，适用25%的企业所得税税率。该企业分别在甲国和乙国设有分支机构，在甲国分支机构的应纳税所得额为50万元，甲国的企业所得税税率为20%；在乙国分支机构的应纳税所得额为30万元，乙国的企业所得税税率为30%。计算该企业当年在我国境内应纳税额。

解析 如果该企业选择按国别分别计算，则如表5－4所示。

表 5-4　按国别分别计算

国别	抵免限额	境外已纳税款	处　理
甲国	50×25%=12.5(万元)	50×20%=10(万元)	补税 2.5 万元
乙国	30×25%=7.5(万元)	30×30%=9(万元)	结转以后 5 个纳税年度抵补 1.5 万元

综上，该企业当年在我国境内应纳税额=100×25%+2.5=27.5(万元)。

如果该企业选择不按国别汇总计算，则如表 5-5 所示。

表 5-5　不按国别汇总计算

国别	抵免限额	境外已纳税款	处　理
甲国	(50+30)×25%=20(万元)	50×20%=10(万元)	补税 1 万元
乙国		30×30%=9(万元)	

综上，该企业当年在我国境内应纳税额=100×25%+1=26(万元)。

3）非居民企业应纳税所得额的计算

在中国境内未设立机构、场所的，或者虽设立机构、场所但取得的所得与其所设机构、场所没有实际联系的非居民企业，其取得的来源于中国境内的所得，按照下列方法计算其应纳税所得额：

（1）股息、红利等权益性投资收益和利息、租金、特许权使用费所得，以收入全额为应纳税所得额。

（2）转让财产所得，以收入全额减除财产净值后的余额为应纳税所得额。财产净值，是指有关资产、财产的计税基础减除已经按照规定扣除的折旧、折耗、摊销、准备金等后的余额。

（3）其他所得，参照前两项规定的方法计算应纳税所得额。

【案例 5-14】　境外甲企业在我国境内未设立机构、场所。20××年，甲企业向我国居民纳税人乙公司转让了一项配方，取得转让费 1200 万元。计算甲企业就该项转让费所得应向我国缴纳的企业所得税税额。

解析　在中国境内未设立机构、场所的非居民企业，其取得的来源于中国境内的特许权使用费所得，以收入全额为应纳税所得额，减按 10% 的税率征收企业所得税。

应纳企业所得税=1200×10%=120(万元)

任务四　熟悉资产的税务处理

资产是由于资本投资而形成的财产，对于资本性支出以及无形资产受让、开办、开发费用，不允许作为成本、费用从纳税人的收入总额中做一次性扣除，只能采取分次计提折旧或分次摊销的方式允许扣除。

1. 资产的计税基础与净值

企业的各项资产，包括固定资产、生产性生物资产、无形资产、长期待摊费用、投资资

非居民企业应纳税额的计算

项目五　企业所得税纳税业务

产、存货等，以历史成本为计税基础。历史成本，是指企业取得该项资产时实际发生的支出。企业持有各项资产期间资产增值或者减值，除国务院财政、税务主管部门规定可以确认损益外，不得调整该资产的计税基础。

企业转让资产，该项资产的净值，准予在计算应纳税所得额时扣除。资产的净值，是指有关资产、财产的计税基础减除已经按照规定扣除的折旧、折耗、摊销、准备金等后的余额。除另有规定外，企业在重组过程中，应当在交易发生时确认有关资产的转让所得或者损失，相关资产应当按照交易价格重新确定计税基础。

2. 固定资产的税务处理

1）固定资产的定义

固定资产，是指企业为生产产品、提供劳务、出租或者经营管理而持有的、使用时间超过 12 个月的非货币性资产，包括房屋、建筑物、机器、机械、运输工具以及其他与生产经营活动有关的设备、器具、工具等。

2）固定资产折旧的扣除范围

在计算应纳税所得额时，企业按照规定计算的固定资产折旧，准予扣除。下列固定资产不得计算折旧扣除：

（1）房屋、建筑物以外未投入使用的固定资产。

（2）以经营租赁方式租入的固定资产。

（3）以融资租赁方式租出的固定资产。

（4）已足额提取折旧仍继续使用的固定资产。

（5）与经营活动无关的固定资产。

（6）单独估价作为固定资产入账的土地。

（7）其他不得计算折旧扣除的固定资产。

3）固定资产的计税基础

企业资产通常以历史成本为计税基础。企业持有各项资产期间资产增值或者减值，除国务院财政、税务主管部门规定可以确认损益外，不得调整该资产的计税基础。

（1）外购的固定资产，以购买价款和支付的相关税费以及直接归属于使该资产达到预定用途发生的其他支出为计税基础。

（2）自行建造的固定资产，以竣工结算前发生的支出为计税基础。

（3）融资租入的固定资产，以租赁合同约定的付款总额和承租人在签订租赁合同过程中发生的相关费用为计税基础，租赁合同未约定付款总额的，以该资产的公允价值和承租人在签订租赁合同过程中发生的相关费用为计税基础。

（4）盘盈的固定资产，以同类固定资产的重置完全价值为计税基础。

（5）通过捐赠、投资、非货币性资产交换、债务重组等方式取得的固定资产，以该资产的公允价值和支付的相关税费为计税基础。

（6）改建的固定资产，除法定的支出外，以改建过程中发生的改建支出增加计税基础。

4）固定资产折旧的计算方法

（1）方法：固定资产按照直线法计算的折旧，准予扣除。

（2）起止时间：企业应当自固定资产投入使用月份的次月起计算折旧；停止使用的固定资产，应当自停止使用月份的次月起停止计算折旧。

（3）预计净残值：企业应当根据固定资产的性质和使用情况，合理确定固定资产的预计净残值。固定资产的预计净残值一经确定，不得变更。

5）固定资产计算折旧的最低年限

除国务院财政、税务主管部门另有规定外，固定资产计算折旧的最低年限如下：

（1）房屋、建筑物，为20年。

（2）飞机、火车、轮船、机器、机械和其他生产设备，为10年。

（3）与生产经营活动有关的器具、工具、家具等，为5年。

（4）飞机、火车、轮船以外的运输工具，为4年。

（5）电子设备，为3年。

6）加速折旧

（1）一次性税前扣除政策：企业在2018年1月1日至2023年12月31日期间新购进的设备、器具，单位价值不超过500万元的，允许一次性计入当期成本费用在计算应纳税所得额时扣除，不再分年度计算折旧。

（2）税法关于加速折旧的基本规定：

① 企业的下列固定资产可以按照规定加速折旧：由于技术进步，产品更新换代较快的固定资产；常年处于强震动、高腐蚀状态的固定资产。

② 自2019年1月1日起，全部制造业企业新购进的固定资产适用固定资产加速折旧优惠。

③ 加速折旧的方法包括：

缩短折旧年限方法：要求最低折旧年限不得低于法定折旧年限的60%。

加速折旧方法：可以采取双倍余额递减法或者年数总和法。

3. 生产性生物资产的税务处理

1）生产性生物资产的定义

生产性生物资产，是指企业为生产农产品、提供劳务或者出租等而持有的生物资产，包括经济林、薪炭林、产畜及役畜等。

2）生产性生物资产的计税基础

（1）外购的生产性生物资产，以购买价款和支付的相关税费为计税基础。

（2）通过捐赠、投资、非货币性资产交换、债务重组等方式取得的生产性生物资产，以该资产的公允价值和支付的相关税费为计税基础。

3）生产性生物资产折旧的计算方法

（1）方法：生产性生物资产按照直线法计算的折旧，准予扣除。

（2）起止时间：企业应当自生产性生物资产投入使用月份的次月起计算折旧；停止使用的生产性生物资产，应当自停止使用月份的次月起停止计算折旧。

（3）预计净残值：企业应当根据生产性生物资产的性质和使用情况，合理确定生产性生物资产的预计净残值。生产性生物资产的预计净残值一经确定，不得变更。

4）生产性生物资产计算折旧的最低年限

（1）林木类生产性生物资产，为10年。

（2）畜类生产性生物资产，为3年。

4．无形资产的税务处理

1）无形资产的定义

无形资产，是指企业为生产产品、提供劳务、出租或者经营管理而持有的、没有实物形态的非货币性长期资产，包括专利权、商标权、著作权、土地使用权、非专利技术、商誉等。

2）无形资产摊销的范围

在计算应纳税所得额时，企业按照规定计算的无形资产摊销费用，准予扣除。下列无形资产不得计算摊销费用扣除：

（1）自行开发的支出已在计算应纳税所得额时扣除的无形资产。

（2）自创商誉。

（3）与经营活动无关的无形资产。

（4）其他不得计算摊销费用扣除的无形资产。

3）无形资产计税基础的确定

（1）外购的无形资产，以购买价款和支付的相关税费以及直接归属于使该资产达到预定用途发生的其他支出为计税基础。

（2）自行开发的无形资产，以开发过程中该资产符合资本化条件后至达到预定用途前发生的支出为计税基础。

（3）通过捐赠、投资、非货币性资产交换、债务重组等方式取得的无形资产，以该资产的公允价值和支付的相关税费为计税基础。

4）无形资产摊销费用的计算方法

（1）方法：无形资产按照直线法计算的摊销费用，准予扣除。

（2）时间：无形资产的摊销年限不得低于 10 年。作为投资或者受让的无形资产，有关法律规定或者合同约定了使用年限的，可以按照规定或者约定的使用年限分期摊销。

（3）外购商誉的支出，在企业整体转让或者清算时，准予扣除。

5．长期待摊费用的税务处理

1）长期待摊费用的定义

长期待摊费用，是指企业发生的应在 1 个年度以上进行摊销的费用。

2）长期待摊费用的扣除

在计算应纳税所得额时，企业发生的下列支出作为长期待摊费用，按照规定摊销的，准予扣除：

（1）已足额提取折旧的固定资产的改建支出，按照固定资产预计尚可使用年限分期摊销。

（2）租入固定资产的改建支出，按照合同约定的剩余租赁期限分期摊销。固定资产的改建支出，是指改变房屋或者建筑物结构、延长使用年限等发生的支出。改建的固定资产延长使用年限的，除前述规定外，应当适当延长折旧年限。

（3）固定资产的大修理支出，按照固定资产尚可使用年限分期摊销。固定资产的大修理支出，是指同时符合下列条件的支出：

① 修理支出达到取得固定资产时的计税基础 50% 以上。

② 修理后固定资产的使用年限延长 2 年以上。

（4）其他应当作为长期待摊费用的支出，自支出发生月份的次月起，分期摊销，摊销年限不得低于3年。

6. 投资资产的税务处理

1）投资资产的定义

投资资产，是指企业对外进行权益性投资和债权性投资形成的资产。

2）投资资产成本的扣除

企业对外投资期间，投资资产的成本在计算应纳税所得额时不得扣除。企业在转让或者处置投资资产时，投资资产的成本准予扣除。

3）投资资产成本的确定

（1）通过支付现金方式取得的投资资产，以购买价款为成本。

（2）通过支付现金以外的方式取得的投资资产，以该资产的公允价值和支付的相关税费为成本。

7. 存货的税务处理

1）存货的定义

存货，是指企业持有以备出售的产品或者商品、处在生产过程中的在产品、在生产或者提供劳务过程中耗用的材料及物料等。

2）存货成本的确定

（1）通过支付现金方式取得的存货，以购买价款和支付的相关税费为成本。

（2）通过支付现金以外的方式取得的存货，以该存货的公允价值和支付的相关税费为成本。

（3）生产性生物资产收获的农产品，以产出或者采收过程中发生的材料费、人工费及分摊的间接费用等必要支出为成本。

3）存货成本的扣除及计算方法

企业使用或者销售存货，按照规定计算的存货成本，准予在计算应纳税所得额时扣除。企业使用或者销售的存货的成本计算方法，可以在先进先出法、加权平均法、个别计价法中选用一种。计价方法一经选用，不得随意变更。

8. 资产损失的税务处理

1）资产损失的定义

资产损失，是指企业在生产经营活动中实际发生的、与取得应税收入有关的资产损失，包括现金损失，存款损失，坏账损失，贷款损失，股权投资损失，固定资产和存货的盘亏、毁损、报废、被盗损失，自然灾害等不可抗力因素造成的损失以及其他损失。

2）资产损失的扣除

企业发生上述资产损失，应在按税法规定实际确认或者实际发生的当年申报扣除。企业以前年度发生的资产损失未能在当年税前扣除的，可以按照规定，向税务机关说明并进行专项申报扣除。其中，属于实际资产损失，准予追补至该项损失发生年度扣除，其追补确认期限一般不得超过5年。企业因以前年度实际资产损失未在税前扣除而多缴的企业所得税税款，可在追补确认年度企业所得税应纳税款中予以抵扣，不足抵扣的，向以后年度递延抵扣。

任务五　了解企业所得税的纳税申报

任务描述

小明刚进一家代理记账公司负责报税工作，正好碰到企业在做企业所得税的汇算清缴工作，需要小明在规定的时间内，向税务机关报送年度企业所得税纳税申报表，并汇算清缴，结清应缴应退税款。在报送企业所得税纳税申报表时，按照规定附送财务会计报告和其他有关资料。

1. 企业所得税的征收管理

1）征收方式的确定

企业每年根据账簿设置、账簿凭证保存、纳税义务履行、收入和成本核算情况在1～3月鉴定企业所得税的征收方式。企业所得税有查账征收和核定征收两种方式。查账征收在预缴企业所得税时应填制《中华人民共和国企业所得税月（季）度预缴纳税申报表》（A类），如图5-2所示；实行核定征收管理办法的在缴纳企业所得税时应填制《中华人民共和国企业所得税月（季）度预缴纳税申报表》（B类），如图5-3所示。

中华人民共和国企业所得税月（季）度预缴纳税申报表（A类）

税款所属期间：　　　年　　月　　日至　　　年　　月　　日

纳税人识别号：

纳税人名称：　　　　　　　　　　　　　　　金额单位：人民币元（列至角分）

序号	项　目	本期金额	累计金额
1	一、按照实际利润额预缴		
2	营业收入		
3	营业成本		
4	利润总额		
5	加：特定业务计算的应纳税所得额		
6	减：不征税收入和税基减免应纳税所得额（请填附表1）		
7	固定资产加速折旧（扣除）调减额（请填附表2）		
8	弥补以前年度亏损		
9	实际利润额（4行＋5行－6行－7行－8行）		
10	税率（25%）		
11	应纳所得税额（9行×10行）		
12	减：减免所得税额（请填附表3）		
13	实际已预缴所得税额		
14	特定业务预缴（征）所得税额		
15	应补（退）所得税额（11行－12行－13行－14行）		
16	减：以前年度多缴在本期抵缴所得税额		

中小微企业纳税实务

序号	项 目		本期金额	累计金额
17	本月(季)实际应补(退)所得税额			
18	**二、按照上一纳税年度应纳税所得额平均额预缴**			
19	上一纳税年度应纳税所得额			
20	本月(季)应纳税所得额(19行×1/4或1/12)			
21	税率(25%)			
22	本月(季)应纳所得税额(20行×21行)			
23	减:减免所得税额(请填附表3)			
24	本月(季)实际应纳所得税额(22行－23行)			
25	**三、按照税务机关确定的其他方法预缴**			
26	本月(季)税务机关确定的预缴所得税额			
27	**总分机构纳税人**			
28	总机构	总机构分摊所得税额(15行或24行或26行×总机构分摊预缴比例)		
29		财政集中分配所得税额		
30		分支机构分摊所得税额(15行或24行或26行×分支机构分摊比例)		
31		其中:总机构独立生产经营部门应分摊所得税额		
32	分支机构	分配比例		
33		分配所得税额		
是否属于小型微利企业	是 □	否 □		

谨声明:此纳税申报表是根据《中华人民共和国企业所得税法》《中华人民共和国企业所得税法实施条例》和国家有关税收规定填报的,是真实的、可靠的、完整的。

法定代表人(签字): 　　　　　　　　　　　　　　　　　　　　　　　　　　　年 月 日

纳税人公章:	代理申报中介机构公章:	主管税务机关受理专用章:
会计主管:	经办人:	受理人:
	经办人执业证件号码:	
填表日期: 年 月 日	代理申报日期: 年 月 日	受理日期: 年 月 日

图 5-2 企业所得税月(季)度预缴纳税申报表(A类)

项目五 企业所得税纳税业务

中华人民共和国企业所得税月(季)度预缴纳税申报表(B类)

税款所属期间：　　年　月　日至　年　月　日

纳税人识别号：

纳税人名称：　　　　　　　　　　　　　　　　　　　金额单位：人民币元(列至角分)

核定征收方式	□ 核定应税所得率(能核算收入总额的)　　　□ 核定应税所得率(能核算收入总额的) □ 核定应纳所得税额		
序号	项　目	本期金额	累计金额
1	收入总额		
2	减：不征税收入		
3	减：免税收入(4+5+8+9)		
4	国债利息收入免征企业所得税		
5	符合条件的居民企业之间的股息、红利等权益性投资收益免征企业所得税		
6	其中：通过沪港通投资且连续持有H股满12个月取得的股息红利所得免征企业所得税		
7	通过深港通投资且连续持有H股满12个月取得的股息红利所得免征企业所得税		
8	投资者从证券投资基金分配中取得的收入免征企业所得税		
9	取得的地方政府债券利息收入免征企业所得税		
10	应税收入额(1−2−3)/成本费用总额		
11	税务机关核定的应税所得率(%)		
12	应纳税所得额(第10×11行)/[第10行÷(1−第11行)×第11行]		
13	税率(25%)		
14	应纳所得税额(12×13)		
15	减：符合条件的小型微利企业减免企业所得税		
16	减：实际已缴纳所得税额		
17	本期应补(退)所得税额(14−15−16)/税务机关核定本期应纳所得税额		
是否属于小型微利企业	是 □　　　　　　　否 □		

谨声明：此纳税申报表是根据《中华人民共和国企业所得税法》《中华人民共和国企业所得税法实施条例》和国家有关税收规定填报的，是真实的、可靠的、完整的。

法定代表人(签字)：　　　　　　　　　　　　　　　　　　　年　月　日

纳税人公章：	代理申报中介机构公章：	主管税务机关受理专用章：
会计主管：	经办人：	受理人：
	经办人执业证件号码：	
填表日期： 　　年　月　日	代理申报日期： 　　年　月　日	受理日期： 　　年　月　日

图5-3　企业所得税月(季)度预缴纳税申报表(B类)

　　查账征收适用于能依照税收法律法规规定设置账簿，能准确核算收入和成本，能完整保存账簿、凭证等资料的纳税人。

纳税人具有下列情形之一的，应采取核定征收方式征收企业所得税：

（1）依照税收法律法规规定可以不设账簿的，或按照税收法律法规规定动作应设置但未设置账簿的。

（2）只能准确核算收入总额，或收入总额能够查实，但其成本费用支出不能准确核算的。

（3）只能准确核算成本费用支出，或成本费用支出能够查实，但其收入总额不能准确核算的。

（4）收入总额及成本费用支出均不能正确核算，不能向主管税务机关提供真实、准确、完整纳税资料，难以查实的。

（5）账目设置和核算虽然符合规定，但并未按规定保存有关账簿、凭证及有关纳税资料的。

（6）发生纳税义务，未按照税收法律法规规定的期限办理纳税申报，经税务机关责令限期申报，逾期仍不申报的。

◆ **知识拓展**

核定征收方式的方法

核定征收方式包括定额征收和核定应税所得率征收两种方法。

（1）定额征收，是指税务机关直接核定纳税人年度应纳企业所得税额的纳税方法。

（2）核定应税所得率征收，是指税务机关预先核定纳税人的应税所得率，由纳税人根据纳税年度内的收入总额或成本费用等项目的实际发生额，按预先核定的应税所得率计算缴纳企业所得税的办法。其计算公式如下：

$$应纳所得税额 = 应纳税所得额 × 适用税率$$

$$应纳税所得额 = 收入总额 × 应税所得率$$

或

$$应纳税所得额 = \frac{成本费用支出额}{1-应税所得率} × 应税所得率$$

2）纳税期限

企业所得税实行按年计算、按月或季预缴、年终汇算清缴、多退少补的征收办法。

纳税年度一般为公历年度，即公历1月1日至12月31日为一个纳税年度。纳税人在一个纳税年度的中间开业，或由于合并、终止经营活动等原因使该纳税年度的实际经营期不足12个月的，以其实际经营期为一个纳税年度；纳税人破产清算时，以清算期为一个纳税年度。

企业应当自年度终了日起5个月内，无论盈利或亏损，均应向税务机关报送年度企业所得税纳税申报表、财务会计报告和其他有关资料，并汇算清缴，结清应缴应退税款。企业在年度中间终止经营活动的，应当自实际经营终止之日起60日内，像税务机关办理当期企业所得税汇算清缴。

扣缴义务人每次代扣的税款，应当自代扣之日起7日内缴入国库，并向所在地的税务机关报送扣缴企业所得税报告表。

3）纳税地点

（1）居民企业的纳税地点。

除税收法律、行政法规另有规定外，居民企业以企业登记注册地为纳税地点；但登记注册地在境外的，以实际管理机构所在地为纳税地点。

居民企业在中国境内设立不具有法人资格的营业机构的，应当汇总计算并缴纳企业所得税。除国务院另有规定外，企业之间不得合并缴纳企业所得税。

（2）非居民企业的纳税地点。

非居民企业在中国境内设立机构、场所的，以机构、场所所在地为纳税地点。非居民企业在中国境内设立2个或者2个以上机构、场所的，符合国务院税务主管部门规定条件的，可以选择由其主要机构、场所汇总缴纳企业所得税。

在中国境内未设立机构、场所的，或者虽设立机构、场所但取得的所得与其所设机构、场所没有实际联系的非居民企业，以扣缴义务人所在地为纳税地点。

2. 企业所得税的纳税申报

根据《企业所得税法》，企业在纳税年度内无论盈利或者亏损，都应当自月或者季度终了之日起15日内，向税务机关报送预缴企业所得税纳税申报表。在汇算清缴时，缴纳企业所得税年度纳税申报表和税务机关规定应当缴纳的其他资料。

下面依据案例5－11和案例5－12，填报杭州一佳有限公司20××年度纳税申报表，详见表5－6～表5－10。

表5－6　一般企业收入明细表

A101010

行次	项　　　目	金额
1	一、营业收入（2＋9）	20 000 000
2	（一）主营业务收入（3＋5＋6＋7＋8）	20 000 000
3	1. 销售商品收入	20 000 000
4	其中：非货币性资产交换收入	
5	2. 提供劳务收入	
6	3. 建造合同收入	
7	4. 让渡资产使用权收入	
8	5. 其他	
9	（二）其他业务收入（10＋12＋13＋14＋15）	
10	1. 销售材料收入	
11	其中：非货币性资产交换收入	
12	2. 出租固定资产收入	
13	3. 出租无形资产收入	
14	4. 出租包装物和商品收入	
15	5. 其他	
16	二、营业外收入（17＋18＋19＋20＋21＋22＋23＋24＋25＋26）	680 000
17	（一）非流动资产处置利得	680 000
18	（二）非货币性资产交换利得	
19	（三）债务重组利得	
20	（四）政府补助利得	

行次	项　目	金额
21	（五）盘盈利得	
22	（六）捐赠利得	
23	（七）罚没利得	
24	（八）确实无法偿付的应付款项	
25	（九）汇兑收益	
26	（十）其他	

表5-7　一般企业成本支出明细表

A102010

行次	项　目	金额
1	一、营业成本（2＋9）	9 000 000
2	（一）主营业务成本（3＋5＋6＋7＋8）	9 000 000
3	1.销售商品成本	9 000 000
4	其中：非货币性资产交换成本	
5	2.提供劳务成本	
6	3.建造合同成本	
7	4.让渡资产使用权成本	
8	5.其他	
9	（二）其他业务成本（10＋12＋13＋14＋15）	
10	1.销售材料成本	
11	其中：非货币性资产交换成本	
12	2.出租固定资产成本	
13	3.出租无形资产成本	
14	4.包装物出租成本	
15	5.其他	
16	二、营业外支出（17＋18＋19＋20＋21＋22＋23＋24＋25＋26）	580 000
17	（一）非流动资产处置损失	170 000
18	（二）非货币性资产交换损失	
19	（三）债务重组损失	
20	（四）非常损失	
21	（五）捐赠支出	380 000
22	（六）赞助支出	
23	（七）罚没支出	30 000
24	（八）坏账损失	
25	（九）无法收回的债券股权投资损失	
26	（十）其他	

项目五　企业所得税纳税业务

131

A104000

行次	项　　目	销售费用	其中：境外支付	管理费用	其中：境外支付	财务费用	其中：境外支付
		1	2	3	4	5	6
1	一、职工薪酬		*		*	*	*
2	二、劳务费					*	*
3	三、咨询顾问费					*	*
4	四、业务招待费		*		*	*	*
5	五、广告费和业务宣传费		*		*	*	*
6	六、佣金和手续费						
7	七、资产折旧摊销费		*		*	*	*
8	八、财产损耗、盘亏及毁损损失		*		*	*	*
9	九、办公费		*		*	*	*
10	十、董事会费		*		*	*	*
11	十一、租赁费					*	*
12	十二、诉讼费		*		*	*	*
13	十三、差旅费		*		*	*	*
14	十四、保险费		*		*	*	*
15	十五、运输、仓储费					*	*
16	十六、修理费					*	*
17	十七、包装费		*		*	*	*
18	十八、技术转让费					*	*
19	十九、研究费用					*	*
20	二十、各项税费		*		*	*	*
21	二十一、利息收支	*	*	*	*		
22	二十二、汇兑差额	*	*	*	*		
23	二十三、现金折扣	*	*	*	*		*
24	二十四、党组织工作经费	*	*		*	*	*
25	二十五、其他						
26	合计(1＋2＋3＋…＋25)	5 000 000		3 800 000		500 000	

注：表中期间费用明细项目的具体数值略。

A105000

行次	项　　　目	账载金额	税收金额	调增金额	调减金额
		1	2	3	4
1	一、收入类调整项目（2＋3＋…＋8＋10＋11）	＊	＊		
2	（一）视同销售收入	＊			＊
3	（二）未按权责发生制原则确认的收入				
4	（三）投资收益				
5	（四）按权益法核算长期股权投资对初始投资成本调整确认收益	＊	＊	＊	
6	（五）交易性金融资产初始投资调整	＊	＊		＊
7	（六）公允价值变动净损益		＊		
8	（七）不征税收入	＊	＊		
9	其中：专项用途财政性资金	＊	＊		
10	（八）销售折扣、折让和退回				
11	（九）其他				
12	二、扣除类调整项目（13＋14＋…＋24＋26＋27＋28＋29＋30）	＊	＊		
13	（一）视同销售成本	＊		＊	
14	（二）职工薪酬	5 230 000	5 230 000		
15	（三）业务招待费支出	120 000	72 000	48 000	＊
16	（四）广告费和业务宣传费支出	＊	＊	500 000	
17	（五）捐赠支出	380 000	360 000	20 000	
18	（六）利息支出				
19	（七）罚金、罚款和被没收财物的损失	30 000	＊	30 000	＊
20	（八）税收滞纳金、加收利息		＊		
21	（九）赞助支出		＊		
22	（十）与未实现融资收益相关在当期确认的财务费用				
23	（十一）佣金和手续费支出				
24	（十二）不征税收入用于支出所形成的费用	＊	＊		＊
25	其中：专项用途财政性资金用于支出所形成的费用	＊	＊		＊
26	（十三）跨期扣除项目				

行次	项 目	账载金额	税收金额	调增金额	调减金额
		1	2	3	4
27	（十四）与取得收入无关的支出		＊		＊
28	（十五）境外所得分摊的共同支出	＊	＊		＊
29	（十六）党组织工作经费				
30	（十七）其他				
31	三、资产类调整项目（32＋33＋34＋35）	＊	＊		
32	（一）资产折旧、摊销				
33	（二）资产减值准备金		＊		
34	（三）资产损失	＊	＊		
35	（四）其他				
36	四、特殊事项调整项目（37＋38＋…＋43）	＊	＊		
37	（一）企业重组及递延纳税事项				
38	（二）政策性搬迁	＊	＊		
39	（三）特殊行业准备金（39.1＋39.2＋39.4＋39.5＋39.6＋39.7）	＊	＊		
39.1	1.保险公司保险保障基金				
39.2	2.保险公司准备金				
39.3	其中：已发生未报案未决赔款准备金				
39.4	3.证券行业准备金				
39.5	4.期货行业准备金				
39.6	5.中小企业融资（信用）担保机构准备金				
39.7	6.金融企业、小额贷款公司准备金	＊	＊		
40	（四）房地产开发企业特定业务计算的纳税调整额	＊			
41	（五）合伙企业法人合伙人应分得的应纳税所得额				
42	（六）发行永续债利息支出				
43	（七）其他	＊	＊		
44	五、特别纳税调整应税所得	＊	＊		
45	六、其他	＊	＊		
46	合计（1＋12＋31＋36＋44＋45）	＊	＊	598 000	

注：表中期间费用明细项目的具体数值略。

中小微企业纳税实务

表 5-10 中华人民共和国企业所得税年度纳税申报表(A 表)

A100000

行次	类别	项 目	金额
1	利润总额计算	一、营业收入(填写 A101010)	20 000 000
2		减:营业成本(填写 A102010)	7 500 000
3		减:税金及附加	300 000
4		减:销售费用(填写 A104000)	5 000 000
5		减:管理费用(填写 A104000)	3 800 000
6		减:财务费用(填写 A104000)	500 000
7		减:资产减值损失	
8		加:公允价值变动损益	
9		加:投资收益	
10		二、营业利润(1-2-3-4-5-6-7+8+9)	2 900 000
11		加:营业外收入(填写 A101010\101020\103000)	680 000
12		减:营业外支出(填写 A102010\102020\103000)	580 000
13		三、利润总额(10+11-12)	3 000 000
14	应纳税所得额计算	减:境外所得	
15		加:纳税调整增加额(填写 A105000)	598 000
16		减:纳税调整减少额(填写 A105000)	262 500
17		减:免税、减计收入及加计扣除(填写 A107010)	100 000
18		加:境外应税所得抵减境内亏损	
19		四、纳税调整后所得(13-14+15-16-17+18)	3 235 500
20		减:所得减免	
21		减:弥补以前年度亏损	
22		减:抵扣应纳税所得额	
23		五、应纳税所得额(19-20-21-22)	3 235 500
24	应纳税额计算	税率(25%)	25%
25		六、应纳所得税额(23×24)	808 875
26		减:减免所得税额	
27		减:抵免所得税额	80 000
28		七、应纳税额(25-26-27)	728 875
29		加:境外所得应纳所得税额	
30		减:境外所得抵免所得税额	
31		八、实际应纳所得税额(28+29-30)	728 875
32		减:本年累计实际已缴纳的所得税额	360 000
33		九、本年应补(退)所得税额(31-32)	368 875

行次	类别	项　目	金额
34	应纳税额计算	其中：总机构分摊本年应补（退）所得税额	
35		财政集中分配本年应补（退）所得税额	
36		总机构主体生产经营部门分摊本年应补（退）所得税额	
37	实际应纳税额计算	减：民族自治地区企业所得税地方分享部分：（　　　免征　减征：减征幅度＿＿＿%）	
38		十、本年实际应补（退）所得税额（33－37）	368 875

思 维 导 图

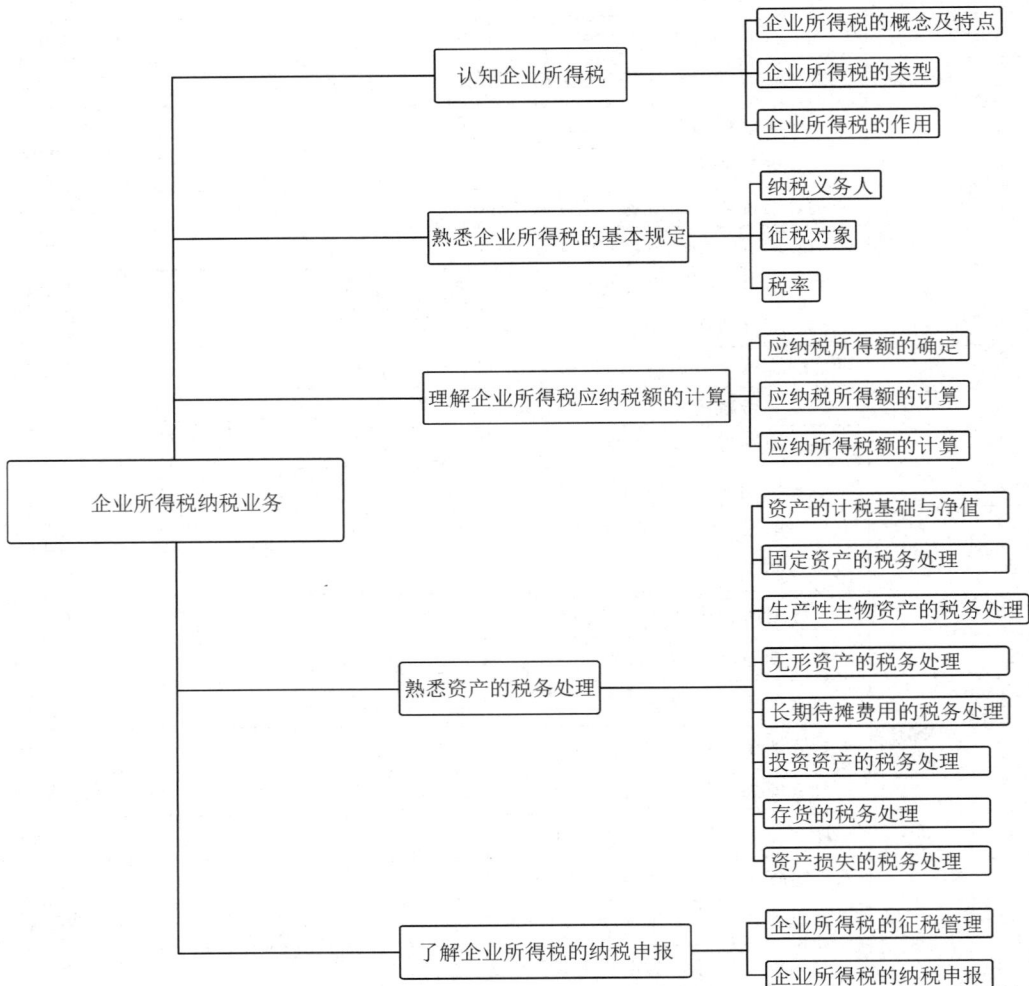

习　　题

一、单项选择题

1. 根据企业所得税法律制度的规定，下列有关非居民企业表述中，正确的是（　　）。

A. 在境外成立的企业属于非居民企业

B. 在境内成立但有来源于境外所得的企业属于非居民企业

C. 依照外国法律成立，实际管理机构在中国境内的企业属于非居民企业

D. 依照外国法律成立，实际管理机构不在中国境内但在中国境内设立机构、场所的企业属于非居民企业

2. 根据企业所得税法律制度的规定，关于确定来源于中国境内、境外所得的下列表述中，不正确的是（　　）。

A. 提供劳务所得，按照劳务发生地确定

B. 销售货物所得，按照交易活动发生地确定

C. 股息、红利等权益性投资所得，按照分配的企业所在地确定

D. 转让不动产所得，按照转让不动产的企业或者机构、场所所在地确定

3. 根据企业所得税法律制度的规定，企业应当自纳税年度终了之日起一定期限内，向税务机关报送年度企业所得税纳税申报表。该期限为（　　）。

A. 4 个月　　　　　B. 3 个月　　　　　C. 6 个月　　　　　D. 5 个月

4. 根据企业所得税法律制度的规定，关于确认收入实现时间的下列表述中，正确的是（　　）。

A. 接受捐赠收入，按照合同约定的捐赠日期确认收入的实现

B. 利息收入，按照合同约定的债务人应付利息的日期确认收入的实现

C. 租金收入，按照出租人实际收到租金的日期确认收入的实现

D. 权益性投资收益，按照投资方实际收到利润的日期确认收入的实现

5. 2019 年 5 月 6 日，甲公司与乙公司签订合同，以预收款方式销售产品 200 件，不含税单价 0.1 万元，并于 5 月 10 日取得了全部产品销售额 20 万元。2019 年 5 月 20 日，甲公司发出产品 120 件，6 月 25 日发出产品 80 件。根据企业所得税法律制度的规定，下列关于甲公司确认销售收入实现日期及金额的表述中，正确的是（　　）。

A. 2019 年 5 月 6 日应确认销售收入 20 万元

B. 2019 年 5 月 10 日应确认销售收入 20 万元

C. 2019 年 5 月 20 日应确认销售收入 12 万元

D. 2019 年 6 月 25 日应确认销售收入 20 万元

6. 甲公司 2019 年 9 月销售一批产品，含增值税价格为 45.2 万元，由于购买数量多，甲公司给予购买方 9 折优惠，销售额和折扣额在同一张发票"金额栏"内分别列示，增值税税率为 13%。甲电子公司在计算企业所得税应纳税所得额时，应确认的产品销售收入为（　　）。

A. 36 万元　　　　B. 40.68 万元　　　C. 40 万元　　　　D. 45.2 万元

项目五　企业所得税纳税业务

7. 根据企业所得税法律制度的规定，下列各项中属于免税收入的是（　　）。

A. 依法收取并纳入财政管理的政府性基金

B. 国债利息收入

C. 财产转让收入

D. 特许权使用费收入

8. 甲公司为符合条件的小型微利企业，经主管税务机关核定，2017 年度亏损 8 万元，2018 年度亏损 3 万元，2019 年度盈利 16 万元，无其他需要纳税调整的事项。甲公司 2019 年度应缴纳的企业所得税税额为（　　）万元。

    A. 1　　　　　　　　B. 0.25　　　　　　　C. 0.5　　　　　　　D. 3.2

9. 根据企业所得税法律制度的规定，下列各项中，在计算企业所得税应纳税所得额时准予扣除的是（　　）。

A. 向投资者支付的股息　　　　　　B. 税收滞纳金

C. 违反合同的违约金　　　　　　　D. 违法经营的行政罚款

10. 根据企业所得税法律制度的规定，下列关于企业所得税税前扣除的表述中，不正确的是（　　）。

A. 企业发生的合理的工资、薪金支出，准予扣除

B. 企业发生的职工福利费支出超过工资、薪金总额 14％的部分，准予在以后纳税年度结转扣除

C. 企业发生的合理的劳动保护支出，准予扣除

D. 企业参加财产保险，按照规定缴纳的保险费，准予扣除

11. 根据企业所得税法律制度的规定，下列支出中，在计算企业所得税应纳税所得额时，允许按照税法规定的标准扣除的是（　　）。

A. 税收滞纳金　　　　　　　　　　B. 企业拨缴的工会经费

C. 赞助支出　　　　　　　　　　　D. 企业所得税税款

12. 2019 年甲企业取得销售收入 3000 万元，广告费支出 400 万元；上一年度结转广告费支出 60 万元。已知，甲企业发生广告费可以按照当年销售收入的 15％在企业所得税前扣除，超过部分准予在以后纳税年度结转扣除。根据企业所得税法律制度的规定，甲企业 2019 年度准予扣除的广告费是（　　）万元。

    A. 460　　　　　　　B. 510　　　　　　　C. 450　　　　　　　D. 340

13. 根据企业所得税法律制度的规定，下列固定资产按照税法规定计算的折旧允许在计算应纳税所得额时扣除的是（　　）。

A. 未投入使用生产设备计提的折旧

B. 经营租入设备计提的折旧

C. 融资租入资产计提的折旧

D. 已提足折旧但继续使用的生产设备

14. 根据企业所得税法律制度的规定，下列各项中应以同类固定资产的重置完全价值为计税基础的是（　　）。

A. 盘盈的固定资产　　　　　　　　B. 自行建造的固定资产

C. 外购的固定资产　　　　　　　　D. 通过捐赠取得的固定资产

15. 根据企业所得税法律制度的规定，符合条件的企业可以采取缩短折旧年限的方式计提固定资产折旧，但最低折旧年限不得低于税法规定折旧年限的一定比例。该比例为（　　）。

A. 30%　　　　　　B. 40%　　　　　　C. 50%　　　　　　D. 60%

二、多项选择题

1. 根据企业所得税法律制度的规定，下列依照法律在中国境内设立的公司，属于企业所得税纳税人的有（　　）。

A. 股份有限公司　　　　　　　　B. 有限责任公司

C. 国有独资公司　　　　　　　　D. 个人独资公司

2. 根据企业所得税法律制度的规定，下列各项中属于企业取得收入的货币形式的有（　　）。

A. 股权投资　　　B. 应收票据　　　C. 银行存款　　　D. 应收票据

3. 根据企业所得税法律制度的规定，下列关于收入的确认的表述中，正确的有（　　）。

A. 销售商品采用预收款方式的，在收到预收款时确认收入

B. 销售商品采用托收承付方式的，在办妥托收手续时确认收入

C. 销售商品采用支付手续费方式委托代销的，在收到款项时确认收入

D. 销售商品需要安装和检验的，在收到款项时确认收入

4. 根据企业所得税法律制度的规定，下列各项中属于不征税收入的有（　　）。

A. 依法收取并纳入财政管理的行政事业性收费　　　B. 财政拨款

C. 国债利息收入　　　　　　　　　　　　　　　　D. 接受捐赠收入

5. 根据企业所得税法律制度的规定，在计算企业所得税应纳税所得额时，准予扣除的有（　　）。

A. 向客户支付的合同违约金

B. 向税务机关支付的税收滞纳金

C. 向银行支付的逾期借款利息

D. 向公安部门缴纳的交通违章罚款

6. 根据企业所得税法律制度的规定，企业缴纳的下列税金中，在计算企业所得税应纳税所得额时准予扣除的有（　　）。

A. 企业所得税　　　B. 消费税　　　C. 房产税　　　D. 资源税

7. 甲企业2019年利润总额为2000万元，工资、薪金支出为1500万元，已知在计算企业所得税应纳税所得额时，公益性捐赠支出、职工福利费支出、职工教育经费支出的扣除比例分别为12%、14%和8%。下列支出中，允许在计算2019年企业所得税应纳税所得额时全额扣除的有（　　）。

A. 公益性捐赠支出200万元

B. 职工福利费支出160万元

C. 职工教育经费支出40万元

D. 2018年7月至2019年6月期间的厂房租金支出50万元

8. 根据企业所得税法律制度的规定，下列固定资产中，在计算企业所得税应纳税所得额时不得计算折旧扣除的有（　　）。

A. 与经营活动无关的固定资产

B. 已足额提取折旧仍继续使用的固定资产

C. 未投入使用的房屋

D. 以融资租赁方式租出的固定资产

9. 根据企业所得税法律制度的规定，下列各项属于生产性生物资产的有（   ）。

A. 薪炭林　　　　B. 产畜　　　　C. 役畜　　　　D. 经济林

10. 根据企业所得税法律制度的规定，下列无形资产中，应当以该资产的公允价值和支付的相关税费为计税基础的有（   ）。

A. 接受捐赠取得的无形资产　　　　B. 通过债务重组取得的无形资产

C. 自行开发的无形资产　　　　　　D. 接受投资取得的无形资产

11. 根据企业所得税法律制度的规定，下列选项中，属于长期待摊费用的有（   ）。

A. 购入固定资产的支出

B. 固定资产的大修理支出

C. 租入固定资产的改建支出

D. 已经足额提取折旧的固定资产的改建支出

12. 我国企业所得税税务税收优惠形式包括（   ）。

A. 免税收入　　　B. 加计扣除　　　C. 减计收入　　　D. 税额抵免

13. 企业从事下列项目的所得，免征企业所得税的有（   ）。

A. 中药材的种植　　　　　　B. 林木的种植

C. 花卉种植　　　　　　　　D. 香料作物的种植

三、判断题

1. 居民企业无需就其来源于中国境外的所得缴纳企业所得税。（   ）

2. 非居民企业未在中国境内设立机构的，仅就来源于中国境内的所得缴纳企业所得税。（   ）

3. 企业在一个纳税年度中间开业，或者终止经营活动，使该纳税年度的实际经营期不足 12 个月的，应当以实际经营期为 1 个纳税年度。（   ）

4. 企业在年度中间终止经营活动的，应当自实际经营终止之日起 60 日内，向税务机关办理当期企业所得税汇算清缴。（   ）

5. 企业为促进商品销售，给予购买方的商业折扣，应按照扣除商业折扣后的金额确定销售收入计算企业所得税应纳税所得额。（   ）

6. 企业的不征税收入用于支出所形成的费用，不得在计算应纳税所得额时扣除；企业的不征税收入用于支出所形成的资产，其计算的折旧、摊销不得在计算应纳税所得额时扣除。（   ）

7. 企业职工因公出差乘坐交通工具发生的人身意外保险费的支出，准予在计算企业所得税应纳税所得额时扣除。（   ）

8. 企业在为本企业任职或受雇的全体员工支付的补充养老保险费、补充医疗保险费，不得在企业所得税税前扣除。（   ）

9. 企业应当自固定资产投入使用月份的当月起计算折旧；停止使用的固定资产，应当自停止使用的月份的次月起停止计算折旧。（   ）

10. 根据企业所得税法律制度的规定，停止使用的生产性生物资产，应当自停止使用

的当月起停止计算折旧。（　　）

11. 外购的生产性生物资产，以购买价款和支付的相关税费为企业所得税的计税基础。（　　）

12. 企业对外投资期间，投资资产的成本在计算企业所得税应纳税所得额时不得扣除。（　　）

13. 企业已经作为损失处理的资产，在以后纳税年度又全部收回或者部分收回时，应当计入当期收入。（　　）

14. 企业种植蔬菜、粮食的所得，免征企业所得税。（　　）

15. 企业从事花卉种植的所得，减半征收企业所得税。（　　）

16. 企业承包建设国家重点扶持的公共基础设施项目，可以自该承包项目取得第一笔生产经营收入所属纳税年度起，第 1 年至第 3 年免征企业所得税，第 4 年至第 6 年减半征收企业所得税。（　　）

17. 非居民企业转让财产所得，应按全额缴纳企业所得税。（　　）

四、计算题

1. 甲公司 20×× 年实现会计利润总额 300 万元，预缴企业所得税 60 万元，在"营业外支出"账户列支了通过公益性社会组织向灾区捐款 38 万元。已知企业所得税税率为 25%；公益性捐赠支出不超过年度利润总额 12% 的部分，准予在计算企业所得税应纳税所得额时扣除。计算甲公司当年应补缴企业所得税税额。

2. 某企业主要从事服装生产和销售，2019 年利润总额为 300 万元，当年为开发新产品发生的研发费用为 50 万元（未形成无形资产，计入当期损益）。已知该企业无其他纳税调整事项，企业所得税税率为 25%。计算该企业 2019 年应缴纳的企业所得税。

3. 甲公司为居民企业，20×× 年度境内应纳税所得额为 1000 万元，来源于 M 国的应纳税所得额为 300 万元，已在 M 国缴纳的企业所得税税额为 60 万元。已知企业所得税税率为 25%，计算甲公司 20×× 年度应缴纳的企业所得税税额。

4. 某企业为国家重点扶持的高新技术企业，2019 年度实现利润总额 800 万元；当年发生营业外支出 100 万元，分别为向税务机关支付的税收滞纳金 30 万元，向市场监督管理部门支付的罚款 20 万元，赞助支出 50 万元。假设除此之外无其他纳税调整事项，则该企业 2019 年度应缴纳企业所得税多少元？

五、案例分析题

1. 甲公司为居民企业，主要从事医药制造与销售业务，20×× 年有关经营情况如下：

（1）药品销售收入 5000 万元，房屋租金收入 200 万元，许可他人使用本公司专利特许权使用费收入 1000 万元，接受捐赠收入 50 万元。

（2）缴纳增值税 325 万元，城市维护建设税和教育费附加 32.5 万元，房产税 56 万元，印花税 3.9 万元。

（3）捐赠支出 90 万元，其中通过公益性社会组织向受灾地区捐款 35 万元、直接向丙大学捐款 55 万元；符合条件的广告费支出 2100 万元。

（4）全年会计利润总额为 480 万元。

已知：公益性捐赠支出，在年度利润总额 12% 以内的部分，准予在当年扣除；医药制造企业发生的广告费和业务宣传费支出，不超过当年销售（营业）收入30％的部分，准予扣除。

要求：根据上述资料，不考虑其他因素，分析回答下列小题。

（1）甲公司的哪些收入应计入20××年度的企业所得税？

（2）在计算甲公司20××年度企业所得税应纳税所得额时，准予扣除的有哪些税费？

（3）在计算甲公司20××年度企业所得税应纳税所得额时，准予扣除的捐赠支出是多少？

（4）计算甲公司20××年度企业所得税应纳税所得额时，准予扣除的广告费支出是多少？

2.甲公司为居民企业，主要从事不锈钢用品的生产和销售业务，20××年有关经营情况如下：

（1）产品销售收入800万元，销售边角料收入40万元，国债利息收入5万元。

（2）以产品抵偿债务，该批产品不含增值税售价60万元。

（3）实发合理工资、薪金总额100万元，发生职工福利费支出15万元、职工教育经费支出1.5万，拨缴工会经费2万元。

（4）支付法院诉讼费3万元，银行逾期利息6万元。

（5）因管理不善导致一批材料被盗，该批材料成本为10万元，对应的增值税进项税为1.3万元，取得保险公司赔款6万元，材料损失已经过税务机关核准。

已知：职工福利费支出，职工教育经费支出，拨缴的工会经费分别不超过工资、薪金总额的14％、8％和2％的部分，准予扣除。

要求：根据上述资料，不考虑其他因素，分析回答下列小题。

（1）甲公司的下列收入中，在计算20××年度的企业所得税应纳税所得额时，应计入收入总额的是（　　　）。

A.销售边角料收入40万元

B.产品销售收入800万元

C.国债利息收入5万元

D.抵债产品售价60万元

（2）在计算20××年度的企业所得税应纳税所得额时，甲公司的哪些支出准予全额扣除？

（3）在计算20××年度的企业所得税应纳税所得额时，甲公司的哪项支出不得扣除？

（4）在计算20××年度的企业所得税应纳税所得额时，甲公司准予扣除的原材料损失是多少？

项目五习题答案

中小微企业纳税实务

项目六　个人所得税纳税业务

学习目标

（1）理解个人所得税的概念、特点、意义；

（2）能正确判断纳税义务人中居民个人和非居民个人；

（3）能正确划分应税所得项目；

（4）掌握个人所得税计税依据的确定方法；能根据业务资料计算应纳个人所得税税额；

（5）熟悉个人所得税的征税管理，能正确进行纳税申报。

引导案例

是否签订就业合同导致的个税差异？

小明毕业后应聘到一家民营企业，HR 表示公司现在比较缺人，希望小明能 7 月份就去单位上班，9 月份再签订正式的劳动合同，7、8 月份的工资与合同工资一致都是 7000 元，只是签订正式合同后缴纳社保。最后，小明发现 7、8 月份拿到手 5880 元的工资，9 月份到手工资有 6380 元。小明很疑惑，就直接咨询单位财务为什么同样的工资实际到手的钱不一样？

单位财务人员解释说：没有签订正式合同属于非雇佣关系的临时工，按照"劳务报酬"缴纳个人所得税，你按照 20％缴纳税费；签订正式合同属于雇佣关系的合同工，按照"工资薪金"缴纳个人所得税，你按照 3％缴纳税费，同时还有基本的社会保险（养老保险：单位和个人分别缴纳个人工资的 20％和 8％；医疗保险：单位支付 11％，个人支付 2％；失业保险：单位支付 2％，个人支付 1％；生育保险：单位支付约 0.8％）。

讨论：对于求职者来说，是否签订就业合同在哪些方面存在差异。

任务一　认知个人所得税

任务描述

目前个人所得税适用的是 2018 年 8 月 31 日，由第十三届全国人民代表大会常务委员会第五次会议修改通过并公布的《中华人民共和国个人所得税法》。个人所得税在组织财政收入、提高公民纳税意识，尤其在调节个人收入分配差距方面具有重要作用。通过本任务的学习，了解个人所得税的概念、由来及特点。

个人所得税的
基本规定

1. 个人所得税的概念

个人所得税是对个人（自然人）取得的各项应税所得征收的一种税，是政府利用税收对个人收入进行调节的一种手段。

2. 个人所得税的由来

个人所得税最早发源于英国。1798 年英、法两国之间爆发了战争，英国政府为了维持战争经费的支出，不得不增加财政收入，因此决定通过向个人征税筹集资金，首创了个人所得税，并于 1799 年正式开征。

我国个人所得税于 1950 年开始考虑，当时政务院发布了新中国税制建设的纲领性文件《全国税政实施要则》，其中涉及对个人所得征税的主要是薪给报酬所得税和存款利息所得税，但由于种种理由，一直没有开征，而真正开征的时间为 1980 年 9 月。1980 年 9 月，个人所得税法正式颁布，该法的征税对象包括中国公民和中国境内的外籍人员，但由于规定的免征额较高（每月或每次 800 元），而当时国内居民工资收入普遍很低，因此绝大多数国内居民不在征税范围之内。为了有效调节社会成员收入水平的差距，1986 年 1 月，国务院发布了城乡个体工商业户所得税暂行条例，同年 9 月颁布了个人收入调节税暂行条例。1994 年我国颁布实施了新的个人所得税法，初步建立起内外统一的个人所得税制度。其后，随着经济社会形势的进展变化，国家对个人所得税制进行了几次重大调整：1999 年恢复征收储蓄存款利息所得个人所得税；2000 年明确个人独资企业和合伙企业投资者依法缴纳个人所得税；2006 年和 2008 年两度提高工资、薪金所得项目减除费用标准；2007 年将储蓄存款利息所得个人所得税税率由 20% 调减为 5%；2008 年暂免征收储蓄存款利息所得个人所得税；2010 年对个人转让上市公司限售股取得的所得征收个人所得税；2011 年再次将工资、薪金所得每月减除额提高到 3500 元，并将九级超额累进税率修改为七级超额累进税率，第一级税率由 5% 降低为 3%；新个税法于 2019 年 1 月 1 日起施行，2018 年 10 月 1 日起施行最新起征点和税率，个税起征点由 3500 元提高到 5000 元，扩大 3%、10%、20% 三档低税率的级距，缩小 25% 税率的级距，30%、35%、45% 三档较高税率级距不变。

随着我国个人所得税制度的不断发展和完善，个人所得税在组织财政收入与调节收入分配等方面发挥着越来越重要的作用。

3. 个人所得税的特点

个人所得税除了具有所得税的一般特点以外，还具有其特殊性。我国现行个人所得税有以下四个特点。

1）实行综合与分类相结合的征收制度

从世界范围来看，个人所得税存在三种税制模式：分类征收制、综合征收制与混合征收制。分类征收制，是对纳税人不同来源、性质的所得项目，分别规定不同的税率征税；综合征收制，是对纳税人全年的各项所得加以汇总，就其总额进行征收；混合征收制，是对纳税人不同来源、性质的所得先分别按照不同的税率征税，然后将全年的各项所得进行汇总征税。三种不同的征收模式各有其优缺点。目前，我国个人所得税已初步建立分类与综合相结合的征收模式，即混合征收制，其在组织财政收入、提高公民纳税意识，尤其在调节个人收入分配差距方面具有重要作用。

2）累进税率与比例税率并用

我国现行个人所得税根据各类个人所得的不同性质和特点，存在比例税率和累进税率等多种税率形式。对综合所得，即工资、薪金所得，劳务报酬所得，稿酬所得，特许权使用费所得，采用七级超额累进税率；对经营所得，采用五级超额累进税率；对利息、股息、红利所得，财产租赁所得，财产转让所得，偶然所得，采用比例税率。

3）采取源泉扣税和申报纳税两种征税方法

按综合与分类相结合的课征制要求，对符合源泉课征要求的所得项目由源泉扣缴者代扣代缴（预扣预缴）税款；对不能使用源泉扣缴方法、扣缴税款不彻底、综合所得需要办理汇算清缴的和未扣缴税款的所得等项目，要求纳税人自行申报纳税，这是为了避免同类所得被不同源泉课征者扣缴时会产生的多重费用扣除和降低税率征收造成税负不公平问题。

4）多种费用扣除方式并用

对个人取得收入过程中发生的生计费用、赡养费用、经营费用等允许进行一定的扣除。个人所得税在征收时，对不同所得类型需要确定不同的费用扣除方式。目前，我国个人所得税的费用扣除方式有定额扣除、定率扣除、限额据实扣除等多种。

◆ 知识拓展

个人所得税的作用有哪些？

个人所得税的作用和意义如下：

（1）组织财政收入。在人均国内生产总值较高的国家，个人所得税不仅是重要税源之一，而且税源广泛。征收个人所得税能够保证稳定的财政收入。

（2）调节收入分配，有助于实现社会公平。随着经济发展，社会贫富差距加大等问题将会逐步显现，有可能成为影响社会稳定的负面因素。对个人所得征收累进税，可减少社会分配不公的程度，缓和社会矛盾。

（3）具有自动稳定器的功能。由于个人所得税一般采用累进税率，在经济繁荣时期，税收增加的速度超过个人所得增加的速度，可以自动遏制通货膨胀趋势；反之，在经济萧条时期，税收减少的速度比个人收入降低的速度还要快，可阻止通货紧缩的趋势。

（4）个人所得税作为直接税，有助于培养和增强公民的纳税意识。

任务二　熟悉个人所得税的基本规定

任务描述

企业要准确地进行个人所得税的纳税申报，需要能根据个人的实际情况确定纳税人属于居民个人还是非居民个人，能根据纳税人的收入判断征收类别以及税率。

1. 纳税义务人

个人所得税的纳税义务人，包括中国公民、个体工商业户、个人独资企业、合伙企业投资者、在中国有所得的外籍人员（包括无国籍人员，下同），以及香港、澳门、台湾同胞。个人所得税依据住所和居住时间两个标准，区分为居民个人和非居民个人，分别承担不同的纳税义务。

1）居民个人

根据《个人所得税法》规定，居民个人是指在中国境内有住所，或者无住所而一个纳税年度在中国境内居住累计满183天的个人。

有住所，是指因户籍、家庭、经济利益关系而在中国境内习惯性住所。

一个纳税年度在境内居住累计满183天，是指在一个纳税年度（即公历1月1日起至12月31日止，下同）内，在中国境内居住累计满183天。在计算居住天数时，按纳税人一个纳税年度内在境内的实际居住时间确定。即境内无住所的个人在一个纳税年度内无论出境多少次，只要在我国境内累计住满183天，就可判定为我国的居民个人。综上可知，个人所得税的居民个人包括以下两类：

（1）在中国境内定居的中国公民和外国侨民，但不包括虽具有中国国籍，却并没有在中国大陆定居，而是侨居海外的华侨和居住在香港、澳门、台湾的同胞。

（2）从公历1月1日起至12月31日止，在中国境内累计居住满183天的外国人、海外侨胞，以及香港、澳门、台湾同胞。

2）非居民个人

非居民个人，是指在中国境内无住所又不居住，或者无住所而一个纳税年度内在境内居住累计不满183天的个人。也就是说，非居民个人，是指习惯性居住地不在中国境内，而且不在中国居住；或者在一个纳税年度内，在中国境内居住累计不满183天的个人。在现实生活中，习惯性居住地不在中国境内的个人，只有外籍人员、华侨或香港、澳门和台湾同胞。因此，非居民个人，实际上只能是在一个纳税年度中，没有在中国境内居住，或者在中国境内居住天数累计不满183天的外籍人员、华侨或香港、澳门、台湾同胞。

对个人入境、离境、往返或多次往返境内外的当天，非居民个人在华居住天数均按一天计算在华逗留天数，在华实际工作时间均按半天计算在华工作天数。

居民个人承担无限纳税义务。其所取得的应纳税所得，无论是来源于中国境内还是中国境外，都要在中国缴纳个人所得税。非居民个人承担有限纳税义务，即仅就其来源于中国境内的所得，向中国缴纳个人所得税。

【案例6-1】 一个外籍人员从2018年10月起到中国境内的公司任职，在2019年纳税年度内，多次离境。2019年3月1日回国探亲，4月1日回到中国；7月1日接到公司任务出差两个月，9月1日回国；12月20日回国探亲，于2020年1月1日回国。2019年度该外籍人员应当认定为居民个人还是非居民个人？

解析 2019年度，虽然该外籍个人曾多次离境回国，但由于其在我国境内的居住停留时间累计达261天，已经超过了一个纳税年度内在境内累计居住满183天的标准，因此，该纳税义务人应为居民个人。

3）所得来源地的确定

除国务院财政、税务主管部门另有规定外，下列所得不论支付地点是否在中国境内，均为来源于中国境内的所得：

（1）因任职、受雇、履约等而在中国境内提供劳务取得的所得。

（2）将财产出租给承租人在中国境内使用而取得的所得。

（3）转让中国境内的不动产等财产或者在中国境内转让其他财产取得的所得。

（4）许可各种特许权在中国境内使用而取得的所得。

（5）从中国境内企业、事业单位、其他组织以及居民个人取得的利息、股息、红利所得。

2. 征税范围

居民个人取得下列第 1）～4）项所得（以下称为综合所得），按纳税年度合并计算个人所得税；非居民个人取得下列第 1）～4）项所得，按月或者按次分项计算个人所得税；纳税人取得下列第 5）～9）项所得，分别计算个人所得税。

1）工资、薪金所得

（1）工资、薪金所得的涵盖范围。

工资、薪金所得，是指个人因任职或者受雇而取得的工资、薪金、奖金、年终加薪、劳动分红、津贴、补贴以及与任职或者受雇有关的其他所得。

一般来说，工资、薪金所得属于非独立个人劳动所得。所谓非独立个人劳动，是指个人所从事的是由他人指定、安排并接受管理的劳动，工作或服务于公司、工厂、行政事业单位的人员（私营企业主除外）均为非独立劳动者。

（2）个人取得的津贴、补贴，不计入工资、薪金所得的项目。

对于一些不属于工资、薪金性质的补贴、津贴或者不属于纳税人本人工资、薪金所得项目的收入，不予征税。这些项目包括：独生子女补贴；执行公务员工资制度未纳入基本工资总额的补贴、津贴差额和家属成员的副食品补贴；托儿补助费；差旅费津贴、误餐补助，其中误餐补助是指按照财政部规定，个人因公在城区、郊区工作，不能在工作单位或返回就餐的，根据实际误餐顿数，按规定的标准领取的误餐费（注意单位以误餐补助名义发给职工的补助、津贴不能包括在内）；外国来华留学生领取的生活津贴费、奖学金。

2）劳务报酬所得

劳务报酬所得，是指个人独立从事各种非雇佣的各种劳务所取得的所得，包括从事设计、装潢、安装、制图、化验、测试、医疗、法律、会计、咨询、讲学、翻译、审稿、书画、雕刻、影视、录音、录像、演出、表演、广告、展览、技术服务、介绍服务、经纪服务、代办服务以及其他劳务取得的所得。

在实际操作过程中，还可能出现难以判定一项所得是属于工资、薪金所得，还是属于劳务报酬所得的情况。这两者的区别在于：工资、薪金所得属于非独立个人劳务活动，即在机关、团体、学校、部队、企业、事业单位及其他组织中任职、受雇而得到的报酬；而劳务报酬所得，则是个人独立从事各种技艺、提供各项劳务取得的报酬。

注意：个人由于担任董事职务所取得的董事费收入，属于劳务报酬所得性质，按照"劳务报酬所得"项目征收个人所得税，但仅适用于个人担任公司董事、监事，且不在公司任职、受雇的情形。个人在公司（包括关联公司）任职、受雇，同时兼任董事、监事的，应将董事费、监事费与个人工资收入合并，统一按"工资、薪金所得"项目缴纳个人所得税。

3）稿酬所得

稿酬所得，是指个人因其作品以图书、报刊形式出版、发表而取得的所得。将稿酬所得独立划归一个征税项目，而对不以图书、报刊形式出版、发表的翻译、审稿、书画所得归为劳务报酬所得。作者去世后，财产继承人取得的遗作稿酬，也按"稿酬所得"征收个人所得税。

4）特许权使用费所得

特许权使用费所得，是指个人提供专利权、商标权、著作权、非专利技术以及其他特许权的使用权取得的所得。

提供著作权的使用权取得的所得，不包括稿酬所得。对于作者将自己的文字作品手稿原件或复印件公开拍卖（竞价）取得的所得，应按"特许权使用费所得"征收个人所得税。

个人取得专利赔偿所得，应按"特许权使用费所得"征收个人所得税。

对于剧本作者从电影、电视剧的制作单位取得的剧本使用费，不再区分剧本的使用方是否为其任职单位，统一按"特许权使用费所得"项目计征个人所得税。

> **思考与讨论：**
>
> 居民个人张某是某企业的专职翻译人员，请思考以下情况分别属于什么类型的个人所得税：
>
> （1）从该企业取得的工资、薪酬；
>
> （2）节假日在旅游景点为外国人提供导游服务；
>
> （3）利用业余时间翻译一本外国小说，找某出版社出版获得稿酬；
>
> （4）将小说改编为剧本，获得剧本使用费。

5）经营所得

经营所得，是指：

（1）个体工商户从事生产、经营活动取得的所得，个人独资企业投资人、合伙企业的个人合伙人来源于境内注册的个人独资企业、合伙企业生产、经营的所得。

（2）个人依法从事办学、医疗、咨询以及其他有偿服务活动取得的所得。

（3）个人对企业、事业单位承包经营、承租经营以及转包、转租取得的所得。

（4）个人从事其他生产、经营活动取得的所得。例如，个人因从事彩票代销业务而取得的所得，或者从事个体出租车运营的出租车驾驶员取得的收入，都应按照"经营所得"项目计征个人所得税。

6）利息、股息、红利所得

利息、股息、红利所得，是指个人拥有债权、股权而取得的利息、股息、红利所得。利息，是指个人拥有债权而取得的利息，包括存款利息、贷款利息和各种债券的利息。股息、红利，是指个人拥有股权取得的股息、红利。按照一定的比率派发的每股息金称为股息；根据公司、企业应分配的超过股息部分的利润，按股份分配的称为红利。

◆ **知识拓展**

简述"利息、股息、红利"与"经营所得"的区别

个体工商户和从事生产、经营的个人，取得与生产、经营活动无关的其他各项应税所得，应分别按照其他应税项目的有关规定，计算征收个人所得税。如取得银行存款的利息所得、对外投资取得的股息所得，应按"利息、股息、红利"项目的规定单独计征个人所得税。

个人独资企业、合伙企业的个人投资者以企业资金为本人、家庭成员及其相关人员支付与企业生产经营无关的消费性支出及购买汽车、住房等财产性支出，视为企业对个人投资者的利润分配，并入投资者个人的生产经营所得，依照"经营所得"项目计征个人所得税。

除个人独资企业、合伙企业以外的其他企业的个人投资者，以企业资金为本人、家庭成员及其相关人员支付与企业生产经营无关的消费性支出及购买汽车、住房等财产性支出，视为企业对个人投资者的红利分配，依照"利息、股息、红利所得"项目计征个人所得税。

7）财产租赁所得

财产租赁所得，是指个人出租不动产、机器设备、车船以及其他财产取得的所得。个人取得的财产转租收入，属于"财产租赁所得"的征税范围，由财产转租人缴纳个人所得税。

8）财产转让所得

财产转让所得，是指个人转让有价证券、股权、合伙企业中的财产份额、不动产、机器设备、车船以及其他财产取得的所得。

对个人取得的各项财产转让所得，除股票转让所得外，都要征收个人所得税。对股票转让所得征收个人所得税的办法，由国务院另行规定，并报全国人民代表大会常务委员会备案。

9）偶然所得

偶然所得，是指个人得奖、中奖、中彩以及其他偶然性质的所得。得奖是指参加各种有奖竞赛活动，取得名次得到的奖金；中奖、中彩是指参加各种有奖活动，如有奖销售、有奖储蓄或者购买彩票，经过规定程序，抽中、摇中号码而取得的奖金。偶然所得应缴纳的个人所得税税款，一律由发奖单位或机构代扣代缴。

（1）企业对累积消费达到一定额度的顾客，给予额外抽奖机会，个人的获奖所得，按照"偶然所得"项目，全额缴纳个人所得税。

（2）个人取得单张有奖发票奖金所得超过 800 元的，应全额按照"偶然所得"项目征收个人所得税。税务机关或其指定的有奖发票兑奖机构，是有奖发票奖金所得个人所得税的扣缴义务人。

（3）个人为单位或他人提供担保获得收入，按照"偶然所得"项目计算缴纳个人所得税。

（4）房屋产权所有人将房屋产权无偿赠与他人的，受赠人因无偿受赠房屋取得的受赠收入，按照"偶然所得"项目计算缴纳个人所得税。

（5）企业在业务宣传、广告等活动中，随机向本单位以外的个人赠送礼品（包括网络红包，下同），以及企业在年会、座谈会、庆典以及其他活动中向本单位以外的个人赠送礼品，个人取得的礼品收入，按照"偶然所得"项目计算缴纳个人所得税，但企业赠送的具有价格折扣或折让性质的消费券、代金券、抵用券、优惠券等礼品除外。

3．税率

1）综合所得适用税率

居民个人每一纳税年度内取得的综合所得包括：工资、薪金所得，劳务报酬所得，稿酬所得和特许权使用费所得。

综合所得适用七级超额累进税率，税率为 3%～45%（见表 6-1）。

表 6-1　综合所得个人所得税税率表

级数	全年应纳税所得额	税率/%	速算扣除数/元
1	不超过 36 000 元的部分	3	0
2	超过 36 000 元至 144 000 元的部分	10	2520
3	超过 144 000 元至 300 000 元的部分	20	16 920
4	超过 300 000 元至 420 000 元的部分	25	31 920
5	超过 420 000 元至 660 000 元的部分	30	52 920
6	超过 660 000 元至 960 000 元的部分	35	85 920
7	超过 960 000 元的部分	45	181 920

注：本表所称全年应纳税所得额是指依照税法的规定，居民个人取得综合所得以每一纳税年度收入额减除费用 60 000 元以及专项扣除、专项附加扣除和依法确定的其他扣除后的余额。非居民个人取得工资、薪金所得，劳务报酬所得，稿酬所得和特许权使用费所得，依照本表按月换算后计算应纳税额。

2）经营所得适用税率

经营所得适用五级超额累进税率，税率为 5％～35％（见表 6-2）。

表 6-2　经营所得个人所得税税率表

级数	全年应纳税所得额	税率/%	速算扣除数/元
1	不超过 30 000 元的部分	5	0
2	超过 30 000 元至 90 000 元的部分	10	1500
3	超过 90 000 元至 300 000 元的部分	20	10 500
4	超过 300 000 元至 500 000 元的部分	30	40 500
5	超过 500 000 元的部分	35	65 500

注：本表所称全年应纳税所得额是指依照《个人所得税法》第六条的规定，以每一纳税年度的收入总额减除成本、费用以及损失后的余额。

3）其他所得适用税率

利息、股息、红利所得，财产租赁所得，财产转让所得和偶然所得适用比例税率，税率为 20％。

4. 税收优惠

1）免税项目

（1）省级人民政府、国务院部委和中国人民解放军军以上单位，以及外国组织颁发（颁布）的科学、教育、技术、文化、卫生、体育、环境保护等方面的奖金（奖学金）。

（2）国债和国家发行的金融债券利息。国债利息，是指个人持有中华人民共和国财政部发行的债券而取得的利息所得和 2012 年及以后年度发行的地方政府债券（以省、自治区、直辖市和计划单列市政府为发行和偿还主体）取得的利息所得；国家发行的金融债券利息，是指个人持有经国务院批准发行的金融债券而取得的利息所得。

（3）按照国家统一规定发给的补贴、津贴。按照国家统一规定发给的补贴、津贴，是指按照国务院规定发给的政府特殊津贴、院士津贴，以及国务院规定免予缴纳个人所得税的其他补贴、津贴。

（4）福利费、抚恤金、救济金。福利费，是指根据国家有关规定，从企业、事业单位、国家机关、社会团体提留的福利费或者工会经费中支付给个人的生活补助费；救济金，是指各级人民政府民政部门支付给个人的生活困难补助费。

（5）保险赔款。

（6）军人的转业费、复员费。对退役士兵按照《退役士兵安置条例》规定，取得的一次性退役金以及地方政府发放的一次性经济补助，免征个人所得税。

（7）按照国家统一规定发给干部、职工的安家费、退职费、基本养老金或者退休费、离休费、离休生活补助费。

（8）依照我国有关法律规定应予免税的各国驻华使馆、领事馆的外交代表、领事官员和其他人员的所得。

（9）中国政府参加的国际公约以及签订的协议中规定免税的所得。

（10）国务院规定的其他免税所得，由国务院报全国人民代表大会常务委员会备案。

2）暂免征税项目

（1）外籍个人以非现金形式或实报实销形式取得的住房补贴、伙食补贴、搬迁费、洗衣费。

（2）外籍个人按合理标准取得的境内、外出差补贴。

（3）外籍个人取得的探亲费、语言训练费、子女教育费等，经当地税务机关审核批准为合理的部分。

（4）个人举报、协查各种违法、犯罪行为而获得的奖金。

（5）个人办理代扣代缴税款手续，按规定取得的扣缴手续费。

（6）个人转让自用达五年以上，并且是唯一的家庭生活用房取得的所得。

（7）对按规定达到离休、退休年龄，但确因工作需要，适当延长离休退休年龄的高级专家（指享受国家发放的政府特殊津贴的专家、学者），其在延长离休退休期间的工资、薪金所得，视同退休金、离休金免征个人所得税。

（8）外籍个人从外商投资企业取得的股息、红利所得。

（9）对乡、镇（含乡、镇）以上人民政府或经县（含县）以上人民政府主管部门批准成立的有机构、有章程的见义勇为基金或者类似性质组织，奖励见义勇为者的奖金或奖品，经主管税务机关核准，免征个人所得税。

（10）企业和个人按照省级以上人民政府规定的比例缴付的住房公积金、医疗保险金、基本养老保险金、失业保险金，允许在个人应纳税所得额中扣除，免予征收个人所得税。超过规定的比例缴付的部分应并入个人当期的工资、薪金收入，计征个人所得税。个人领取原提存的住房公积金、医疗保险金、基本养老保险金时，免予征收个人所得税。对按照国家或省级地方政府规定的比例缴付的住房公积金、医疗保险金、基本养老保险金和失业保险金存入银行个人账户所取得的利息收入，免征个人所得税。

（11）对个人取得的教育储蓄存款利息所得以及国务院财政部门确定的其他专项储蓄存款或者储蓄性专项基金存款的利息所得，免征个人所得税。自2008年10月9日起，对居民储蓄存款利息，暂免征收个人所得税。

（12）储蓄机构内从事代扣代缴工作的办税人员取得的扣缴利息和手续费所得，免征个人所得税。

（13）生育妇女按照县级以上人民政府根据国家有关规定制定的生育保险办法，取得的生育津贴、生育医疗费或其他属于生育保险性质的津贴、补贴，免征个人所得税。

（14）对工伤职工及其近亲属按照《工伤保险条例》规定取得的工伤保险待遇，免征个人所得税。

（15）对个体工商户或个人，以及个人独资企业和合伙企业从事种植业、养殖业、饲养业和捕捞业取得的所得暂不征收个人所得税。

（16）符合条件的外籍专家取得的工资、薪金所得可免征个人所得税。

（17）对个人转让上市公司股票取得的所得暂免征收个人所得税。

（18）个人从公开发行和转让市场取得的上市公司股票，持股期限超过 1 年的，股息、红利所得暂免征收个人所得税。

（19）个人取得的下列中奖所得，暂免征收个人所得税：单张有奖发票奖金所得不超过 800 元（含 800 元）的，暂免征收个人所得税；个人取得单张有奖发票奖金所得超过 800 元的，应全额按照税法规定的"偶然所得"项目征收个人所得税。购买社会福利有奖募捐奖券、体育彩票一次中奖收入不超过 10 000 元的暂免征收个人所得税；对一次中奖收入超过 10 000 元的，应按税法规定全额征税。

（20）企业在销售商品（产品）和提供服务过程中向个人赠送礼品，属于下列情形之一的，不征收个人所得税：

① 企业通过价格折扣、折让方式向个人销售商品（产品）和提供服务。

② 企业在向个人销售商品（产品）和提供服务的同时给予赠品，如通信企业对个人购买手机赠话费、入网费，或者购话费赠手机等。

③ 企业对累积消费达到一定额度的个人按消费积分反馈礼品。

3）减税项目

（1）个人投资者持有 2019—2023 年发行的铁路债券取得的利息收入，减按 50％计入应纳税所得额计算征收个人所得税。税款由兑付机构在向个人投资者兑付利息时代扣代缴。

（2）自 2019 年 1 月 1 日起至 2023 年 12 月 31 日，一个纳税年度内在船航行时间累计满 183 天的远洋船员，其取得的工资、薪金收入减按 50％计入应纳税所得额，依法缴纳个人所得税。

（3）有下列情形之一的，可以减征个人所得税，具体幅度和期限，由省、自治区、直辖市人民政府规定，并报同级人民代表大会常务委员会备案：残疾、孤老人员和烈属的所得；因严重自然灾害遭受重大损失的；国务院可以规定其他减税情形，报全国人民代表大会常务委员会备案。

◆ 知识拓展

过节加班费需要缴纳个人所得税吗？

过节加班费也要缴税。例如，2020 年 1 月 1 日至 3 日（元旦假期）个人获得的加班费，要并入 1 月份工资、薪金收入，进行个人所得税的纳税申报，依法缴纳个人所得说。

任务三　理解个人所得税应纳税额的计算

任务描述

假定某居民个人纳税人为独生子女，2020年交完社保和住房公积金后共取得税前工资收入20万元，劳务报酬10 000元。出版一本书，取得一次性稿酬收入50 000元。该纳税人有两个小孩均由其扣除子女教育专项附加，纳税人的父母健在且均已年满60岁。

根据上述信息，计算其当年应纳个人所得税税额。

计算个人所得税应纳税所得额时需按不同应税项目分项计算。这是因为个人所得税的应税项目不同，取得某项所得所需的费用也不相同。以某项应税项目的收入额减去税法规定的该项目费用减除标准后的余额，为该应税项目应纳税所得额。两个以上的个人共同取得同一项目收入的，应当对每个人取得的收入分别按照《个人所得税法》的规定计算纳税。

个人所得税的征收制度有综合计算和分项计算，通过表6-3进行区分。

表6-3　个人所得税综合所得的计税方法

个人所得税所得类型	纳税人类型	计算方法	征收制度
工资、薪金所得； 劳务报酬所得； 稿酬所得； 特许权使用费所得	居民个人	综合计算	按月或者按次预扣预缴税款，需要在次年汇算清缴
	非居民个人	分类计算	
经营所得； 利息、股息、红利所得； 财产租赁所得； 财产转让所得； 偶然所得	居民个人	分类计算	按月或按次纳税
	非居民个人	分类计算	

1. 居民个人综合所得应纳税额的计算

居民个人的综合所得包括工资、薪金所得，劳务报酬所得，稿酬所得，特许权使用费所得。居民个人取得的综合所得，按年计算个人所得税；有扣缴义务人的，由扣缴义务人按月或者按次预扣预缴税款；需要办理汇算清缴的，应当在取得所得的次年3月1日至6月30日内办理汇算清缴。

居民个人综合所得的应纳税额的计算公式如下：

应纳税额＝应纳税所得额×适用税率－速算扣除数

＝（每一纳税年度收入额－费用6万元－专项扣除－专项附加扣除－

依法确定的其他扣除）×适用税率－速算扣除数

1) 居民个人综合所得应纳税所得额和费用减除标准

居民个人取得综合所得，以每年收入额减除费用60 000元以及专项扣除、专项附加扣除和依法确定的其他扣除后的余额，为应纳税所得额。

居民个人综合所得应纳税所得额的确定

项目六　个人所得税纳税业务

（1）收入额。

首先，工资、薪金所得全额计入收入额；而劳务报酬所得、特许权使用费所得的收入额为实际取得劳务报酬、特许权使用费收入的80%；此外，稿酬所得的收入额在扣除20%费用的基础上，再减按70%计算，即稿酬所得的收入额为实际取得稿酬收入的56%。个人兼有不同的劳务报酬所得，应当分别减除费用，计算缴纳个人所得税。

属于一次性收入的，以取得该项收入为一次。属于同一事项连续取得收入的，以1个月内取得的收入为一次。

就劳务报酬来看，从事设计、安装、装潢、制图、化验、测试等劳务的，应以每次提供劳务取得的收入为一次。就稿酬来看，以每次出版、发表取得的收入为一次，不论出版单位是预付还是分笔支付稿酬，或者加印该作品后再付稿酬，均应合并其稿酬所得按一次计征个人所得税。具体又可细分为：同一作品再版取得的所得，应视作另一次稿酬所得计征个人所得税；同一作品先在报刊上连载，然后再出版，或先出版，再在报刊上连载的，应视为两次稿酬所得征税，即连载作为一次，出版作为另一次；同一作品在报刊上连载取得收入的以连载完成后取得的所有收入合并为一次，计征个人所得税；同一作品在出版和发表时，以预付稿酬或分次支付稿酬等形式取得的稿酬收入，应合并计算为一次；同一作品出版、发表后，因添加印数而追加稿酬的，应与以前出版、发表时取得的稿酬合并计算为一次计征个人所得税；在两处或两处以上出版、发表或再版同一作品而取得稿酬所得，则可分别就各处取得的所得或再版所得按分次所得计征个人所得税。就特许权使用费来看，以某项使用权的一次转让所取得的收入为一次。

（2）专项扣除。

专项扣除，包括居民个人按照国家规定的范围和标准缴纳的基本养老保险、基本医疗保险、失业保险等社会保险费及住房公积金等（即"三险一金"）。

思考与讨论：

个人所得税在计算应纳税所得额时为什么只扣除"三险一金"？另外的两险不扣除吗？

（3）专项附加扣除。

专项附加扣除，目前包括子女教育、继续教育、大病医疗、住房贷款利息或者住房租金、赡养老人6项支出，具体范围、标准和实施步骤由国务院确定，并报全国人民代表大会常务委员会备案。

① 子女教育。纳税人年满3岁的子女接受学前教育和学历教育的相关支出，按照每个子女每月1000元（每年12 000元）的标准定额扣除。学前教育包括年满3岁至小学入学前教育；学历教育包括义务教育（小学、初中教育）、高中阶段教育（普通高中、中等职业、技工教育）、高等教育（大学专科、大学本科、硕士研究生、博士研究生教育）。父母可以选择由其中一方按扣除标准的100%扣除，也可以选择由双方分别按扣除标准的50%扣除，具体扣除方式在一个纳税年度内不能变更。纳税人子女在中国境外接受教育的，纳税人应当留存境外学校录取通知书、留学签证等相关教育的证明资料备查。

◆ **知识拓展**

国务院关于设立 3 岁以下婴幼儿照护个人所得税专项附加扣除的通知

国发〔2022〕8 号

各省、自治区、直辖市人民政府，国务院各部委、各直属机构：

为贯彻落实《中共中央 国务院关于优化生育政策促进人口长期均衡发展的决定》，依据《中华人民共和国个人所得税法》有关规定，国务院决定，设立 3 岁以下婴幼儿照护个人所得税专项附加扣除。现将有关事项通知如下：

一、纳税人照护 3 岁以下婴幼儿子女的相关支出，按照每个婴幼儿每月 1000 元的标准定额扣除。

二、父母可以选择由其中一方按扣除标准的 100% 扣除，也可以选择由双方分别按扣除标准的 50% 扣除，具体扣除方式在一个纳税年度内不能变更。

三、3 岁以下婴幼儿照护个人所得税专项附加扣除涉及的保障措施和其他事项，参照《个人所得税专项附加扣除暂行办法》有关规定执行。

四、3 岁以下婴幼儿照护个人所得税专项附加扣除自 2022 年 1 月 1 日起实施。

国务院

2022 年 3 月 19 日

② 继续教育。纳税人在中国境内接受学历(学位)继续教育的支出，在学历(学位)教育期间按照每月 400 元(每年 4800 元)定额扣除。同一学历(学位)继续教育的扣除期限不能超过 48 个月(4 年)。纳税人接受技能人员职业资格继续教育、专业技术人员职业资格继续教育支出，在取得相关证书的当年，按照 3600 元定额扣除。个人接受本科及以下学历(学位)继续教育，符合税法规定扣除条件的，可以选择由其父母扣除，也可以选择由本人扣除。纳税人接受技能人员职业资格继续教育、专业技术人员职业资格继续教育的，应当留存相关证书等资料备查。

③ 大病医疗。在一个纳税年度内，纳税人发生的与基本医保相关的医药费用支出，扣除医保报销后个人负担(指医保目录范围内的自付部分)累计超过 15 000 元的部分，由纳税人在办理年度汇算清缴时，在 80 000 元限额内据实扣除。纳税人发生的医药费用支出可以选择由本人或者其配偶扣除；未成年子女发生的医药费用支出可以选择由其父母一方扣除。纳税人及其配偶、未成年子女发生的医药费用支出，应按前述规定分别计算扣除额。纳税人应当留存医药服务收费及医保报销相关票据原件(或复印件)等资料备查。医疗保障部门应当向患者提供在医疗保障信息系统记录的本人年度医药费用信息查询服务。

④ 住房贷款利息。纳税人本人或配偶，单独或共同使用商业银行或住房公积金个人住房贷款，为本人或其配偶购买中国境内住房，发生的首套住房贷款利息支出，在实际发生贷款利息的年度，按照每月 1000 元(每 12 000 元)的标准定额扣除，扣除期限最长不超过 240 个月(20 年)。纳税人只能享受一套首套住房贷款利息扣除。所称首套住房贷款是指购买住房享受首套住房贷款利率的住房贷款。经夫妻双方约定，可以选择由其中一方扣除，具体扣除方式确定后，在一个纳税年度内不得变更。夫妻双方婚前分别购买住房发生的首套住房贷款，其贷款利息支出，婚后可以选择其中一套购买的住房，由购买方按扣除标准的 100% 扣除，也可以由夫妻双方对各自购买的住房分别按扣除标准的 50% 扣除，具体扣

除方式在一个纳税年度内不能变更。纳税人应当留存住房贷款合同、贷款还款支出凭证备查。

⑤ 住房租金。纳税人在主要工作城市没有自有住房而发生的住房租金支出，可以按照以下标准定额扣除：直辖市、省会（首府）城市、计划单列市以及国务院确定的其他城市，扣除标准为每月1500元（每年18 000元）。除上述所列城市外，市辖区户籍人口超过100万的城市，扣除标准为每月1100元（每年13 200元）；市辖区户籍人口不超过100万的城市，扣除标准为每月800元（每年9600元）。夫妻双方主要工作城市相同的，只能由一方扣除住房租金支出。住房租金支出由签订租赁住房合同的承租人扣除。纳税人及其配偶在一个纳税年度内不得同时分别享受住房贷款利息专项附加扣除和住房租金专项附加扣除。纳税人应当留存住房租赁合同、协议等有关资料备查。

⑥ 赡养老人。纳税人赡养一位及以上被赡养人的赡养支出，统一按以下标准定额扣除：纳税人为独生子女的，按照每月2000元（每年24 000元）的标准定额扣除；纳税人为非独生子女的，由其与兄弟姐妹分摊每月2000元（每年24 000元）的扣除额度，每人分摊的额度最高不得超过每月1000元（每年12 000元）。可以由赡养人均摊或者约定分摊，也可以由被赡养人指定分摊。约定或者指定分摊的须签订书面分摊协议，指定分摊优于约定分摊。具体分摊方式和额度在一个纳税年度内不得变更。所称被赡养人是指年满60岁的父母，以及子女均已去世的年满60岁的祖父母、外祖父母。

（4）依法确定的其他扣除。

依法确定的其他扣除包括个人缴付符合国家规定的企业年金、职业年金，个人购买的符合国家规定的商业健康保险、税收递延型商业养老保险的支出，以及国务院规定可以扣除的其他项目。

对个人购买符合规定的商业健康保险产品的支出，允许在当年（月）计算应纳税所得额时予以税前扣除，扣除限额为2400元/年（200元/月）。单位统一为员工购买符合规定的商业健康保险产品的支出，应分别计入员工个人工资、薪金，视同个人购买，按上述限额予以扣除。

专项扣除、专项附加扣除和依法确定的其他扣除，以居民个人一个纳税年度的应纳税所得额为限额；一个纳税年度扣除不完的，不结转以后年度扣除。

2）居民个人综合所得应纳税额预扣预缴的计算

个人所得税以向个人支付所得的单位或者个人为扣缴义务人。居民个人取得综合所得，按年计算个人所得税；有扣缴义务人的，由扣缴义务人按月或者按次预扣预缴税款。需要办理汇算清缴的，在取得所得的次年规定时间内办理汇算清缴。

（1）工资、薪金所得的预扣预缴。

① 扣缴义务人向居民个人支付工资、薪金所得时，应当按照累计预扣法计算预扣税款，并按月办理全员全额扣缴申报。具体计算公式如下：

$$\frac{\text{本期应预扣}}{\text{预缴税额}} = \frac{\text{累计预扣预缴}}{\text{应纳税所得额}} \times \text{预扣率} - \frac{\text{速算}}{\text{扣除数}} - \frac{\text{累计减免}}{\text{税额}} - \frac{\text{累计已预扣}}{\text{预缴税额}}$$

$$\frac{\text{累计预扣预缴}}{\text{应纳税所得额}} = \frac{\text{累计}}{\text{收入}} - \frac{\text{累计免税}}{\text{收入}} - \frac{\text{累计减除}}{\text{费用}} - \frac{\text{累计专项}}{\text{扣除}} - \frac{\text{累计专项}}{\text{附加扣除}} - \frac{\text{累计依法确定的}}{\text{其他扣除}}$$

工资、薪金所得的
预扣预缴的计算

其中：累计减除费用，按照 5000 元/月乘以纳税人当年截至本月在本单位的任职受雇月份数计算。

如果本期应预扣预缴税额为负值时，暂不退税。纳税年度终了后余额仍为负值时，由纳税人通过办理综合所得年度汇算清缴，税款多退少补。

上述公式中，计算居民个人工资、薪金所得预扣预缴税额的预扣率、速算扣除数，按个人所得税预扣率表 6-4（居民个人工资、薪金所得预扣预缴适用）执行。

表 6-4　个人所得税预扣率表
（居民个人工资、薪金所得预扣预缴适用）

级数	累计预扣预缴应纳税所得额	预扣率/%	速算扣除数/元
1	不超过 36 000 元的部分	3	0
2	超过 36 000 元至 144 000 元的部分	10	2520
3	超过 144 000 元至 300 000 元的部分	20	16 920
4	超过 300 000 元至 420 000 元的部分	25	31 920
5	超过 420 000 元至 660 000 元的部分	30	52 920
6	超过 660 000 元至 960 000 元的部分	35	85 920
7	超过 960 000 元的部分	45	181 920

【案例 6-2】 小赵从 2020 年 1 月起到某公司任职。在 2020 年纳税年度内，每月应发工资 20 000 元，每月减除费用 5000 元，"三险一金"等专项扣除 3000 元。小赵有一个女儿正在读小学，从 1 月起享受子女教育专项附加扣除 1000 元。另赡养老人每月专项附加扣除 1000 元。以前 4 个月为例，计算每个月应预扣预缴税额。

解析　1 月份预扣预缴税额=(20 000-5000-3000-1000-1000)×3%-0=300(元)

2 月份预扣预缴税额=(20 000×2-5000×2-3000×2-1000×2-1000×2)×3%-
0-300
=300 元

3 月份预扣预缴税额=(20 000×3-5000×3-3000×3-1000×3-1000×3)×3%-
0-600
=300 元

4 月份预扣预缴税额=(20 000×4-5000×4-3000×4-1000×4-1000×4)×10%-
2520-900
=580(元)

② 自 2020 年 7 月 1 日起，对一个纳税年度内首次取得工资、薪金所得的居民个人，扣缴义务人在预扣预缴个人所得税时，可按照 5000 元/月乘以纳税人当年截至本月月份数计算累计减除费用。所称首次取得工资、薪金所得的居民个人，是指自纳税年度首月起至新入职时，未取得工资、薪金所得或者未按照累计预扣法预扣预缴过连续性劳务报酬所得个人所得税的居民个人。

【案例 6-3】 大学生小孙 2020 年 7 月毕业后进入某公司工作，公司发放 7 月份工资并计算当期应预扣预缴的个人所得税时，可减除费用 35 000 元(7 个月×5000 元/月)。

③ 自 2021 年 1 月 1 日起，对同时符合下列条件的居民个人，扣缴义务人在预扣预缴本年度工资、薪金所得个人所得税时，累计减除费用自 1 月份起直接按照全年 60 000 元计算扣除。即在纳税人累计收入不超过 60 000 元的月份，暂不预扣预缴个人所得税；在其累计收入超过 60 000 元的当月及年内后续月份，再预扣预缴个人所得税。

a. 上一纳税年度 1～12 月均在同一单位任职且预扣预缴申报了工资、薪金所得个人所得税。

b. 上一纳税年度 1～12 月的累计工资、薪金收入（包括全年一次性奖金等各类工资、薪金所得，且不扣减任何费用及免税收入）不超过 60 000 元。

c. 本纳税年度自 1 月起，仍在该单位任职受雇并取得工资、薪金所得。扣缴义务人应当按规定办理全员全额扣缴申报，并在《个人所得税扣缴申报表》相应纳税人的备注栏注明"上年各月均有申报且全年收入不超过 60 000 元"字样。

【案例 6-4】 小周为某单位员工，2020 年每月取得工资、薪金 5000 元。2021 年，单位每月给其发放工资 8000 元，个人按国家标准缴付"三险一金"2000 元。在不考虑其他扣除情况下，按照第①项所示的预扣预缴方法，小周每月需预缴个税 30 元。采用新预扣预缴方法后，1～7 月份，小周因其累计收入为 56 000 元（8000×7）低于 60 000 元而无须缴税；从 8 月份起，小周累计收入超过 60 000 元，计算每月需要预扣预缴的税款。

解析 8 月预扣预缴税款＝（8000×8－2000×8－60 000）×3％－0＝0
9 月预扣预缴税款＝（8000×9－2000×9－60 000）×3％－0＝0
10 月预扣预缴税款＝（8000×10－2000×10－60 000）×3％－0＝0
11 月预扣预缴税款＝（8000×11－2000×11－60 000）×3％－0＝180（元）
12 月预扣预缴税款＝（8000×12－2000×12－60000）×3％－180＝180（元）

需要说明的是，对符合上述第③项 a～b 条的纳税人，如扣缴义务人预计本年度发放给其的收入将超过 60 000 元，纳税人需要纳税记录或者本人有多处所得合并后全年收入预计超过 60 000 元等原因，扣缴义务人与纳税人可在当年 1 月份税款扣缴申报前经双方确认后，按照第①项所示的预扣预缴方法计算并预缴个人所得税。比如在案例 6-4 中，假设单位预计 2021 年为小周全年发放工资 96 000 元，则可在 2021 年 1 月工资发放前和小周确认后，按照原预扣预缴方法每月扣缴申报 30 元税款。

（2）劳务报酬、稿酬、特许权使用费所得的预扣预缴。

扣缴义务人向居民个人支付劳务报酬所得、稿酬所得、特许权使用费所得时，按次或者按月预扣预缴个人所得税。属于一次性收入的，以取得该项收入为一次；属于同一项目连续性收入的，以一个月内取得的收入为一次。

劳务报酬所得、稿酬所得、特许权使用费所得以每次收入减除费用后的余额为收入额，稿酬所得的收入额减按 70％计算。

劳务报酬所得、稿酬所得、特许权使用费所得预扣预缴税款时，每次收入不超过 4000 元的，减除费用按 800 元计算；每次收入 4000 以上的，减除费用按 20％计算。

劳务报酬所得、稿酬所得、特许权使用费所得，以每次收入额为预扣预缴应纳税所得额。劳务报酬所得适用 20％～40％的超额累进预扣率，稿酬所得、特许权使用费所得适用

劳务报酬、稿酬、特许权使用费所得的预扣预缴的计算

20%的比例预扣率。具体预扣预缴税款计算公式如下:

劳务报酬所得应预扣预缴税额＝预扣预缴应纳税所得额×预扣率－速算扣除数

稿酬所得、特许权使用费所得应预扣预缴税额＝预扣预缴应纳税所得额×20%

个人所得税预扣率表见表6－5。

表6－5 个人所得税预扣率表
(居民个人劳务报酬所得预扣预缴适用)

级数	累计预扣预缴应纳税所得额	预扣率/%	速算扣除数/元
1	不超过20 000元的部分	20	0
2	超过20 000元至50 000元的部分	30	2000
3	超过50 000元的部分	40	7000

【案例6－5】 小李从事建筑养护、修整,无固定工作,2020年只在几个单位从事零星办公楼、厂房等维修、养护。小李2020年度的部分收入情况如下:

2020年1月,小李给某农场修整养鸡棚,取得劳务报酬3000元。

预扣预缴个人所得税税额＝(3000－800)×20%＝440(元)

2020年2月,小李在某单位从事零星办公楼维修,取得劳务报酬1万元。

预扣预缴个人所得税税额＝10 000×(1－20%)×20%＝1600(元)

◆ **知识拓展**

个税预扣预缴新变化

自2021年1月1日起,对同时符合下列条件的居民个人,扣缴义务人在预扣预缴本年度劳务报酬所得个人所得税时,累计减除费用自1月份起直接按照全年600 00元计算扣除。即在纳税人累计收入不超过60 000元的月份,暂不预扣预缴个人所得税;在其累计收入超过60 000元的当月及年内后续月份,再预扣预缴个人所得税:

(1)上一纳税年度1～12月均在同一单位取酬且按照累计预扣法预扣预缴申报了劳务报酬所得个人所得税。

(2)上一纳税年度1～12月的累计劳务报酬(不扣减任何费用及免税收入)不超过60 000元。

(3)本纳税年度自1月起,仍在该单位取得按照累计预扣法预扣预缴税款的劳务报酬所得。

3)居民个人综合所得应纳税额的计算

居民个人的综合所得,以每一纳税年度的收入额减除费用60 000元以及专项扣除、专项附加扣除和依法确定的其他扣除后的余额,为应纳税所得额。居民个人综合所得应纳税额的计算公式如下:

全年应纳税所得额＝全年收入额－费用扣除标准(60 000元)－专项扣除－

专项附加扣除－依法确定的其他扣除

全年应纳税额＝$\sum$(各级距应纳税所得额×该级距的适用税率)

或

全年应纳税额＝应纳税所得额×适用税率－速算扣除数

【案例 6-6】 假定某居民个人纳税人为独生子女，2020 年共取得税前工资收入 25 万元，需要扣缴社保和住房公积金 5 万元，劳务报酬 10 000 元。出版一本书，取得一次性稿酬收入 50 000 元。该纳税人有两个小孩均由其扣除子女教育专项附加，纳税人的父母健在且均已年满 60 岁。计算其当年应纳个人所得税税额。

解析 （1）分析收入额及允许项目额，如表 6-6 所示。

表 6-6　分析收入额及允许项目额

收入额	工资、薪金收入额＝250 000 元		
	劳务报酬所得收入额＝10 000×（1－20％）＝8000 元		
	稿酬所得收入额＝50 000×70％×（1－20％）＝28 000 元		
允许项目额	减除费用	60 000 元	
	专项扣除	50 000 元	
	专项附加扣除	子女教育	1000×12×2＝24 000 元
		赡养老人	2000×12＝24 000 元
	依法确定的其他扣除项目	0	

（2）计算如下：

$$收入额合计＝250\ 000＋8000＋28\ 000＝286\ 000（元）$$

$$允许扣除项目合计＝60\ 000＋50\ 000＋24\ 000＋24\ 000＝158\ 000（元）$$

$$全年应纳税所得额＝286\ 000－158\ 000＝128\ 000（元）$$

以应纳税所得额查找税率表，适用税率为 10％，速算扣除数为 2520，则

$$应纳税额＝128\ 000×10％－2520＝10\ 280（元）$$

◆ **知识拓展**

个人所得税的综合所得年度汇算清缴

（1）什么是年度汇算清缴？

2019 年 1 月 1 日，新个人所得税法全面实施，企业要针对综合所得进行合并全年收入，按年计算税款，多退少补。

（2）什么情况下需要汇算清缴？

① 在两处或者两处以上取得综合所得，且综合所得年收入额减去专项扣除的余额超过六万元。

② 取得劳务报酬所得、稿酬所得、特许权使用费所得中一项或者多项所得，且综合所得年收入额减去专项扣除的余额超过六万元。

③ 纳税年度内预缴税额低于应纳税额的。

④ 纳税人需要退税的，应当办理汇算清缴。

对于只取得一处工资、薪金所得的纳税人，可在日常预缴环节缴纳全部税款的，不需办理汇算清缴。

2. 非居民个人综合所得应纳税额的计算

非居民个人取得的工资、薪金，劳务报酬，稿酬和特许权使用费所得，有扣缴义务人的，由扣缴义务人按月或按次预扣预缴税款，不办理汇算清缴。扣缴义务人向非居民个人支付工资、薪金所得，劳务报酬所得，稿酬所得和特许权使用费所得时，应当按以下方法按月或者按次代扣代缴个人所得税：

非居民个人的工资、薪金所得，以每月收入额减除费用 5000 元后的余额为应纳税所得额；劳务报酬所得、稿酬所得、特许权使用费所得，以每次收入额为应纳税所得额，适用按月换算后的非居民个人月度税率表（见表 6-7）计算应纳税额。其中，劳务报酬所得、稿酬所得、特许权使用费所得以收入减除 20% 的费用后的余额为收入额。稿酬所得的收入额减按 70% 计算。

非居民个人综合所得应纳税额的计算

非居民个人工资、薪金所得，劳务报酬所得，稿酬所得，特许权使用费所得应纳税额＝应纳税所得额×税率－速算扣除数。

表 6-7　个人所得税税率表

（非居民个人工资、薪金所得，劳务报酬所得，稿酬所得，特许权使用费所得适用）

级数	累计预扣预缴应纳税所得额	预扣率/%	速算扣除数/元
1	不超过 3000 元的部分	3	0
2	超过 3000 元至 12 000 元的部分	10	210
3	超过 12 000 元至 25 000 元的部分	20	1410
4	超过 25 000 元至 35 000 元的部分	25	2660
5	超过 35 000 元至 55 000 元的部分	30	4410
6	超过 55 000 元至 80 000 元的部分	35	7160
7	超过 80 000 元的部分	45	15 160

【**案例 6-7**】　在某外商投资企业中工作的美国专家，假设其为非居民纳税人，2020 年 2 月取得由该企业发放的含税工资收入 10 400 元人民币，此外还从别处取得劳务报酬 8000 元人民币，计算当月其应纳个人所得税税额。

解析　当月工资、薪金所得应纳税额＝（10 400－5000）×10%－210＝330（元）

当月劳务报酬所得应纳税额＝8000×（1－20%）×10%－210＝430（元）

3. 经营所得应纳税额的计算

经营所得应纳个人所得税额实行按年计算、分月或分季预缴、年终汇算清缴等方法。居民个人涉及经营所得的群体包括两类：一是个体工商户，二是合伙企业或个人独资企业。两类群体计算方法相同，是以每一纳税年度的收入总额减除成本、费用以及损失后的余额，为应纳税所得额。经营所得应纳税额的计算公式如下：

全年应纳税所得额＝全年收入总额－成本、费用以及损失

应纳税额＝全年应纳税所得额×适用税率－速算扣除数

同居民个人综合所得应纳税额的计算一样，利用税法给出的经营所得税率表，换算得

到包含速算扣除数的经营所得适用税率表（见表6-2）。

1）个体工商户应纳税额的计算

个体工商户应纳税所得额的计算，以权责发生制为原则，财政部、国家税务总局另有规定的除外。基本规定如下：

（1）计税基本规定。

① 个体工商户的生产、经营所得，以每一纳税年度的收入总额，减除成本、费用、税金、损失、其他支出以及允许弥补的以前年度亏损后的余额，为应纳税所得额。

② 个体工商户从事生产经营以及与生产经营有关的活动（以下简称生产经营）取得的货币形式和非货币形式的各项收入，为收入总额。

③ 成本、费用，是指个体工商户在生产经营活动中发生的各项直接支出和分配计入成本的间接费用以及销售费用、管理费用和财务费用。所谓税金，是指个体工商户在生产经营活动中发生的除个人所得税和允许抵扣的增值税以外的各项税金及其附加。损失，是指个体工商户在生产经营活动中发生的固定资产和存货的盘亏、毁损、报废损失，转让财产损失，坏账损失，自然灾害等不可抗力因素造成的损失以及其他损失。

④ 个体工商户纳税年度发生的亏损，准予向以后年度结转，用以后年度的生产经营所得弥补，但结转年限最长不得超过5年。

（2）扣除项目及标准。

① 个体工商户实际支付给从业人员的、合理的工资、薪金支出，准予扣除。个体工商户业主的费用扣除标准，确定为60 000元/年。个体工商户业主的工资、薪金支出不得税前扣除。

② 个体工商户按照国务院有关主管部门或者省级人民政府规定的范围和标准为其业主和从业人员缴纳的基本养老保险费、基本医疗保险费、失业保险费、生育保险费、工伤保险费和住房公积金，准予扣除。个体工商户为从业人员缴纳的补充养老保险费、补充医疗保险费，分别在不超过从业人员工资总额5%标准内的部分据实扣除；超过部分，不得扣除。

③ 除个体工商户依照国家有关规定为特殊工种从业人员支付的人身安全保险费和财政部、国家税务总局规定可以扣除的其他商业保险费外，个体工商户业主本人或者为从业人员支付的商业保险费，不得扣除。

④ 个体工商户在生产经营活动中发生的合理的不需要资本化的借款费用，准予扣除。个体工商户为购置、建造固定资产、无形资产和经过12个月以上的建造才能达到预定可销售状态的存货发生借款的，在有关资产购置、建造期间发生的合理的借款费用，应当作为资本性支出计入有关资产的成本，并依照本办法的规定扣除。

⑤ 个体工商户在生产经营活动中发生的下列利息支出，准予扣除：向金融企业借款的利息支出；向非金融企业和个人借款的利息支出，不超过按照金融企业同期同类贷款利率计算的数额的部分。

⑥ 个体工商户向当地工会组织拨缴的工会经费、实际发生的职工福利费支出、职工教育经费支出分别在工资、薪金总额的2%、14%、2.5%的标准内据实扣除。

⑦ 个体工商户发生的与生产经营活动有关的业务招待费，按照实际发生额的60%扣除，但最高不得超过当年销售（营业）收入的5‰。

⑧ 个体工商户每一纳税年度发生的与其生产经营活动直接相关的广告费和业务宣传费不超过当年销售（营业）收入 15％的部分，可以据实扣除；超过部分，准予在以后纳税年度结转扣除。

⑨ 个体工商户发生的合理的劳动保护支出，准予扣除。

⑩ 个体工商户通过公益性社会团体或者县级以上人民政府及其部门，用于《中华人民共和国公益事业捐赠法》规定的公益事业的捐赠，捐赠额不超过其应纳税所得额 30％的部分可以据实扣除。

⑪ 个体工商户研究开发新产品、新技术、新工艺所发生的开发费用，以及研究开发新产品、新技术而购置单台价值在 10 万元以下的测试仪器和试验性装置的购置费准予直接扣除。

2）个人独资企业和合伙企业应纳税额的计算

对个人独资企业和合伙企业生产经营所得，其个人所得税应纳税额的计算有以下两种方法：

（1）查账征税。

① 实行查账征收方式的，应纳所得税额的计算公式如下：

$$全年应纳税所得额＝本月累计应纳税所得额×\frac{全年月份}{当月月份}$$

$$全年应纳税额＝全年应纳税所得额×适用税率－速算扣除数$$

$$本月累计应纳税额＝全年应纳税额×\frac{当月月份}{全年月份}$$

$$本月应预缴税额＝本月累计应纳税额－上月累计已预缴税额$$

② 自 2019 年 1 月 1 日起，个人独资企业和合伙企业投资者的生产经营所得依法计征个人所得税时，个人独资企业和合伙企业投资者本人的费用扣除标准统一确定为 60 000 元/年，即 5000 元/月。投资者的工资不得在税前扣除。

③ 投资者及其家庭发生的生活费用不允许在税前扣除。投资者及其家庭发生的生活费用与企业生产经营费用混合在一起，并且难以划分的，全部视为投资者个人及其家庭发生的生活费用，不允许在税前扣除。

④ 企业向其从业人员实际支付的合理的工资、薪金支出，允许在税前据实扣除。

⑤ 企业拨缴的工会经费、发生的职工福利费、职工教育经费支出分别在工资、薪金总额 2％、14％、2.5％的标准内据实扣除。

⑥ 每一纳税年度发生的广告费和业务宣传费用不超过当年销售（营业）收入 15％的部分，可据实扣除；超过部分，准予在以后纳税年度结转扣除。

⑦ 每一纳税年度发生的与其生产经营业务直接相关的业务招待费支出，按照发生额的 60％扣除，但最高不得超过当年销售（营业）收入的 5‰。

⑧ 企业计提的各种准备金不得扣除。

⑨ 投资者兴办两个或两个以上企业的，根据前述规定准予扣除的个人费用，由投资者选择在其中一个企业的生产经营所得中扣除。

⑩ 企业的年度亏损，允许用本企业下一年度的生产经营所得弥补，下一年度所得不足弥补的，允许逐年延续弥补，但最长不得超过 5 年。

（2）核定征收。

核定征收方式，包括定额征收、核定应税所得率征收以及其他合理的征收方式。

① 有下列情形之一的，主管税务机关应采取核定征收方式征收个人所得税：企业依照国家有关规定应当设置但未设置账簿的；企业虽设置账簿，但账目混乱或者成本资料、收入凭证、费用凭证残缺不全，难以查账的；纳税人发生纳税义务，未按照规定的期限办理纳税申报，经税务机关责令限期申报，逾期仍不申报的。

② 实行核定应税所得率征收方式的，应纳所得税额的计算公式如下：

$$应纳所得税额 = 应纳税所得额 \times 适用税率$$
$$应纳税所得额 = 收入总额 \times 应税所得率$$

或

$$应纳税所得额 = \frac{成本费用支出额}{1 - 应税所得率} \times 应税所得率$$

应税所得率应按规定的标准执行（见表6-8）。

表6-8　个人所得税核定征收应税所得率表

行业	应税所得率/%
工业、交通运输业、商业	5~20
建筑业、房地产开发业	7~20
饮食服务业	7~25
娱乐业	20~40
其他行业	10~30

③ 实行核定征收的投资者，不能享受个人所得税的优惠政策。

④ 实行查账征收方式的个人独资企业和合伙企业改为核定征收方式后，在查账征收方式下认定的年度经营亏损未弥补完的部分，不得再继续弥补。

⑤ 取得经营所得的个人，没有综合所得的，计算其每一纳税年度的应纳税所得额时，应当减除费用60 000元、专项扣除、专项附加扣除以及依法确定的其他扣除，专项附加扣除在办理汇算清缴时减除。

（3）无论是查账征收，还是核定征收的个人独资企业和合伙企业，税法规定如下：

① 个人独资企业和合伙企业对外投资分回的利息或者股息、红利，不并入企业的收入，而应单独作为投资者个人取得的利息、股息、红利所得，按"利息、股息、红利所得"项目计算缴纳个人所得税。

② 残疾人员投资兴办或参与投资兴办个人独资企业和合伙企业的，残疾人员取得的经营所得，符合各省、自治区、直辖市人民政府规定的减征个人所得税条件的，经本人申请、主管税务机关审核批准，可按各省、自治区、直辖市人民政府规定减征的范围和幅度，减征个人所得税。

③ 企业在纳税年度的中间开业，或者由于合并、关闭等原因，使该纳税年度的实际经营期不足12个月的，应当以其实际经营期为一个纳税年度。

4. 财产租赁所得应纳税额的计算

财产租赁所得一般以个人每次取得的收入，定额或定率减除规定费用后的余额为应纳税所得额。财产租赁所得以1个月内取得的收入为一次。

1）财产租赁所得应纳税所得额的计算

个人出租财产取得的财产租赁收入，在计算缴纳个人所得税时，应依次扣除以下费用：

（1）财产租赁过程中缴纳的税费，包括城建税、教育费附加、房产税。该项税费必须持完税凭证，才能从其财产租赁收入中扣除。

（2）向出租方支付的租金及增值税额（适用于转租业务）。

（3）由纳税人负担的该出租财产实际开支的修缮费用。该费用要求提供准确、有效的凭证并且扣除额以每次800元为限。一次扣除不完的，准予在下一次继续扣除，直到扣完为止。

（4）税法规定的费用扣除标准。每次收入不超过4000元，定额减除费用800元；每次收入在4000元以上，定率减除20%的费用。

◆ **知识拓展**

个人将承租房屋转租的扣除项目

个人将承租房屋转租取得的租金收入，属于个人所得税应税所得，应按"财产租赁所得"项目计算缴纳个人所得税。但其依次按照下列顺序进行扣除：① 财产租赁过程中缴纳的税费。② 向出租方支付的租金。③ 由纳税人负担的租赁财产实际开支的修缮费用。④ 税法规定的费用扣除标准。

2）财产租赁所得应纳税额的计算

财产租赁所得适用20%的比例税率。但对个人按市场价格出租的居民住房取得的所得，自2001年1月1日起暂减按10%的税率征收个人所得税。其应纳税额的计算公式如下：

$$应纳税额＝应纳税所得额×适用税率$$

具体如下：

（1）每次（月）收入≤4000元的：

税额＝［每次（月）收入－准予扣除项目－修缮费用（800元为限）－800］×20%（或10%）

（2）每次（月）收入>4000元的：

税额＝［每次（月）收入－准予扣除项目－修缮费用（800元为限）］×（1－20%）×20%（或10%）

【案例6-8】 孙某于2020年1月将其自有的面积为100平方米的公寓按市场价出租给张某居住，每月租金6000元。当年2月公寓的下水道堵塞，孙某找人修理，发生修理费用1200元，有维修部门的正式收据。计算孙某全年租金收入应缴纳的个人所得税（不考虑其他税费）。

解析　2月应纳税额＝（6000－800）×（1－20%）×10%＝416（元）

3月应纳税额＝（6000－400）×（1－20%）×10%＝448（元）

其他月份每月应纳税额＝6000×（1－20%）×10%＝480（元）

全年应纳税额＝480×10＋416＋448＝5664（元）

5. 财产转让所得应纳税额的计算

1）财产转让所得应纳税所得额的计算

财产转让所得，按照一次转让财产的收入额减除财产原值和合理费用后的余额，为应纳税所得额。

（1）财产转让所得中减除的"财产原值"计算按照下列方法确定：

① 有价证券，为买入价以及买入时按照规定交纳的有关费用。

② 建筑物，为建造费或者购进价格以及其他有关费用。

③ 土地使用权，为取得土地使用权所支付的金额、开发土地的费用以及其他有关费用。

④ 机器设备、车船，为购进价格、运输费、安装费以及其他有关费用。

其他财产，参照上述规定的方法确定财产原值。纳税人未提供完整、准确的财产原值凭证，不能按照上述规定的方法确定财产原值的，由主管税务机关核定财产原值。

（2）财产转让所得中减除的"合理费用"范围。

合理费用，是指卖出财产时按照规定支付的有关税费。如个人转让住房过程中需要缴纳的城市维护建设税、教育费附加、土地增值税（免）、印花税（免）等税金和纳税人实际支付的住房装修费用、住房贷款利息、手续费、公证费等费用。

2）财产转让所得应纳税额的计算

财产转让所得，适用比例税率，税率为20%。其计算公式如下：

$$应纳税额＝应纳税所得额×20\%$$

或

$$应纳税额＝（收入总额－财产原值－合理费用）×20\%$$

【案例 6-9】 张某 2020 年 4 月 1 日将一套定居了 2 年的普通住宅售卖，建造时原值 52 万元，出售时市场价 80 万元，房屋出售中产生手续费等 2 万元。计算王某房产出售应纳个人所得税。

解析 应纳个人所得税＝（80－52－2）×20%＝5.2（万元）

6. 利息、股息、红利所得和偶然所得应纳税额的计算

利息、股息、红利所得和偶然所得按次纳税。利息、股息、红利所得以支付利息、股息、红利时取得的收入为一次；偶然所得以每次收入为一次。其应纳税额的计算公式如下：

$$应纳税额＝应纳税所得额×适用税率＝每次收入额×20\%$$

需要注意的是，单张有奖发票奖金所得不超过 800 元（含 800 元）的，以及购买社会福利有奖募捐奖券、体育彩票一次中奖收入不超过 10 000 元的暂免征收个人所得税。

【案例 6-10】 2020 年 8 月刘某购买福利彩票中奖 8000 元；参加某新开业超市举办的有奖销售活动中奖 16 000 元。计算刘某应缴纳的个人所得税。

解析 应纳税额＝16 000×20%＝3200（元）

7. 应纳税额计算中的特殊问题处理

1）关于全年一次性奖金的规定

全年一次性奖金是指行政机关、企事业单位等扣缴义务人根据其全年经济效益和对雇员全年工作业绩的综合考核情况，向雇员发放的一次性奖金。一次性奖金也包括年终加薪、实行年薪制和绩效工资办法的单位根据考核情况兑现的年薪和绩效工资。居民个人取得全年一次性奖金，在 2021 年 12 月 31 日前，可选择不并入当年综合所得，按以下计税办法，由扣缴义务人发放时代扣代缴，即将居民个人取得的全年一次性奖金，除以 12 个月，按其商数依照按月换算后的综合所得税率表确定适用税率和速算扣除数（见表 6-9）。

表 6-9 按月换算后的综合所得税率表

级数	月应纳税所得额	税率/%	速算扣除数/元
1	不超过 3000 元的部分	3	0
2	超过 3000 元至 12 000 元的部分	10	210
3	超过 12 000 元至 25 000 元的部分	20	1410
4	超过 25 000 元至 35 000 元的部分	25	2660
5	超过 35 000 元至 55 000 元的部分	30	4410
6	超过 55 000 元至 80 000 元的部分	35	7160
7	超过 80 000 元的部分	45	15 160

在一个纳税年度内，对每一个纳税人，该计税办法只允许采用一次。

实行年薪制和绩效工资的单位，居民个人取得年终兑现的年薪和绩效工资按上述方法执行。居民个人取得全年一次性奖金，也可以选择并入当年综合所得计算纳税。居民个人取得除全年一次性奖金以外的其他各种名目奖金，如半年奖、季度奖、加班奖、先进奖、考勤奖等，一律与当月工资、薪金收入合并，按税法规定缴纳个人所得税。

自 2022 年 1 月 1 日起，居民个人取得全年一次性奖金，应并入当年综合所得计算缴纳个人所得税。《财政部税务总局关于延续实施全年一次性奖金等个人所得税优惠政策的公告》中规定，以上政策执行期限延长至 2023 年 12 月 31 日。

【案例 6-11】 假定中国居民个人李某 2020 年度在我国境内每月的税后工资为 5200 元，12 月 31 日又一次性领取年终含税奖金 60 000 元。计算李某取得年终奖金应缴纳的个人所得税。

解析 （1）年终奖适用的税率和速算扣除数为按 12 个月分摊后，每月的奖金＝60 000/12＝5000（元），适用的税率和速算扣除数分别为 10%、210 元。

（2）该笔年终奖应缴纳的个人所得税如下：

$$应纳税额＝60\ 000×10\%－210＝5790（元）$$

2）关于外籍个人有关津贴的政策

（1）2019 年 1 月 1 日至 2021 年 12 月 31 日期间，外籍个人符合居民个人条件的，可以选择享受个人所得税专项附加扣除，也可以选择享受住房补贴、语言训练费、子女教育费等津补贴免税优惠政策，但不得同时享受。外籍个人一经选择，在一个纳税年度内不得变更。

（2）自 2022 年 1 月 1 日起，外籍个人不再享受住房补贴、语言训练费、子女教育费津补贴免税优惠政策，应按规定享受专项附加扣除。

（3）上述可以享受免税优惠的外籍个人津补贴包括：

① 外籍个人以非现金形式或实报实销形式取得的住房补贴、伙食补贴、搬迁费、洗衣费；外籍个人按合理标准取得的境内、外出差补贴；外籍个人取得的探亲费、语言训练费、子女教育费等，经当地税务机关审核批准为合理的部分。

② 受雇于我国境内企业的外籍个人（不包括香港、澳门居民个人），因家庭等原因居住在香港、澳门，每个工作日往返于内地与香港、澳门等地区，由此境内企业（包括其关联企业）给予其在香港或澳门住房、伙食、洗衣、搬迁等非现金形式或实报实销形式的补贴，凡能提供有效凭证且经主管税务机关审核确认的部分。

③ 受雇于我国境内企业的外籍个人（不包括香港、澳门居民个人）就其在香港或澳门进行语言培训、子女教育而取得的费用补贴，凡能提供有效支出凭证等材料的，经主管税务机关审核确认为合理的部分。

3）关于个人因解除劳动合同取得经济补偿金的规定

自 2001 年 10 月 1 日起，对个人因解除劳动合同取得经济补偿金按以下规定处理：

（1）企业依照国家有关法律规定宣告破产，企业职工从该破产企业取得的一次性安置费收入，免征个人所得税。

（2）个人因与用人单位解除劳动关系而取得的一次性补偿收入（包括用人单位发放的经济补偿金、生活补助费和其他补助费用），其收入在当地上年职工平均工资 3 倍数额以内的部分，免征个人所得税；超过 3 倍数额的部分，不并入当年综合所得，单独适用综合所得税率表（见表 6-1 或表 6-3），计算纳税。个人在解除劳动合同后又再次任职、受雇的，已纳税的一次性补偿收入不再与再次任职、受雇的工资、薪金所得合并计算补缴个人所得税。

（3）个人领取一次性补偿收入时，按照国家和地方政府规定的比例实际缴纳的住房公积金、医疗保险费、基本养老保险费、失业保险费，可以在计征其一次性补偿收入的个人所得税时予以扣除。

4）关于商业健康保险的个人所得税规定

（1）自 2017 年 7 月 1 日起，对个人购买符合规定的商业健康保险产品的支出，允许在当年（月）计算应纳税所得额时予以税前扣除，扣除限额为 2400 元/年（200 元/月）。单位统一为员工购买符合规定的商业健康保险产品的支出，应分别计入员工个人工资、薪金，视同个人购买，按上述限额予以扣除。

（2）根据目标人群已有保障项目和保障需求的不同，符合规定的健康保险产品共有三类，分别适用于：

① 对公费医疗或基本医疗保险报销后个人负担的医疗费用有报销意愿的人群。

② 对公费医疗或基本医疗保险报销后个人负担的特定大额医疗费用有报销意愿的人群。

③ 未参加公费医疗或基本医疗保险，对个人负担的医疗费用有报销意愿的人群。

5）关于公益慈善事业捐赠的个人所得税政策

个人通过中华人民共和国境内公益性社会组织、县级以上人民政府及其部门等国家机关，向教育、扶贫、济困等公益慈善事业的捐赠（以下简称公益捐赠），发生的公益捐赠支出，捐赠额未超过纳税人申报的应纳税所得额 30% 的部分，可以从其应纳税所得额中扣除。国务院规定对公益慈善事业捐赠实行全额扣除的，从其规定。

个人通过非营利性的社会团体和国家机关向红十字事业、农村义务教育、公益性青少年活动场所(其中包括新建)，向福利性、非营利性老年服务机构的捐赠，以及通过特定基金会用于公益救济性的捐赠，在计算缴纳个人所得税时，准予在税前的所得额中全额扣除。

公益性捐赠的
纳税处理

【案例 6-12】 2021 年 9 月中国居民林某购买体育彩票支出 400 元，取得一次性中奖收入 40 000 元，将其中的 10 000 元通过非营利性社会团体捐赠给红十字事业。林某选择在偶然所得中扣除该笔公益捐赠支出。已知，偶然所得个人所得税税率为 20%。计算林某当月该笔中奖收入应缴纳个人所得税税额。

解析 (1)个人通过非营利性的社会团体和国家机关向红十字事业的捐赠，在计算缴纳个人所得税时，准予在税前的所得额中全额扣除。

(2)林某当月该笔收入应缴纳个人所得税税额=(40 000-10 000)×20%=6000(元)。

6)关于境外所得的扣除

在对纳税人的境外所得征税时，会存在其境外所得已在来源国家或者地区缴税的实际情况。基于国家之间对同一所得应避免双重征税的原则，我国在对纳税人的境外所得行使税收管辖权时，对该所得在境外已纳税额采取了分不同情况从应征税额中予以扣除的做法。

境外所得已纳
税额的抵免

(1)税法规定的抵免原则。

居民个人从中国境外取得的所得，可以从其应纳税额中抵免已在境外缴纳的个人所得税税额，但抵免额不得超过该纳税人境外所得依照税法规定计算的应纳税额。

(2)居民个人应分项计算当期境外所得应纳税额。

① 居民个人来源于中国境外的综合所得，应当与境内综合所得合并计算应纳税额。

② 居民个人来源于中国境外的经营所得，应当与境内经营所得合并计算应纳税额。居民个人来源于境外的经营所得，按照《个人所得税法》及其《实施条例》的有关规定计算的亏损，不得抵减其境内或他国(地区)的应纳税所得额，但可以用来源于同一国家(地区)以后年度的经营所得按中国税法规定弥补。

③ 居民个人来源于中国境外的利息、股息、红利所得，财产租赁所得，财产转让所得和偶然所得(以下称其他分类所得)，不与境内所得合并，应当分别单独计算应纳所得额。

(3)居民个人应区分来源国计算境外所得抵免限额。

居民个人在一个纳税年度内来源于中国境外的所得，应区分来源国即依照所得来源国家(地区)税收法律规定在中国境外已缴纳的所得税税额，允许在抵免限额内从其该纳税年度应纳税额中抵免。居民个人来源于一国(地区)的综合所得、经营所得以及其他分类所得项目的应纳税额为其抵免限额，按照下列公式计算：

$$\text{来源于一国(地区)综合所得的抵免限额} = \text{合并中国境内和境外全部综合所得计算得到的应纳税额} \times \frac{\text{来源于该国(地区)的综合所得收入额}}{\text{中国境内和境外综合所得收入额合计}}$$

$$\text{来源于一国(地区)经营所得的抵免限额} = \text{合并中国境内和境外全部经营所得计算得到的应纳税额} \times \frac{\text{来源于该国(地区)的经营所得应纳税所得额}}{\text{中国境内和境外经营所得应纳税所得额合计}}$$

$$\frac{\text{来源于一国(地区)的其他分类}}{\text{所得的抵免限额}} = \frac{\text{该国(地区)的其他分类}}{\text{所得单独计算的应纳税额}}$$

$$\frac{\text{来源于一国(地区)}}{\text{所得的抵免限额}} = \frac{\text{来源于该国(地区)综合}}{\text{所得的抵免限额}} + \frac{\text{来源于该国(地区)}}{\text{经营所得的抵免限额}} + \frac{\text{来源于该国(地区)其他}}{\text{分类所得的抵免限额}}$$

（4）居民个人可抵免的境外所得税税额的确定。

居民个人一个纳税年度内来源于一国(地区)的所得实际已经缴纳的所得税税额，低于依照税法规定计算出的来源于该国(地区)该纳税年度所得的抵免限额的，应以实际缴纳税额作为抵免额进行抵免；超过来源于该国(地区)该纳税年度所得的抵免限额的，应在限额内进行抵免，超过部分可以在以后 5 个纳税年度内结转抵免。

【案例 6-13】 居民个人王某 2020 年除取得境内工资收入 120 000 元(已代扣"三险一金")外，还从境外甲国获得劳务报酬收入折合人民币 50 000 元、稿酬收入折合人民币 20 000 元和利息收入折合人民币 10 000 元，并分别就这三项收入在甲国缴纳税款 10 000 元、1000 元和 2000 元。假设除居民个人年度费用扣除标准 60 000 元和某专项附加扣除 12 000 元外，不考虑其他费用扣除和境内预缴税额，计算王某 2020 年来源于甲国的所得抵免限额以及在中国境内应补缴的税额。

解析 （1）王某 2020 年境内和境外综合所得收入额合计＝120 000＋50 000×(1－20%)＋20 000×(1－20%)×70%＝171 200(元)

（2）王某 2020 年境内和境外综合所得应纳税额＝(171 200－60 000－12 000)×10%－2520＝7400(元)

（3）王某 2020 年境内和境外其他分类所得应纳税额＝10 000×20%＝2000(元)

（4）王某 2020 年来源于甲国综合所得抵免限额＝7400×[50 000×(1－20%)＋20 000×(1－20%)×70%]÷171 200＝2213.08(元)

（5）王某 2020 年来源于甲国其他分类所得抵免限额＝10 000×20%＝2000(元)

（6）王某 2020 年来源于甲国所得抵免限额＝2213.08＋2000＝4213.08(元)

（7）王某在境外实缴税额＝10 000＋1000＋2000＝13 000(元)，大于其抵免限额，因此只能抵免 4213.08 元，尚未抵免完毕的 8786.92 元可在以后五个纳税年度内就来源于甲国综合所得抵免限额的余额中结转抵免。

（8）王某在中国境内应补缴＝7400＋2000－4213.08＝5186.92(元)

◆ **知识拓展**

疫情防控期间的捐赠该怎么扣？

（1）企业和个人直接向承担疫情防治任务的医院捐赠用于应对新型冠状病毒感染的肺炎疫情的物品，允许在计算应纳税所得额时全额扣除。执行期限延长至 2021 年 3 月 31 日。

（2）企业和个人通过公益性社会组织或者县级以上人民政府及其部门等国家机关，捐赠用于应对新型冠状病毒感染的肺炎疫情的现金和物品，允许在计算应纳税所得额时全额扣除。执行期限延长至 2021 年 3 月 31 日。

（3）自 2019 年 1 月 1 日起至 2022 年 12 月 31 日，企业通过公益性社会组织或者县级(含县级)以上人民政府及其组成部门和直属机构，用于目标脱贫地区的扶贫捐赠支出，准予在计算企业所得税应纳税所得额时据实扣除。

任务四　了解个人所得税的纳税申报

个人所得税的纳税办法有自行申报纳税和扣缴申报纳税两种。

1. 个人所得税的自行申报纳税

自行申报纳税，是由纳税人自行在税法规定的纳税期限内，向税务机关申报取得的应税所得项目和数额，如实填写个人所得税纳税申报表，并按照税法规定计算应纳税额，据此缴纳个人所得税的一种方法。

1）办理纳税申报

有下列情形之一的，纳税人应当依法办理纳税申报：

（1）取得综合所得需要办理汇算清缴。

（2）取得应税所得没有扣缴义务人。

（3）取得应税所得，扣缴义务人未扣缴税款。

（4）取得境外所得。

（5）因移居境外注销中国户籍。

（6）非居民个人在中国境内从两处以上取得工资、薪金所得。

（7）国务院规定的其他情形。

2）办理汇算清缴的纳税申报

取得综合所得且符合下列情形之一的纳税人，应当依法办理汇算清缴：

（1）从两处以上取得综合所得，且综合所得年收入额减除专项扣除后的余额超过 60 000 元。

（2）取得劳务报酬所得、稿酬所得、特许权使用费所得中一项或者多项所得，且综合所得年收入额减除专项扣除的余额超过 60 000 元。

（3）纳税年度内预缴税额低于应纳税额。

（4）纳税人申请退税。

汇算清缴补缴（应退）税额的计算公式如下：

$$汇算清缴补缴（应退）税额＝全年应纳税额－累计已纳税额$$

需要办理汇算清缴的纳税人，应当在取得所得的次年 3 月 1 日至 6 月 30 日内，向任职、受雇单位所在地主管税务机关办理纳税申报，并报送《个人所得税年度自行纳税申报表（A 表）》（见表 6-10）。纳税人有两处以上任职、受雇单位的，选择向其中一处任职、受雇单位所在地主管税务机关办理纳税申报；纳税人没有任职、受雇单位的，向户籍所在地或经常居住地主管税务机关办理纳税申报。纳税人办理综合所得汇算清缴，应当准备与收入、专项扣除、专项附加扣除、依法确定的其他扣除、捐赠、享受税收优惠等相关的资料，并按规定留存备查或报送。纳税人办理汇算清缴退税或者扣缴义务人为纳税人办理汇算清缴退税的，税务机关审核后，按照国库管理的有关规定办理退税。纳税人申请退税时提供的汇算清缴信息有错误的税务机关应当告知其更正；纳税人更正的，税务机关应当及时办理退税。纳税人申请退税，应当提供其在中国境内开设的银行账户，并在汇算清缴地就地办理税款退库。

表 6-10 个人所得税年度自行纳税申报表（A 表）

（仅取得境内综合所得年度汇算适用）

税款所属期： 年 月 日至 年 月 日

纳税人姓名：

纳税人识别号：□□□□□□□□□□□□□□□□□□-□□ 金额单位：人民币元（列至角分）

基 本 情 况					
手机号码		电子邮箱		邮政编码	□□□□□□
联系地址	省（区、市）＿＿市＿＿区（县）＿＿＿＿街道（乡、镇）＿＿＿＿				

纳税地点（单选）	
1.有任职受雇单位的，需选本项并填写"任职受雇单位信息"：	□任职受雇单位所在地

任职受雇单位信息	名称	
	纳税人识别号	□□□□□□□□□□□□□□□□□□

2.没有任职受雇单位的，可以从本栏次选择一地：	□户籍所在地 □经常居住地
户籍所在地/经常居住地	省（区、市）＿＿市＿＿区（县）＿＿＿街道（乡、镇）＿＿＿

申报类型（单选）	
□ 首次申报	□更正申报

综合所得个人所得税计算		
项 目	行次	金额
一、收入合计（第1行＝第2行＋第3行＋第4行＋第5行）	1	
（一）工资、薪金	2	
（二）劳务报酬	3	
（三）稿酬	4	
（四）特许权使用费	5	
二、费用合计［第6行＝（第3行＋第4行＋第5行）×20％］	6	
三、免税收入合计（第7行＝第8行＋第9行）	7	
（一）稿酬所得免税部分［第8行＝第4行×（1−20％）×30％］	8	
（二）其他免税收入（附报《个人所得税减免税事项报告表》）	9	
四、减除费用	10	
五、专项扣除合计（第11行＝第12行＋第13行＋第14行＋第15行）	11	
（一）基本养老保险费	12	
（二）基本医疗保险费	13	
（三）失业保险费	14	
（四）住房公积金	15	

综合所得个人所得税计算		
项　目	行次	金额
六、专项附加扣除合计（附报《个人所得税专项附加扣除信息表》） （第16行＝第17行＋第18行＋第19行＋第20行＋第21行＋第22行）	16	
（一）子女教育	17	
（二）继续教育	18	
（三）大病医疗	19	
（四）住房贷款利息	20	
（五）住房租金	21	
（六）赡养老人	22	
七、其他扣除合计（第23行＝第24行＋第25行＋第26行＋第27行＋第28行）	23	
（一）年金	24	
（二）商业健康保险（附报《商业健康保险税前扣除情况明细表》）	25	
（三）税延养老保险（附报《个人税收递延型商业养老保险税前扣除情况明细表》）	26	
（四）允许扣除的税费	27	
（五）其他	28	
八、准予扣除的捐赠额（附报《个人所得税公益慈善事业捐赠扣除明细表》）	29	
九、应纳税所得额 （第30行＝第1行－第6行－第7行－第10行－第11行－第16行－第23行－第29行）	30	
十、税率（％）	31	
十一、速算扣除数	32	
十二、应纳税额（第33行＝第30行×第31行－第32行）	33	
全年一次性奖金个人所得税计算 （无住所居民个人预判为非居民个人取得的数月奖金，选择按全年一次性奖金计税的填写本部分）		
一、全年一次性奖金收入	34	
二、准予扣除的捐赠额（附报《个人所得税公益慈善事业捐赠扣除明细表》）	35	
三、税率（％）	36	
四、速算扣除数	37	
五、应纳税额［第38行＝（第34行－第35行）×第36行－第37行］	38	
税　额　调　整		
一、综合所得收入调整额（需在"备注"栏说明调整具体原因、计算方式等）	39	
二、应纳税额调整额	40	

项目六　个人所得税纳税业务

应补/退个人所得税计算		
项　目	行次	金额
一、应纳税额合计（第41行＝第33行＋第38行＋第40行）	41	
二、减免税额（附报《个人所得税减免税事项报告表》）	42	
三、已缴税额	43	
四、应补/退税额（第44行＝第41行－第42行－第43行）	44	

无住所个人附报信息		
纳税年度内在中国境内居住天数	已在中国境内居住年数	

退税申请

（应补/退税额小于0的填写本部分）

□ 申请退税（需填写"开户银行名称""开户银行省份""银行账号"）　　□ 放弃退税	
开户银行名称	开户银行省份
银行账号	

备注

谨声明：本表是根据国家税收法律法规及相关规定填报的，本人对填报内容（附带资料）的真实性、可靠性、完整性负责。

　　　　　　　　　　　　　　　　　　纳税人签字：　　　　年　月　日

经办人签字： 经办人身份证件类型： 经办人身份证件号码： 代理机构签章： 代理机构统一社会信用代码：	受理人： 受理税务机关（章）： 受理日期：　　　年　月　日

国家税务总局监制

3）纳税申报方式

纳税人可以采用远程办税端、邮寄等方式申报，也可以直接到主管税务机关申报。

2. 个人所得税的扣缴申报纳税

税法规定，扣缴义务人向个人支付应税款项时，应当依照《个人所得税法》规定预扣或者代扣税款，按时缴库，并专项记载备查。扣缴义务人应当在代扣税款的次月15日内，向主管税务机关报送其支付所得的所有个人的有关信息、支付所得数额、扣除事项和数额、扣缴税款的具体数额和总额以及其他相关涉税信息资料。这种方法有利于控制税源、防止漏税和逃税。

1）扣缴义务人

扣缴义务人，是指向个人支付所得的单位或者个人。所称支付，包括现金支付、汇拨支付、转账支付和以有价证券、实物以及其他形式的支付。

2）扣缴义务人的责任与义务

纳税人发现扣缴义务人提供或者扣缴申报的个人信息、所得、扣缴税款等与实际情况不符的，有权要求扣缴义务人修改。扣缴义务人拒绝修改的，纳税人应当报告税务机关，税务机关应当及时处理。

纳税人、扣缴义务人应当按照规定保存与专项附加扣除相关的资料。税务机关可以对纳税人提供的专项附加扣除信息进行抽查，具体办法由国务院税务主管部门另行规定。税务机关发现纳税人提供虚假信息的，应当责令改正并通知扣缴义务人；情节严重的，有关部门应当依法予以处理，纳入信用信息系统并实施联合惩戒。

扣缴义务人未将扣缴的税款解缴入库的，不影响纳税人按照规定申请退税，税务机关应当凭纳税人提供的有关资料办理退税。

3）扣缴义务人的期限

扣缴义务人每月或者每次预扣、代扣的税款，应当在次月 15 日内缴入国库，并向税务机关报送《个人所得税扣缴申报表》。扣缴义务人首次向纳税人支付所得时，应当按照纳税人提供的纳税人识别号等基础信息，填写《个人所得税基础信息表（A 表）》，并于次月扣缴申报时向税务机关报送。扣缴义务人对纳税人向其报告的相关基础信息变化情况，应当于次月扣缴申报时向税务机关报送。

3. 纳税期限

（1）居民个人取得综合所得，按年计算个人所得税；有扣缴义务人的，由扣缴义务人按月或者按次预扣预缴税款；需要办理汇算清缴的，应当在取得所得的次年 3 月 1 日至 6 月 30 日内办理汇算清缴。预扣预缴办法由国务院税务主管部门制定。

（2）非居民个人取得工资、薪金所得，劳务报酬所得，稿酬所得和特许权使用费所得，有扣缴义务人的，由扣缴义务人按月或者按次代扣代缴税款，不办理汇算清缴。

（3）纳税人取得经营所得，按年计算个人所得税，由纳税人在月度或者季度终了后 15 日内向税务机关报送纳税申报表，并预缴税款；在取得所得的次年 3 月 31 日前办理汇算清缴。

（4）纳税人取得利息、股息、红利所得，财产租赁所得，财产转让所得和偶然所得，按月或者按次计算个人所得税，有扣缴义务人的，由扣缴义务人按月或者按次代扣代缴税款。

（5）纳税人取得应税所得没有扣缴义务人的，应当在取得所得的次月 15 日内向税务机关报送纳税申报表，并缴纳税款。

（6）纳税人取得应税所得，扣缴义务人未扣缴税款的，纳税人应当在取得所得的次年 6 月 30 前，缴纳税款；税务机关通知限期缴纳的，纳税人应当按照期限缴纳税款。

（7）居民个人从中国境外取得所得的，应当在取得所得的次年 3 月 1 日至 6 月 30 日内申报纳税。

（8）非居民个人在中国境内从两处以上取得工资、薪金所得的，应当在取得所得的次月 15 日内申报纳税。

（9）纳税人因移居境外注销中国户籍的，应当在注销中国户籍前办理税款清算。

（10）扣缴义务人每月或者每次预扣、代扣的税款，应当在次月 15 日内缴入国库，并向税务机关报送扣缴个人所得税申报表。

4. 纳税地点

（1）取得综合所得需要办理汇算清缴的，在中国境内有任职、受雇单位的，向任职单位所在地申报；有两处及以上任职单位的，选择其中一处单位所在地申报；无任职单位的，向户籍或常住地所在地申报。

（2）取得经营所得纳税人，按月向经营管理所在地申报，有两处及以上经营的，选择其中一处单位所在地申报。

（3）非居民个人取得工资、薪金所得，劳务报酬所得，稿酬所得，特许权使用费所得，扣缴义务人未扣缴的，向扣缴义务人所在地申报。

（4）居民个人从中国境外取得所得，向境内任职单位所在地申报，没有任职单位的，向户籍所在地或经常居住地申报。

（5）纳税人因移居境外注销中国国籍的，向户籍所在地申报。

（6）非居民个人在中国境内两处以上取得工资、薪金所得的，向其中一处任职单位所在地申报。

（7）利息、股息、红利所得，财产租赁、转让所得和偶然所得，扣缴义务人未扣缴税款的，向主管税务机关办理纳税申报。

纳税人不得随意变更纳税申报地点，因特殊情况变更纳税申报地点的，须报原主管税务机关备案。

思 维 导 图

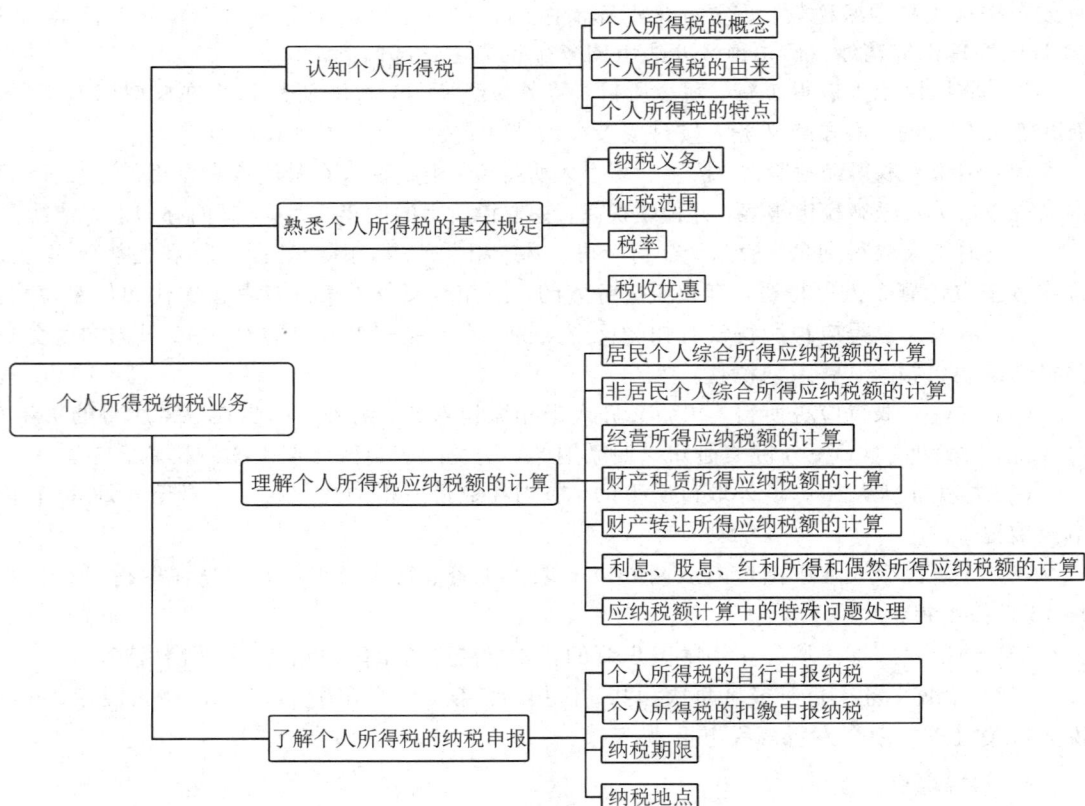

一、单项选择题

1. 根据个人所得税法律制度的规定，下列不属于来源于中国境内的所得是（　　）。

A. 中国境内的出租人将财产出租给承租人在境外使用而取得的所得

B. 从中国境内的企业、事业单位、其他组织以及居民个人取得的利息、股息、红利所得

C. 许可各种特许权在中国境内使用而取得的所得

D. 因任职、受雇、履约等而在中国境内提供劳务取得的所得

2. 根据个人所得税法律制度的规定，在中国境内有住所的居民取得的下列所得中，属于综合所得的是（　　）。

A. 经营所得　　　　　　　　　　　B. 劳务报酬所得

C. 利息、股息、红利所得　　　　　D. 财产租赁所得

3. 根据个人所得税法律制度的规定，下列各项中，属于个人所得税居民纳税人的是（　　）。

A. 出国留学 5 年归来，已在国内工作半年并在工作地有住所的赵某

B. 在国内有房产，移民后一直居住国外的钱某

C. 2019 年 12 月 1 日至 2020 年 4 月 30 日在我国工作，于 2020 年 5 月 1 日离境的迈克尔

D. 2019 年 12 月入境，2020 年 1 月离境的约翰

4. 根据个人所得税法律制度的规定，关于综合所得的下列表述中，不正确的是（　　）。

A. 纳税人赡养 2 个及以上老人的，不按老人人数加倍扣除

B. 子女接受学前教育和学历教育的相关支出按每个子女每年 12 000 元标准定额扣除

C. 大病医疗专项附加扣除由纳税人办理汇算清缴时扣除

D. 本人或配偶使用商业银行或住房公积金个人住房贷款为本人或其配偶购买住房，发生的住房贷款利息支出，在偿还贷款期间，可以按照每年 12 000 元（每月 1000 元）标准定额扣除

5. 2019 年 12 月，中国境内甲公司职员王某取得的下列收入中，应计入工资、薪金所得缴纳个人所得税的是（　　）。

A. 劳动分红 2000 元　　　　　　　B. 差旅费津贴 200 元

C. 独生子女津贴 3 元　　　　　　　D. 误餐补助 50 元

6. 根据个人所得税法律制度的规定，下列各项中应征收个人所得税的是（　　）。

A. 托儿补助费　　　　　　　　　　B. 独生子女补贴

C. 离退休人员从原任职单位取得的补贴　　D. 差旅费补贴

7. 根据个人所得税法律制度的规定，证券经纪人从证券公司取得的佣金收入按照（　　）计缴个人所得税。

A. 经营所得　　　　　　　　　　　B. 劳务报酬所得

C. 特许权使用费所得　　　　　　　D. 工资、薪金所得

8. 根据个人所得税法律制度的规定，下列从事非雇佣劳动取得的所得税中，应按照"稿酬所得"缴纳个人所得税的是（　　）。

    A. 审稿收入　　　　　　　　　　　　B. 翻译收入

    C. 题字收入　　　　　　　　　　　　D. 出版作品收入

9. 根据个人所得税法律制度的规定，个人转让房屋所得应当按照（　　）征收个人所得税。

    A. 财产转让所得　　　　　　　　　　B. 特许权使用费所得

    C. 偶然所得　　　　　　　　　　　　D. 劳务报酬所得

10. 根据个人所得税法律制度的规定，个体工商户发生的下列支出中，在计算个人所得税应纳税所得额时不得扣除的是（　　）。

    A. 非广告性的赞助支出

    B. 合理的劳动保护支出

    C. 实际支付给创业人员的合理的工资、薪金支出

    D. 按规定缴纳的财产保险费

11. 根据个人所得税法律制度的规定，下列各项中应缴纳个人所得税的是（　　）。

    A. 抚恤金　　　　　　　　　　　　　B. 军人的转业费

    C. 保险赔款　　　　　　　　　　　　D. 年终加薪

12. 根据个人所得税法律制度的规定，对个人转让自用一定期限并且是家庭唯一生活用房取得的所得暂免征收个人所得税。这个一定期限指的是（　　）。

    A. 1 年以上　　　　B. 3 年以上　　　　C. 2 年以上　　　　D. 5 年以上

13. 根据个人所得税法律制度的规定，下列个人所得税中免征或暂免征收个人所得税的是（　　）。

    A. 劳动分红　　　　　　　　　　　　B. 出版科普读物的稿酬所得

    C. 年终奖金　　　　　　　　　　　　D. 转让自用 6 年唯一家庭生活住房所得

14. 根据个人所得税法律制度的规定，下列情形中应缴纳个人所得税的是（　　）。

    A. 王某将房屋无偿赠与妻子

    B. 张某转让自用达 5 年以上且唯一家庭生活用房

    C. 赵某转让无偿受赠的商铺

    D. 杨某将房屋无偿赠与其外孙女

15. 根据个人所得税法律制度的规定，居民个人取得综合所得需要办理汇算清缴的，应当在法定期限内办理。该法定期限为（　　）。

    A. 当年 12 月 31 日前　　　　　　　B. 次年 1 月 1 日至 5 月 31 日

    C. 次年 1 月 1 日至 6 月 30 日　　　D. 次年 3 月 1 日至 6 月 30 日

16. 根据个人所得税法律制度的规定，税务机关对扣缴义务人按照所扣缴的税款付给一定比例的手续费。该比例为（　　）。

    A. 1%　　　　　　B. 2%　　　　　　C. 3%　　　　　　D. 5%

二、多项选择题

1. 根据个人所得税法律制度的规定，下列所得属于来源于中国境内的所得的有（　　）。

    A. 许可各种特许权在中国境内使用而取得的所得

B. 从中国境内的企业、事业单位、其他组织以及居民个人取得的利息、股息、红利所得

C. 将财产出租给承租人在中国境内使用而取得的所得

D. 在中国境内居住的纳税人因任职、受雇取得的所得

2. 根据个人所得税法律制度，下列各项中属于工资、薪金所得税目的内容有（　　）

A. 年终加薪　　　B. 劳动分红　　　C. 加班费　　　D. 津贴、补贴

3. 根据个人所得税法律制度的规定，下列各项居民个人所得中，属于综合所得的有（　　）。

A. 特许权使用费所得　　　　　　　B. 劳务报酬所得

C. 稿酬所得　　　　　　　　　　　D. 财产租赁所得

4. 根据个人所得税法律制度的规定，下列各项中，属于专项附加扣除的有（　　）。

A. 继续教育支出　　　　　　　　　B. 子女教育支出

C. 住房租金支出　　　　　　　　　D. 赡养老人支出

5. 根据个人所得税法律制度的规定，下列表述正确的有（　　）。

A. 个人提供商标权的使用权取得的所得，按"稿酬所得"缴纳个人所得税

B. 剧本作者从电视剧制作单位取得的剧本使用费，按"特许权使用费所得"缴纳个人所得税

C. 个人提供专利权的使用权取得的所得，按"特许权使用费所得"缴纳个人所得税

D. 作者将自己的文字作品手稿原件或复印件公开拍卖取得的所得，按"财产转让所得"缴纳个人所得税

6. 根据个人所得税法律制度的规定，个体工商户的下列支出中，在计算个人所得税应纳税所得额时，不得扣除的有（　　）。

A. 业主的工资、薪金支出

B. 个人所得税税款

C. 在生产经营活动中因自然灾害造成的损失

D. 税收滞纳金

7. 下列情形中，不征收个人所得税的有（　　）。

A. 企业通过价格折扣方式向个人销售商品

B. 企业向个人提供服务的同时给予赠品

C. 企业对累积消费达到一定额度的个人按消费积分反馈礼品

D. 企业对累积消费达到一定额度的顾客，给予额外抽奖机会，个人获奖所得

8. 下列各项所得中，适用超额累进税率计征个人所得税的有（　　）。

A. 偶然所得　　　B. 综合所得　　　C. 经营所得　　　D. 财产转让所得

9. 根据个人所得税法律制度的规定，下列表述正确的有（　　）。

A. 对职工个人以股份形式取得的仅作为分红依据，不拥有所有权的企业量化资产，不征收个人所得税

B. 对职工个人以股份形式取得的仅作为分红依据，不拥有所有权的企业量化资产，按照"利息、股息、红利所得"缴纳个人所得税

C. 对职工个人以股份形式取得的企业量化资产参与企业分配而获得的股息、红利，应

按照"利息、股息、红利所得"缴纳个人所得税

    D. 对职工个人以股份形式取得的企业量化资产参与企业分配而获得的股息、红利，不征收个人所得税

10. 根据个人所得税法律制度的规定，个人发生的下列公益性捐赠支出中，准予税前全额扣除的有（　　）。

    A. 通过非盈利社会团体向公益性青少年活动场所的捐赠

    B. 通过国家机关向贫困地区的捐赠

    C. 通过非营利社会团体向农村义务教育的捐赠

    D. 通过国家机关向红十字事业的捐赠

11. 根据个人所得税法律制度的规定，下列各项中免于缴纳个人所得税的有（　　）。

    A. 剧本作者的剧本使用费　　　　　　B. 职工的保险赔偿

    C. 模特的时装表演费　　　　　　　　D. 军人的转业费

12. 根据个人所得税法律制度的规定，下列个人所得中免征个人所得税的有（　　）。

    A. 军人领取的转业费　　　　　　　　B. 教师工资所得

    C. 作家拍卖手稿所得　　　　　　　　D. 个人取得的保险赔款

13. 根据个人所得税法律制度的规定，下列各项中免征个人所得税的有（　　）。

    A. 保险赔款　　　　　　　　　　　　B. 国家发行的金融债券利息

    C. 军人专业费　　　　　　　　　　　D. 劳动分红

14. 下列所得中免予缴纳个人所得税的有（　　）。

    A. 作家莫言获得的诺贝尔文学奖奖金

    B. 赵某购买彩票中奖 1000 元

    C. 钱某取得的军人转业费

    D. 孙某退休后按月领取的养老金

15. 根据个人所得税法律制度的规定，下列各项情形中纳税人应当依法办理纳税申报的有（　　）。

    A. 取得综合所得需要办理汇算清缴的

    B. 取得应税所得没有扣缴义务人的

    C. 取得境外所得的

    D. 非居民个人在中国境内从两处以上取得工资、薪金所得的

三、判断题

1. 对个人独资企业投资者取得的生产经营所得应征收企业所得税，不征收个人所得税。（　　）

2. 职工的误餐补助属于工资、薪金性质的补贴，应计算个人所得税。（　　）

3. 退休人员再任职取得的收入，免征个人所得税。（　　）

4. 非居民纳税人赵某，每周去闪亮酒吧演唱 2 次，其应以一个月取得的所得为一次，按照"工资、薪金所得"项目缴纳个人所得税。（　　）

5. 剧本作者从其任职的电视剧制作中心取得的剧本使用费，按"特许权使用费所得"征收个人所得税。（　　）

6. 个人独资企业向其从业人员实际支付的合理的工资、薪金支出，允许在个人所得税

前据实扣除。（　　）

7. 合伙企业的自然人合伙人为个人所得税的纳税人。（　　）

8. 对职工个人以股份形式取得的仅作为分红依据，不拥有所有权的企业量化资产，应按"利息、股息、红利所得"征收个人所得税。（　　）

9. 个人通过网络收购玩家的虚拟货币，加价后向他人出售取得的收入，不征收个人所得税。（　　）

10. 企业按照国家有关法律规定宣告破产，从破产企业取得的一次性安置费收入，免于征收个人所得税。（　　）

四、计算题

1. 2019 年 4 月，中国公民李某在某杂志发表专业文章一篇，取得稿酬 3500 元。根据个人所得税法律制度的规定，李某这笔收入应缴纳多少个人所得税？

2. 2019 年 10 月，张某为国内某公司提供设计服务，取得劳务报酬收入 5000 元。已知，劳务报酬所得预扣预缴应纳税所得额不超过 20 000 元的，预扣率为 20%。该公司为张某预扣缴的个人所得税税额是多少？

3. 2019 年 10 月，张某所写的一部小说在国内出版，取得稿酬所得 30 000 元。已知稿酬所得收入额减按 70% 计算，预扣率为 20%。根据个人所得税法律制度的规定，出版社应为张某预扣缴个人所得税税额是多少？

4. 某个人独资企业 2019 年度销售收入为 272 000 元，发生广告费和业务宣传费 5000 元。根据个人所得税法律制度的规定，该企业当年可在税前扣除的广告费和业务宣传费最高是多少？

5. 2019 年 7 月，王某出租住房取得不含增值税租金收入 3000 元，房屋租赁过程中缴纳可以税前扣除的相关税费 120 元，支付出租房屋修缮费 1000 元。已知，出租住房取得的所得按 10% 的税率征收个人所得税，王某当月出租住房应缴纳的个人所得税税额是多少？

6. 郑某 2019 年 3 月在某公司举行的有奖销售活动中获得奖金 12 000 元，领奖时发生交通费 600 元，食宿费 400 元（均由郑某承担）。在领奖现场郑某直接向某大学图书馆捐款 3000 元。已知偶然所得适用的个人所得税税率为 20%，计算郑某中奖收入应缴纳的个人所得税。

7. 罗某 2019 年全年取得工资收入 80 000 元。当地规定的社会保险和住房公积金个人缴存比例：基本养老保险 8%，基本医疗保险 2%，失业保险 0.5%，住房公积金 12%，王某缴纳社会保险费核定的缴费工资基数为 6000 元，无其他专项附加扣除项目。已知全年应纳税所得额不超过 36 000 元的，适用 3% 税率。假设不考虑其他因素，则罗某 2019 年应缴纳个人所得税多少元？

8. 中国公民李某取得财产转让收入 40 000 元，将其中的 6000 元通过民政部门捐赠给贫困山区，可以扣除的原值和相关税费为 22 000 元，李某应缴纳个人所得税多少元？

9. 个体工商户张某 2019 年度取得营业收入 200 万元，当年发生业务宣传费 25 万元，上年度结转未扣除的业务宣传费 15 万元。已知业务宣传费不超过当年营业收入 15% 的部分，准予扣除；超过部分，准予在以后纳税年度结转扣除。个体工商户张某在计算当年个人所得税应纳税所得额时，允许扣除的业务宣传费金额为多少万元？

10. 杭州居民张三 2019 年取得来源于中国境内的工资、薪金收入 30 万元，取得来源于中国境外 A 国的工资、薪金收入 20 万元，无其他综合所得，需要合并计算境内境外的综合所得，可以扣除年度费用 6 万元，可以扣除专项扣除 8 万元，可以扣除专项附加扣除 4 万元，可以扣除的其他扣除 2 万元。假设张三国内工资、薪金所得部分没有被预扣预缴税款，其在 A 国境外缴纳的个人所得税是 6 万元，计算张三 2019 年全部综合所得应缴纳的个人所得税。

五、案例分析题

1. 作家吴某任职于国内甲公司，2019 年 3 月有关收入情况如下：

（1）从乙出版社取得小说稿酬 30 000 元；

（2）国内公开拍卖自己的小说手稿所得 120 000 元；

（3）在丙大学讲学，取得一次性讲学收入 4500 元；

（4）取得符合国家规定标准的城镇房屋拆迁补偿款 350 000 元；

（5）境内 A 上市公司股票转让所得 13 000 元；

（6）体育彩票一次性中奖收入 10 000 元。

已知：吴某每月从甲公司取得工资收入 32 000 元，且每月由任职单位扣缴"三险一金" 1620 元；吴某夫妇正在偿还首套住房贷款，约定住房贷款利息专项附加扣除每月 1000 元定额扣除由吴某全额扣除；吴某已由甲公司累计预缴个人所得税 2356 元。

要求：根据上述资料，不考虑其他因素，分析回答下列小题。

（1）甲公司 2019 年 3 月应当为吴某预扣缴的个人所得税税额是多少？

（2）吴某拍卖小说手稿所得 120 000 元，在计算个人所得税时适用的税目是（　　　）。

A. 劳务报酬所得　　　　　　　　B. 特许权使用费所得

C. 财产转让所得　　　　　　　　D. 偶然所得

（3）吴某的下列收入中，纳入居民个人综合所得，按年计算个人所得税的是（　　　）。

A. 从乙出版社取得小说稿酬 30 000 元

B. 国内公开拍卖自己的小说手稿所得 120 000 元

C. 在丙大学讲学，取得一次性讲学收入 4500 元

D. 体育彩票一次性中奖收入 10 000 元

（4）吴某的下列收入中，免于（暂不）征收个人所得税的是（　　　）。

A. 讲学收入 4500 元　　　　　　B. 拆迁补偿款 350 000 元

C. 股票转让所得 13 000 元　　　D. 体育彩票一次性中奖收入 10 000 元

2. 中国公民王先生为某大学教授，同时是甲公司（非上市公司）的股东，2019 年 10 月取得的收入情况如下：

（1）取得当月收入 6000 元、托儿补助费 500 元、住房补贴 1000 元、差旅费津贴 300 元；

（2）取得甲公司为其购买的价值 120 万元的小轿车一辆，该车所有权登记在王先生名下；

（3）取得其月初购入的 A 上市公司股票红利 0.2 万元（该股票于本月 28 日转让）；

（4）将其持有的 B 上市公司股票（非限售股）转让，转让净收入 3 万元；

（5）购买福利彩票中奖 5 万元，发生领奖交通费 0.5 万元、餐费 0.1 万元。

要求：根据上述资料，不考虑其他因素，分析回答下列小题。

（1）下列各项中应计入"工资、薪金所得"的是（　　）。

A. 工资收入 6000 元　　　　　　B. 托儿补助费 500 元

C. 住房补贴 1000 元　　　　　　D. 差旅费津贴 300 元

（2）有关王先生取得甲公司为其购买的小轿车，下列说法正确的是（　　）。

A. 无需计算缴纳个人所得税

B. 应按"工资、薪金所得"计征个人所得税

C. 应按"经营所得"计征个人所得税

D. 应按"利息、股息、红利所得"计征个人所得税

（3）有关王先生取得的上市公司股利和上市公司股票转让收入，下列说法正确的是（　　）。

A. 王先生取得上市公司股利免征个人所得税

B. 王先生取得的上市公司股利应全额计入应纳税所得额，按"股息、利息、红利所得"计征个人所得税

C. 王先生取得的上市公司股票转让收入不征收个人所得税

D. 王先生取得的上市公司股票转让收入，应按"财产转让所得"计征个人所得税

（4）王先生取得的福利彩票中奖收入应缴纳多少个人所得税？

项目六习题答案

项目七　其他税种纳税业务

学习目标

（1）熟悉房产税、契税、土地增值税、城镇土地使用税、车船税、印花税、资源税、城市维护建设税与教育费附加、环境保护税的基本知识；

（2）能根据相关规定计算房产税、契税、土地增值税、城镇土地使用税、车船税、印花税、资源税、城市维护建设税与教育费附加、环境保护税的应纳税额；

（3）能熟练掌握房产税、契税、土地增值税、城镇土地使用税、车船税、印花税、资源税、城市维护建设税与教育费附加、环境保护税的征税管理，正确进行纳税申报。

引导案例

缴纳土地增值税还是增值税？

某房地产公司与业主签订车位使用权合同，一次性收取 10 年的费用，并要求缴纳土地增值税。业主是一名财务人员，自己疑惑：自己只是出租地下车位，并没有购买车位的使用权，为什么需要缴纳土地增值税？

业主找该房地产公司理论：依据《土地增值税暂行条例》及其实施细则的有关规定，土地增值税是对出售或者以其他方式有偿转让国有土地使用权、地上的建筑物及其附着物的行为所征收的税。出售或转让应当以办理相应产权为标志，产权未发生转移就不构成出售或转让。因此，出租地下车位应该属于增值税中的"服务业—租赁业"，应该缴纳增值税。

讨论：出租地下车位应该缴纳土地增值税还是增值税？

任务一　认知房产税纳税业务

任务描述

某设备生产厂家将本企业的一套房屋租给其他单位使用，该房屋当时以 100 万购买，现在每年收取 6 万元的租金。

请问：出租房屋需要缴纳房产税吗？要缴纳多少税？

1．认知房产税

1）概念

房产税是以房产为征税对象，按照房产的计税价值或房产租金收入向

房产税纳税业务

中小微企业纳税实务

184

产权所有人征收的一种税。征收房产税有利于运用税收杠杆，是国家对房产政策调控的一个手段，合理调节房产所有人和经营人的收入。

2）纳税人

房产税的纳税人，是指在我国城市、县城、建制镇和工矿区内拥有房屋产权的单位和个人，具体包括产权所有人、承典人、房产代管人或者使用人。

（1）产权属国家所有，由经营管理单位纳税；产权属集体和个人，由集体单位和个人纳税。

（2）产权出典的，由承典人纳税。产权出典，是指产权所有人将自己房屋的产权，在一定期限内转让（出典）给他人使用而取得出典价款的一种融资行为。产权的典价一般要低于卖价。出典人在规定期间内须归还典价的本金和利息，方可赎回出典房屋的产权。由于在房屋出典期间，产权所有人已无权支配房屋，因此，税法规定对房屋具有支配权的承典人为纳税人。

（3）产权所有人、承典人均不在房产所在地的，由房产代管人或者使用人纳税。

（4）产权未确定以及租典纠纷未解决的，由房产代管人或者使用人纳税。租典纠纷，是指产权所有人在房产出典和租赁关系上，与承典人、租赁人发生各种争议，特别是有关权利和义务的争议悬而未决的。此外，还有一些产权归属不清的问题，也都属于租典纠纷。

（5）纳税单位和个人无租使用房产管理部门、免税单位及纳税单位的房产，由使用人代为缴纳房产税。

房地产开发企业建造的商品房，在出售前，不征收房产税，但对出售前房地产开发企业已使用或出租、出借的商品房应按规定征收房产税。

3）征税范围

房产税的征税范围为城市、县城、建制镇和工矿区的房产。其中，城市是指国务院批准设立的市，其征税范围为市区、郊区和市辖县城，不包括农村；县城是指未设立建制镇的县人民政府所在地的地区；建制镇是指经省、自治区、直辖市人民政府批准设立的建制镇；工矿区是指工商业比较发达，人口比较集中，符合国务院规定的建制镇的标准，但尚未设立建制镇的大中型工矿企业所在地。在工矿区开征房产税必须经省、自治区、直辖市人民政府批准。

独立于房屋之外的建筑物，如围墙、烟囱、水塔、菜窖、室外游泳池等不属于房产税的征税范围。

思考与讨论：

为什么农村的建筑物不用征收房产税？

4）税率

我国现行房产税采用比例税率。房产税的计税依据分为从价计征和从租计征，其中，从价计征的税率为1.2%，从租计征的税率为12%。

2. 房产税应纳税额的计算

1）计税依据

房产税的计税依据为房产的计税价值或房产的租金收入。按房产计税价值征税的，称为从价计征；按房产租金收入征税的，称为从租计征。

（1）从价计征的房产税的计税依据。

从价计征的房产税，以房产余值为计税依据。房产税依照房产原值一次减除 10%～30% 后的余值计算缴纳，具体扣减比例由省、自治区、直辖市人民政府确定。

（2）从租计征的房产税的计税依据。

房产出租的，以房屋出租取得的租金收入为计税依据，计缴房产税。计征房产税的租金收入不含增值税，包括货币收入和实物收入。

◆ 知识拓展

如何理解房产原值？

应税房产原值是指纳税人按照会计制度规定，在账簿固定资产科目中的房屋原价（不扣减折旧额）。

房产原值应包括与房屋不可分割的各种附属设备或不单独计算价值的配套设施，如暖气、卫生、照明、煤气等设备；电梯、过道等。

凡以房屋为载体，不可随意移动的附属设备和配套设施，如给排水、消防、电器及智能化楼宇等，无论在会计核算中是否单独记账与核算，都应计入房产原值。

当纳税人对原有房产进行改建、扩建的，要相应增加房屋的原值。对更换房屋附属设备和配套设施的，将其价值计入房产原值时，可扣减原来相应设备和设施的价值；对附属设施和配套设施中易损坏、需要经常更换的零配件，更新后不再计入房产原值。

2）**房产税应纳税额的计算**

（1）从价计征的房产税应纳税额的计算。从价计征是按房产的原值减除一定比例后的余值计征，其计算公式如下：

从价计征的房产税应纳税额＝应税房产原值×（1－扣除比例）×1.2%

公式中，扣除比例幅度为 10%～30%，具体减除幅度由省、自治区、直辖市人民政府规定。

（2）从租计征的房产税应纳税额的计算。从租计征是按房产的租金收入计征，其计算公式如下：

从租计征的房产税应纳税额 ＝租金收入×12%（或 4%）

提示：个人出租住房按 4% 的税率征收房产税。企事业单位、社会团体以及其他组织向个人、专业化规模化住房租赁企业出租住房，按 4% 的税率征收房产税。

【案例 7－1】 某企业拥有的经营性房产原值为 600 000 元，已知房产税税率为 1.2%，税务机关核定的计税余值扣除比例为 25%，计算该房产年度应缴纳的房产税税额。

解析 应纳房产税＝600 000×（1－25%）×1.2% ＝5400（元）

【案例 7－2】 20××年 1 月 1 日某企业将原值 300 万元的房产进行出租，每月收取租金 6 万元；原有 200 万元房产于本年 5 月 30 日出租，月租金 5 万元。当地房产税的扣除比例为 25%，计算该企业当年应缴纳的房产税。

解析 纳税人出租房产，按出租当月收到租金时开始计算。

应纳房产税＝6×12×12%＋200×（1－25%）×1.2%×5/12＋5×7×12%＝13.59（万元）

3．税收优惠

（1）国家机关、人民团体、军队自用的房产免征房产税。

（2）由国家财政部门拨付事业经费（全额或差额）的单位所有的、本身业务范围内使用的房产免征房产税。

（3）宗教寺庙、公园、名胜古迹自用的房产免征房产税。

宗教寺庙、公园、名胜古迹中附设的营业单位，如影剧院、饮食部、茶社、照相馆等所使用的房产及出租的房产，不属于免税范围，应照章征税。

（4）个人所有非营业用的房产免征房产税。

（5）经财政部批准免税的其他房产。

① 毁损不堪居住的房屋和危险房屋，经有关部门鉴定，在停止使用后，可免征房产税。

② 纳税人因房屋大修导致连续停用半年以上的，在房屋大修期间免征房产税，免征税额由纳税人在申报缴纳房产税时自行计算扣除，并在申报表附表或备注栏中做相应说明。

③ 在基建工地为基建工地服务的各种工棚、材料棚、休息棚和办公室、食堂、茶炉房、汽车房等临时性房屋免征房产税。

④ 对房管部门经租的居民住房，在房租调整改革之前收取租金偏低的，可暂缓征收房产税。

⑤ 对高校学生公寓免征房产税。

⑥ 对非营利性医疗机构、疾病控制机构和妇幼保健机构等卫生机构自用的房产，免征房产税。

⑦ 老年服务机构自用的房产免征房产税。

⑧ 对公共租赁住房免征房产税。

对个人出租住房，不区分用途，按4%的税率征收房产税；对企事业单位、社会团体以及其他组织按市场价格向个人出租用于居住的住房，减按4%的税率征收房产税。

⑨ 国家机关、军队、人民团体、财政补助事业单位、居民委员会、村民委员会拥有的体育场馆，用于体育活动的房产，免征房产税。

⑩ 自2019年1月1日至2021年12月31日，对农产品批发市场、农贸市场（包括自有和承租）专门用于经营农产品的房产、土地，暂免征收房产税。对同时经营其他产品的，按其他产品与农产品交易场地面积的比例确定征免房产税。

⑪ 自2019年1月1日至2021年12月31日，对国家级、省级科技企业孵化器、大学科技园和国家备案众创空间自用，以及无偿或通过出租等方式提供给在孵对象使用的房产、土地，免征房产税。

4. 房产税的纳税申报

1）纳税义务发生时间

（1）纳税人将原有房产用于生产经营，从生产经营当月起，缴纳房产税。

（2）纳税人自行新建房屋用于生产经营，从建成的次月起，缴纳房产税。

（3）纳税人委托施工企业建设的房屋，从办理验收手续的次月起，缴纳房产税。

（4）纳税人购置新建商品房，自房屋交付使用的次月起，缴纳房产税。

（5）纳税人购置存量房，自办理房屋权属转移、变更登记手续，房地产权属登记机关签发房屋权属证书的次月起，缴纳房产税。

（6）纳税人出租、出借房产，自交付出租、出借本企业房产的次月起，缴纳房产税。

（7）房地产开发企业自用、出租、出借本企业建造的商品房，自房屋使用或交付的次月起，缴纳房产税。

（8）纳税人因房产的实物或权利状态发生变化而依法终止房产税纳税义务的，其应纳税款的计算截止到房产的实物或权利状态发生变化的当月末。

2）纳税地点

房产税在房产所在地缴纳。房产不在同一地方的纳税人，应按房产的坐落地点分别向房产所在地的税务机关申报纳税。

3）纳税期限

房产税实行按年计算、分期缴纳的征收方法，具体纳税期限由省、自治区、直辖市人民政府确定。

4）纳税申报

纳税人应该按照房产税暂行条例的要求，将现有房屋的坐落地点、结构、面积、原值、出租收入等情况，如实向房屋所在地税务机关办理纳税申报，如实填写《房产税纳税申报表》。

任务二　认知契税纳税业务

任务描述

王某将自己价值 500 万元的房产转让给李某。

请问：王某转让房产的行为是否需要缴纳契税？是王某缴还是李某缴？怎样确定计税依据？

1. 认知契税

契税是以所有权发生转移变动的不动产为征税对象，按照当事人双方签订的合同（契约）以及所确定价格的一定比例，向权属承受人征收的一种税。目前采用的是 2020 年 8 月 11 日第十三届全国人民代表大会常务委员会第二十一次会议通过的《中华人民共和国契税法》。

我国目前房地产类税收主要有耕地占用税、契税、房产税、城镇土地使用税、土地增值税等，契税是对土地、房屋权属转移行为征收的一种税，是唯一从需求方进行调节的税种。

1）纳税人

契税的纳税人，是指在我国境内承受土地、房屋权属转移的单位和个人。契税由权属的承受人缴纳。所说的"承受"，是指以受让、购买、受赠、互换等方式取得土地、房屋权属的行为。土地、房屋权属，是指土地使用权和房屋所有权；单位，是指企业单位、事业单位、国家机关、军事单位和社会团体以及其他组织；个人，是指个体经营者和其他个人。

2）征税范围

契税的征税对象是在我国境内转移土地、房屋权属的行为。土地、房屋权属未发生转移的，不征收契税。契税征税范围包括以下五项内容：

（1）国有土地使用权出让，是指土地使用者向国家交付土地使用权出让费用，国家将土地使用权在一定年限内让与土地使用者的行为。

（2）土地使用权转让，是指土地使用者以出售、赠与、互换或者其他方式将土地使用权转移给其他单位和个人的行为。土地使用权的转让不包括土地承包经营权和土地经营权的转移。

（3）房屋买卖，是指房屋所有者将其房屋出售，由承受者交付货币、实物、无形资产或其他经济利益的行为。

（4）房屋赠与，是指房屋所有者将其房屋无偿转让给受赠者的行为。

（5）房屋互换，是指房屋所有者之间相互交换房屋的行为。

思考与讨论：

以房抵债、以房换货，属于房屋互换吗？

（6）下列方式转移土地、房屋权属，视同土地使用权转让、房屋买卖或赠与征收契税。

① 以作价投资（入股）、偿还债务、划转、奖励等方式转移土地、房屋权属的。

② 土地使用权受让人通过完成土地使用权转让方约定的投资额度或投资特定项目，以此获取低价转让或无偿赠与的土地使用权的，属于契税征收范围，其计税价格由征收机关参照纳税义务发生时当地的市场价格核定。

③ 公司增资扩股中，对以土地、房屋权属作价入股或作为出资投入企业的。

④ 企业破产清算期间，对非债权人承受破产企业土地、房屋权属。

土地、房屋典当、分拆（分割）、抵押以及出租等行为，不征契税。

3）税率

契税实行 3%～5%的幅度税率，具体适用税率由各省、自治区、直辖市人民政府在幅度税率规定范围内，按照本地区的实际情况提出，报同级人民代表大会常务委员会决定，并报全国人民代表大会常务委员会和国务院备案。

2．契税应纳税额的计算

1）计税依据

契税的计税依据为不动产的价格，并不含增值税。按照土地、房屋权属转移的形式、定价方法的不同，具体计税依据视不同情况而定。

（1）土地使用权出让、出售，房屋买卖，以成交价格作为计税依据。成交价格是指土地、房屋权属转移合同确定的价格，包括承受者应交付的货币、实物、无形资产或其他经济利益对应的价款。

（2）土地使用权赠与、房屋赠与以及其他没有价格的转移土地、房屋权属行为，由征收机关参照土地使用权出售、房屋买卖的市场价格依法核定。

（3）土地使用权互换、房屋互换，以所交换的土地使用权、房屋的价格差额作为计税依据。互换价格不相等的，由多交付货币、实物、无形资产或其他经济利益的一方缴纳契税；互换价格相等的，免征契税。土地使用权与房屋所有权之间相互交换，也应按照上述办法确定计税依据。

（4）以划拨方式取得土地使用权，经批准转让房地产时，由房地产转让者补交契税，以补交的土地使用权出让费用或土地收益作为计税依据。

2）契税应纳税额的计算

契税应纳税额等于适用税率和计税依据相乘计算征收。其计算公式如下：

$$契税应纳税额＝计税依据×税率$$

【案例 7-3】 居民张某获得单位奖励房屋一套。张某将该房屋与李某拥有的一套房屋进行互换。经房地产评估机构评估王某获奖房屋价值 30 万元，李某房屋价值 35 万元。两人协商后，张某实际向李某支付房屋互换价格差额款 5 万元。税务机关核定奖励张某的房屋价值为 29 万元。已知当地规定的契税税率为 4%，计算王某应缴纳的契税税额。

解析 以获奖方式取得房屋权属的应视同房屋赠与征收契税，计税依据为税务机关参照市场价格核定的价格，即 29 万元。房屋交换且互换价格不相等的，应由多支付货币的一方缴纳契税，计税依据为所互换的房屋价格的差额，即 5 万元。因此，张某应就其获奖承受该房屋权属行为和房屋互换行为分别缴纳契税。

张某获奖承受房屋权属应缴纳的契税税额 ＝290 000×4%＝11 600(元)

张某交换房屋行为应缴纳的契税税额＝50 000×4%＝2000(元)

张某实际应缴纳的契税税额＝11 600＋2000＝13 600(元)

◆ 知识拓展

购买房屋的契税税率汇总

（1）对个人购买家庭唯一住房（家庭成员范围包括购房人、配偶以及未成年子女，下同），面积 90 平方米及以下的，减按 1% 的税率征收契税；面积为 90 平方米以上的，减按 1.5% 的税率征收契税。

（2）对个人购买家庭第二套改善性住房，面积为 90 平方米及以下的，减按 1% 的税率征收契税；面积为 90 平方米以上的，减按 2% 的税率征收契税。

3．税收优惠

（1）有下列情形之一的，免征契税：

① 国家机关、事业单位、社会团体、军事单位承受土地、房屋权属用于办公、教学、医疗、科研、军事设施的。

② 非营利性的学校、医疗机构、社会福利机构承受土地、房屋权属用于办公、教学、医疗、科研、养老、救助的。

③ 承受荒山、荒地、荒滩土地使用权用于农、林、牧、渔业生产的。

④ 婚姻关系存续期间夫妻之间变更土地、房屋权属的。

⑤ 法定继承人通过继承承受土地、房屋权属的。

⑥ 依照法律规定应当予以免税的外国驻华使馆、领事馆和国际组织驻华代表机构承受土地、房屋权属的。

根据国民经济和社会发展的需要，国务院对居民住房需求保障、企业改制重组、灾后重建等情形可以规定免征或者减征契税，报全国人民代表大会常务委员会备案。

（2）省、自治区、直辖市可以决定对下列情形免征或者减征契税：

① 因土地、房屋被县级以上人民政府征收、征用，重新承受土地、房屋权属的。

② 因不可抗力灭失住房，重新承受住房权属的。

4. 契税的纳税申报

1）纳税义务发生时间

契税的纳税义务发生时间是纳税人签订土地、房屋权属转移合同的当日，或者纳税人取得其他具有土地、房屋权属转移合同性质凭证的当日。纳税人应当在依法办理土地、房屋权属登记手续前申报缴纳契税。

2）纳税地点

契税实行属地征收管理。纳税人发生契税纳税义务时，应向土地、房屋所在地的税务征收机关申报纳税。

3）纳税期限

纳税人应当自纳税义务发生之日起 10 日内，向土地、房屋所在地的税收征收机关办理纳税申报，并在税收征收机关核定的期限内缴纳税款。

4）退税管理

（1）在依法办理土地、房屋权属登记前，权属转移合同或权属转移合同性质凭证不生效、无效、被撤销或者被解除的，纳税人可以向税务机关申请退还已缴纳的税款，税务机关应当依法办理。

（2）纳税人缴纳契税后发生下列情形的，可依法申请退税：

① 因人民法院判决或者仲裁委员会裁决导致土地、房屋权属转移行为无效、被撤销或者被解除，且土地、房屋权属变更至原权利人的。

② 在出让土地使用权交付时，因容积率调整或实际交付面积小于合同约定面积需退还土地出让价款的。

③ 在新建商品房交付时，因实际交付面积小于合同约定面积需返还房价款的。

5）纳税申报

纳税人应当在规定的期限内向税务机关填报《契税纳税申报表》，并在核定的期限内缴纳税款。

任务三 认知土地增值税纳税业务

任务描述

某公司销售一幢已经使用过的办公楼，取得收入 500 万元，办公楼原价 500 万元，已提折旧 300 万元。经房地产评估机构评估，该办公楼重置成本价为 700 万元，成新度折扣率为五成，销售时缴纳相关税费 80 万元。

请问：该公司销售该办公楼应缴纳的土地增值税是多少？

土地增值税
纳税业务

1. 认知土地增值税

1）概念

土地增值税是对转让国有土地使用权、地上建筑物及其附着物（以下简称"转让房地产"）并取得收入的单位和个人，就其转让房地产所取得的增值额征收的一种税。目前采用的政策是 1993 年 12 月 13 日国务院颁布的《中华人民共和国土地增值税暂行条例》和 1995 年 1

月 27 日财政部印发的《中华人民共和国土地增值税暂行条例实施细则》。

2）纳税人

转让国有土地使用权、地上建筑物及其附着物并取得收入的单位和个人为增值税的纳税人。单位包括各类企业单位、事业单位、国家机关和社会团体及其他组织；个人包括个体经营者和其他个人。此外，还包括外商投资企业、外国企业、外国驻华机构及海外华侨、港澳台同胞和外国公民。

3）征税范围

（1）征税范围的一般规定：

① 土地增值税只对转让国有土地使用权的行为征税，对出让国有土地的行为不征税。所谓国有土地使用权，是指土地使用人根据国家法律、合同等规定，对国家所有的土地享有的使用权利。

思考与讨论：

为什么转让国有土地使用权的行为征土地增值税，出让国有土地的行为不征？

---

② 土地增值税既对转让国有土地使用权的行为征税，也对转让地上建筑物及其他附着物产权的行为征税。纳入土地增值税征税范围的增值额，是纳税人转让房地产所取得的全部增值额，而非仅仅是转让土地使用权的增值额。

所谓地上建筑物，是指建于土地上的一切建筑物，包括地上地下的各种附属设施，如厂房、仓库、商店、医院、住宅、地下室、围墙、烟囱、电梯、中央空调、管道等。所谓附着物，是指附着于土地上、不能移动，一经移动即遭损坏的种植物、养植物及其他物品。

③ 土地增值税只对有偿转让的房地产征税，对以继承、赠与等方式无偿转让的房地产，不予征税。

（2）征税范围的特殊规定：

① 企业改制重组。

自 2021 年 1 月 1 日至 2023 年 12 月 31 日，企业整体改制，对改制前的企业将国有土地使用权、地上建筑物及其附着物转移、变更到改制、合并或分立后的企业，在改制重组时以房地产作价入股进行投资，均暂不征土地增值税。

② 房地产开发企业将开发的部分房地产转为企业自用或用于出租等商业用途时，如果产权未发生转移，不征收土地增值税。

③ 房地产的交换。

交换房地产既发生了房产产权、土地使用权的转移，交换双方又取得了实物形态的收入，属于土地增值税的征税范围。但对个人之间互换自有居住用房地产的，经当地税务机关核实，可以免征土地增值税。

④ 合作建房。

对于一方出地，另一方出资金，双方合作建房，建成后按比例分房自用的，暂免征收土地增值税；建成后转让的，应征收土地增值税。

⑤ 房地产的出租。

中小微企业纳税实务

房地产的出租，是指房产所有者或土地使用者，将房产或土地使用权租赁给承租人使用，出租人虽取得了收入，但没有发生房产产权、土地使用权的转让，因此，不属于土地增值税的征税范围。

⑥ 房地产的抵押。

房地产在抵押期间不征收土地增值税，待抵押期满后，视该房地产是否转移而确定是否征收土地增值税。对于以房地产抵债而发生房地产权属转让的，应列入土地增值税的征税范围。

⑦ 房地产的代建行为。

房地产的代建行为，虽然取得了收入，但没有发生房地产权属的转移，其收入属于劳务收入性质，故不属于土地增值税的征税范围。

⑧ 房地产的重新评估。

房地产的重新评估，既没有发生房地产权属的转移，也未取得收入，所以不属于土地增值税的征税范围。

⑨ 土地使用者处置土地使用权。

土地使用者转让、抵押或置换土地，无论其是否取得了该土地的使用权属证书，无论其在转让、抵押或置换土地过程中是否与对方当事人办理了土地使用权属证书变更登记手续，只要土地使用者享有占有、使用、收益或处分该土地的权利，且有合同等证据表明其实质转让、抵押或置换了土地并取得了相应的经济利益，土地使用者及其对方当事人就应当依照税法规定缴纳增值税、土地增值税及契税等。

◆ **知识拓展**

土地增值税与契税的区别见表 7 - 1。

表 7 - 1　土地增值税与契税的区别

情　形	土地增值税	契税
房地产的出让	不征收	征收
房地产的出租	不征收	不征收
房地产的抵押	不征收	不征收
房地产的抵债	征收	征收

4）税率

土地增值税实行四级超率累进税率，是我国唯一采用超率累进税率的税种，具体如表 7 - 2 所示。

表 7 - 2　土地增值税税率表

级数	增值额与扣除项目金额的比率	税率/%	速算扣除系数/%
1	不超过 50% 的部分	30	0
2	超过 50%～100% 的部分	40	5
3	超过 100%～200% 的部分	50	15
4	超过 200% 的部分	60	35

2. 土地增值税应纳税额的计算

1）计税依据

土地增值税的计税依据是纳税人转让房地产所取得的增值额，是纳税人转让房地产的收入额减除税法规定的扣除项目金额后的余额。因此，转让房地产的收入额和扣除项目金额两个因素决定增值税大小。

（1）应税收入的确定。

根据《土地增值税暂行条例》及其实施细则的规定，纳税人转让房地产取得的应税收入，应包括转让房地产的全部价款及有关的经济收益。从收入的形式来看，包括货币收入、实物收入和其他收入。纳税人转让房地产取得的收入为不含增值税收入。

（2）扣除项目及其金额。

依照《土地增值税暂行条例》的规定，准予纳税人从房地产转让收入额减除的扣除项目金额具体包括以下内容：

① 取得土地使用权所支付的金额。

取得土地使用权所支付的金额，包括纳税人为取得土地使用权所支付的地价款和在取得土地使用权时按国家统一规定缴纳的有关费用和税金（登记、过户手续费及契税等）。如果是以协议、招标、拍卖等出让方式取得土地使用权的，地价款为纳税人所支付的土地出让金；如果是以行政划拨方式取得土地使用权的，地价款为按照国家有关规定补交的土地出让金；如果是以转让方式取得土地使用权的，地价款为向原土地使用权人实际支付的地价款。

② 房地产开发成本。

房地产开发成本，是指纳税人开发房地产项目实际发生的成本，包括土地征用及拆迁补偿费、前期工程费、建筑安装工程费、基础设施费、公共配套设施费、开发间接费用等。

a. 土地征用及拆迁补偿费，包括土地征用费、耕地占用税、劳动力安置费，以及有关地上、地下附着物拆迁补偿的净支出、安置动迁用房支出等。

b. 前期工程费，包括规划、设计、项目可行性研究和水文、地质、勘察、测绘、"三通一平"等支出。

c. 建筑安装工程费，是指以出包方式支付给承付单位的建筑安装工程费，以自营方式发生的建筑安装工程费。

d. 基础设施费，包括开发小区内道路、供水、供电、供气、排污、排洪、通信、照明、环卫、绿化等工程发生的支出。

e. 公共配套设施费，包括不能有偿转让的开发小区内公共配套设施发生的支出。

f. 开发间接费用，是指直接组织、管理开发项目发生的费用，包括工资、职工福利费、折旧费、修理费、办公费、水电费、劳动保护费、周转房摊销等。

③ 房地产开发费用。

房地产开发费用，是指与房地产开发项目有关的销售费用、管理费用和财务费用。房地产开发费用并不是按照纳税人实际发生额进行扣除，而是按税法规定标准计算扣除，应分别按以下两种情况扣除：

a. 财务费用中的利息支出，凡能够按转让房地产项目计算分摊并提供金融机构证明的，允许据实扣除，但最高不能超过按商业银行同类同期贷款利率计算的金额。其他房地产开发费用，按取得土地使用权所支付的金额和房地产开发成本计算的金额之和的5%以内扣除。其计算公式如下：

房地产开发费用＝利息＋（取得土地使用权所支付的金额＋房地产开发成本）×
省级政府确定的比例（5%以内）

b. 财务费用中的利息支出，凡不能按转让房地产项目计算分摊利息支出或不能提供金融机构证明的，房地产开发费用按规定计算的金额之和的10%以内计算扣除。其计算公式如下：

房地产开发费用＝（取得土地使用权所支付的金额＋房地产开发成本）×
省级政府确定的比例（10%以内）

提示：财政部、国家税务总局对扣除项目金额中利息支出的计算问题做了两点专门规定：一是利息的上浮幅度按国家的有关规定执行，超过上浮幅度的部分不允许扣除；二是对于超过贷款期限的利息部分和加罚的利息不允许扣除。

④ 与转让房地产有关的税金。

与转让房地产有关的税金包括在转让房地产时缴纳的城市维护建设税、印花税、教育费附加。扣除项目涉及的增值税进项税额，允许在销项税额中计算抵扣的，不计入扣除项目，不允许在销项税额中计算抵扣的，可以计入扣除项目。

房地产开发企业按照《施工、房地产开发企业财务制度》有关规定，其在转让时缴纳的印花税已列入管理费用中，故不允许单独再扣除。其他纳税人缴纳的印花税允许在此扣除。

⑤ 财政部确定的其他扣除项目。

仅针对从事房地产开发的纳税人可按规定计算的金额之和，加计20%扣除，除此之外的其他纳税人不适用。其计算公式如下：

加计扣除费用＝（取得土地使用权所支付的金额＋房地产开发成本）×20%

⑥ 旧房及建筑物的扣除金额。

a. 按评估价格扣除。在转让已使用的房屋及建筑物时，评估价格等于由政府批准设立的房地产评估机构评定的重置成本价乘以成新度折扣率后的价格。

重置成本价是指对旧房及建筑物，按转让时的建材价格及人工费用计算建造同样面积、同样层次、同样结构、同样建设标准的新房及建筑物所需花费的成本费用。成新度折扣率是指按旧房的新旧程度做一定比例的折扣。

b. 按购房发票金额计算扣除。纳税人转让旧房及建筑物，凡不能取得评估价格，但能提供购房发票的，扣除项目的金额按照下列方法计算：按发票所载金额并从购买年度起至转让年度止每年加计5%计算。对于纳税人购房时缴纳的契税，凡能够提供契税完税凭证的，准予作为"与转让房地产有关的税金"予以扣除，但不作为加计5%的基数。

◆ **知识拓展**

土地增值税应纳税额计算汇总见表7-3。

表 7 - 3　土地增值税应纳税额计算汇总

开发对象	纳税人/计算方法	扣 除 项 目
新建房	房地产企业	①取得土地使用权所支付的金额
		②房地产开发成本
		③房地产开发费用
		④与转让房地产有关的税金
		⑤财政部确定的其他扣除项目
	非房地产企业	①取得土地使用权所支付的金额
		②房地产开发成本
		③房地产开发费用
		④与转让房地产有关的税金
旧房及建筑物	按评估价格扣除	①旧房及建筑物的评估价格
		②取得土地使用权所支付的地价款和按国家统一规定缴纳的有关费用和税金
		③转让环节缴纳的税金
	按购房发票金额计算扣除	①按发票所载金额并从购买年度起至转让年度止每年加计5%计算
		②转让环节缴纳的税金

2）土地增值税应纳税额的计算

（1）应纳税额的计算公式。土地增值税按照纳税人转让房地产所取得的增值额和规定的税率计算征收。土地增值税的计算公式如下：

$$应纳税额 = \sum（每级距的增值额 \times 适用税率）$$

由于分步计算比较烦琐，一般可以采用速算扣除法计算。

（2）应纳税额的计算步骤。根据上述计算公式，土地增值税应纳税额的计算可分为以下四步。

第一步，计算增值额，公式如下：

$$增值额 = 房地产转让收入 - 扣除项目金额$$

第二步，计算增值率，公式如下：

$$增值率 = \frac{增值额}{扣除项目金额} \times 100\%$$

第三步，确定适用税率和速算扣除数。

第四步，计算应纳税额，公式如下：

$$土地增值税应纳税额 = \sum（每级距增值额 \times 适用税率）$$

$$= 增值额 \times 适用税率 - 扣除项目金额 \times 速算扣除系数$$

【案例 7 - 4】　20××年9月甲房地产开发公司销售自行开发的一处住宅项目，取得不含增值税价款 8500 万元，扣除项目金额 5500 万元。已知，土地增值税税率为 40％，速算扣除系数为 5％，计算甲房地产开发公司销售该住宅项目应缴纳的土地增值税税额。

解析　　　（8500－5500）×40％－5500×5％＝925（万元）

【案例 7－5】 20××年某国有商业企业利用库房空地进行住宅商品房开发，按照国家有关规定补交土地出让金 2840 万元，缴纳相关税费 160 万元；住宅开发成本 2800 万元，其中含装修费用 500 万元；房地产开发费用中的利息支出为 300 万元（不能提供金融机构证明）；当年住宅全部销售完毕，取得不含增值税销售收入共计 9000 万元；缴纳城市维护建设税和教育费附加 45 万元；缴纳印花税 4.5 万元。已知，该公司所在省人民政府规定的房地产开发费用的计算扣除比例为 10％，计算该企业销售住宅应缴纳的土地增值税税额。

解析　　非房地产开发企业缴纳的印花税允许作为税金扣除；非房地产开发企业不允许按照取得土地使用权所支付金额和房地产开发成本合计数的 20％加计扣除。

（1）住宅销售收入为 9000 万元。

（2）确定转让房地产的扣除项目金额包括：

① 取得土地使用权所支付的金额＝2840＋160＝3000（万元）。

② 住宅开发成本为 2800 万元。

③ 房地产开发费用＝（3000＋2800）×10％＝580（万元）。

④ 与转让房地产有关的税金＝45＋4.5＝49.5（万元）。

⑤ 转让房地产的扣除项目金额＝2840＋160＋2800＋（2840＋160＋2800）×10％＋49.5＝6429.5（万元）。

（3）转让房地产的增值额＝9000－6429.5＝2570.5（万元）。

（4）增值额与扣除项目金额的比率＝2570.5÷6429.5≈39.98％。增值额与扣除项目金额的比率未超过 50％，适用税率为 30％。

（5）应纳土地增值税税额＝2570.5×30％＝771.15（万元）。

3．税收优惠

（1）纳税人建造普通标准住宅出售，增值额未超过扣除项目金额 20％的，予以免税；超过 20％的，应按全部增值额缴纳土地增值税。

对于纳税人既建造普通标准住宅又进行其他房地产开发的，应分别核算增值额。不分别核算增值额或不能准确核算增值额的，其建造的普通标准住宅不能适用这一免税规定。

（2）因国家建设需要依法征用、收回的房地产，免征土地增值税。

（3）企事业单位、社会团体以及其他组织转让旧房作为公共租赁住房房源且增值额未超过扣除项目金额 20％的，免征土地增值税。

（4）自 2008 年 11 月 1 日起，对个人转让住房暂免征收土地增值税。

4．土地增值税的纳税申报

1）纳税期限

纳税人应在转让房地产合同签订后 7 日内，到房地产所在地主管税务机关办理纳税申报，并向税务机关提交房屋及建筑物产权、土地使用权证书，土地转让、房产买卖合同、房地产评估报告及其他与转让房地产有关的资料，然后在税务机关规定的期限内缴纳土地增值税。

纳税人因经常发生房地产转让而难以在每次转让后申报的,经税务机关审核同意后,可以定期进行纳税申报,具体期限由主管税务机关根据情况确定。

纳税人采取预售方式销售房地产的,对在项目全部竣工结算前转让房地产取得的收入,税务机关可以预征土地增值税。

对于纳税人预售房地产所取得的收入,凡当地税务机关规定预征土地增值税的。纳税人应当到主管税务机关办理纳税申报,并按规定比例预交,待办理完纳税清算后,多退少补。

2)纳税地点

土地增值税纳税人发生应税行为应向房地产所在地主管税务机关缴纳税款。纳税人转让的房地产坐落在两个或两个以上地区的,应按房地产所在地分别申报纳税。

3)纳税义务发生时间

纳税义务发生时间是纳税人签订转让房地产合同的当天。

4)纳税申报

土地增值税的纳税人应按照规定的期限填写《土地增值税纳税申报表》。

任务四 认知城镇土地使用税纳税业务

任务描述

某企业实际占地面积为 20 000 平方米,经税务机关核定,该企业所在地段适用城镇土地使用税税率,每平方米税额为 2 元。

请问:该企业全年应缴纳的城镇土地使用税税额是多少?

1.认知城镇土地使用税

1)概念

城镇土地使用税简称土地使用税,是国家在城市、县城、建制镇和工矿区范围内,对使用土地的单位和个人,按其实际占用的土地面积所征收的一种税。

城镇土地使用税的征收有利于合理使用城镇土地,用经济手段加强对土地的控制和管理;调节不同地区、不同地段之间的土地级差收入;促进全社会节约使用土地,提高土地使用效益。

2)纳税人

城镇土地使用税的纳税人,是指在税法规定的征税范围内使用土地的单位和个人。

城镇土地使用税的纳税人,根据用地者的不同情况分别确定为:

(1)城镇土地使用税由拥有土地使用权的单位或个人缴纳。

(2)拥有土地使用权的纳税人不在土地所在地的,由代管人或实际使用人缴纳。

(3)土地使用权未确定或权属纠纷未解决的,由实际使用人纳税。

(4)土地使用权共有的,共有各方均为纳税人,以共有各方实际使用土地的面积占总面积的比例,分别计算缴纳城镇土地使用税。

3)征税范围

城镇土地使用税的征税对象是土地,征税范围是在城市、县城、建制镇、工矿区范围内国家和集体所有的土地。

建立在城市、县城、建制镇和工矿区以外的工矿企业则不需缴纳城镇土地使用税。公园、名胜古迹内的索道公司经营用地，应按规定缴纳城镇土地使用税。

4）税率

城镇土地使用税采用定额税率，按大、中、小城市和县城、建制镇、工矿区分别规定每平方米城镇土地使用税年应纳税额。城镇土地使用税税率如表7－4所示。

表7－4 城镇土地使用税税率表

级别	人口/人	每平方米税额/元
大城市	50万以上	1.5～30
中等城市	20万～50万	1.2～24
小城市	20万以下	0.9～18
县城、建制镇、工矿区	—	0.6～12

省、自治区、直辖市人民政府，在上述规定的税额幅度内，根据市政建设情况、经济繁荣程度等条件，确定所辖地区的适用税额幅度，做到有选择余地，尽可能做到税负平衡。经济落后地区，城镇土地使用税的适用税额标准可适当降低，但降低幅度不得超过上述规定最低税额的30％。经济发达地区，城镇土地使用税的适用税额可以适当提高，但须报经财政部批准。

2. 城镇土地使用税应纳税额的计算

1）计税依据

城镇土地使用税以纳税人实际占用的土地面积为计税依据。土地面积计量标准为每平方米。具体按以下办法确定：

（1）由省级人民政府确定的单位组织测定土地面积的，以测定的土地面积为准。

（2）尚未组织测定，但纳税人持有政府部门核发的土地使用证书的，以证书确定的土地面积为准。

（3）尚未核发土地使用证书的，应由纳税人据实申报土地面积，并据以纳税，待核发土地使用证书后再做调整。

2）城镇土地使用税应纳税额的计算

城镇土地使用税的应纳税额可以通过纳税人实际占用的土地面积乘以该土地所在地段适用税额求得。其计算公式如下：

城镇土地使用税年应纳税额＝实际占用应税土地面积(平方米)×适用税额

【案例7－6】 某县地方税务局稽查局于20××年8月对位于城郊的国有企业1～6月份的纳税情况进行了检查，在检查城镇土地使用税纳税情况时，检查人员发现该企业提供的政府部门核发的土地使用证书显示该公司实际占用土地面积80 000平方米。其中：

（1）公司内学校和医院共占地2000平方米。

（2）公司区域外公共绿化用地5000平方米，公园区域内生活小区的绿化用地1000平方米。

（3）1月1日，将一块 1000 平方米的土地对外出租给另一公司，用以生产经营。

（4）3月1日，将一块 1500 平方米的土地无偿借给某国家机关作公务使用。

（5）除上述土地外，其余土地均为公司生产经营用地（该公司所在地适用税额为 5 元/平方米）。

请问：以上情况哪些需要缴纳城镇土地使用税，哪些不需要缴纳城镇土地使用税？

解析　（1）该公司办的学校、医院自用的 2000 平方米土地，免征城镇土地使用税。

（2）公司区域以外的 5000 平方米公共绿化用地，免征城镇土地使用税；公园区域以内的 1000 平方米生活小区绿化用地，应按规定征收城镇土地使用税。

（3）公司用于土地使用权出租的 1000 平方米土地，由承租方缴纳城镇土地使用税，该公司不缴纳。

（4）公司在 3 月 1 日将一块 1500 平方米的土地无偿借给某国家机关做公务使用，在这种情况下，该公司只需要缴纳 1～2 月份自己使用时间的城镇土地使用税。

（5）该公司自己使用的用于生产经营的土地需要缴纳城镇土地使用税，具体计算如下：

$$应纳税额 = (80\,000 - 2000 - 5000 - 1000 - 1500) \times \frac{5}{2} + 1500 \times \frac{5}{6} = 177\,500（元）$$

3. 税收优惠

1）下列用地免征城镇土地使用税

（1）国家机关、人民团体、军队自用的土地。

（2）由国家财政部门拨付事业经费的单位自用的土地。

（3）宗教寺庙、公园、名胜古迹自用的土地。

（4）市政街道、广场、绿化地带等公共用地。

（5）直接用于农、林、牧、渔业的生产用地。

（6）经批准开山填海整治的土地和改造的废弃土地，从使用的月份起免缴土地使用税5～10年。

（7）由财政部另行规定免税的能源、交通、水利设施用地和其他用地。

2）税收优惠的特殊规定

（1）城镇土地使用税与耕地占用税的征税范围衔接。

凡是缴纳了耕地用税的，从批准征用之日起满 1 年后征收城镇土地使用税；征用非耕地因不需要缴纳耕地占用税，应从批准征用的次月起征收城镇土地使用税。

（2）免税单位与纳税单位之间无偿使用的土地。

对免税单位无偿使用纳税单位的土地（如公安、海关等单位使用铁路、民航等单位的土地），免征城镇土地使用税；对纳税单位无偿使用免税单位的土地，纳税单位应照章缴纳城镇土地使用税。

（3）房地产开发公司开发建造商品房的用地。

房地产开发公司开发建造商品房的用地，除经批准开发建设经济适用房的用地外，对各类房地产开发用地一律不得减免城镇土地使用税。

（4）防火、防爆、防毒等安全防范用地。

对于各类危险品仓库、厂房所需的防火、防爆、防毒等安全防范用地，可由各省、自治区、直辖市税务局确定，暂免征收城镇土地使用税；对仓库库区、厂房本身用地，应依法征收城镇土地使用税。

（5）部分特殊行业用地暂免征收土地使用税：

① 搬迁企业的用地。

② 在厂区以外、与社会公用地段未加隔离的企业的铁路专用线、公路等用地。

③ 企业范围内的荒山、林地、湖泊等占地。

④ 石油天然气（含页岩气、煤层气）生产企业用地。

⑤ 林业系统用地。

⑥ 盐场、盐矿用地。

⑦ 矿山企业用地。

⑧ 电力行业用地。

⑨ 水利设施用地。

⑩ 交通部门港口用地。

（6）老年服务机构自用的土地免征城镇土地使用税。

（7）国家机关、军队、人民团体、财政补助事业单位、居民委员会、村民委员会拥有的体育场馆，用于体育活动的土地，免征城镇土地使用税。

（8）自 2019 年 1 月 1 日至 2021 年 12 月 31 日，对农产品批发市场、农贸市场（包括自有和承租）专门用于经营农产品的房产、土地，暂免征收城镇土地使用税。对同时经营其他产品的，按其他产品与农产品交易场地面积的比例确定征免城镇土地使用税。

（9）自 2019 年 1 月 1 日至 2021 年 12 月 31 日，对国家级、省级科技企业孵化器、大学科技园和国家备案众创空间自用以及无偿或通过出租等方式提供给在孵对象使用的房产、土地，免征城镇土地使用税。

4. 城镇土地使用税的纳税申报

1）纳税义务发生时间

（1）纳税人购置新建商品房，自房屋交付使用的次月起，缴纳城镇土地使用税。

（2）纳税人购置存量房，自办理房屋权属转移、变更登记手续，房地产权属登记机关签发房屋权属证书的次月起，缴纳城镇土地使用税。

（3）纳税人出租、出借房产，自交付出租、出借房产的次月起，缴纳城镇土地使用税。

（4）以出让或转让方式有偿取得土地使用权的，应由受让方从合同约定交付土地时间的次月起缴纳城镇土地使用税；合同未约定交付土地时间的，由受让方从合同签订的次月起缴纳城镇土地使用税。

（5）纳税人新征用的耕地，自批准征用之日起满 1 年时开始缴纳城镇土地使用税。

（6）纳税人新征用的非耕地，自批准征用的次月起缴纳城镇土地使用税。

2）纳税地点

城镇土地使用税在土地所在地缴纳。

纳税人使用的土地不属于同一省、自治区、直辖市管辖的，由纳税人分别向土地所在地税务机关缴纳城镇土地使用税；在同一省、自治区、直辖市管辖范围内，纳税人跨地区使用的土地，其纳税地点由各省、自治区、直辖市税务局确定。

3）纳税期限

城镇土地使用税按年计算、分期缴纳，具体纳税期限由省、自治区、直辖市人民政府确定。

4）纳税申报

城镇土地使用税的纳税人应按照相关规定及时办理纳税申报，如实填写《城镇土地使用税纳税申报表》。

任务五　认知车船税纳税业务

任务描述

某税务局执法人员在对各保险机构代收代缴车船税进行突击检查时，发现位于该市的某保险机构在为 7 辆汽车办理"交强险"时，纳税人拒缴车船税，该公司为了保证保险业绩，并未按照规定及时向税务机关上报，而是擅自为其办理了"交强险"。执法人员还发现，该公司为逃脱责任，还涉嫌为其中的 3 辆汽车伪造《拒缴车船税声明》，该税务局对该保险公司进行了处罚。

请问：保险公司在纳税人和税务机关之间处于什么角色？保险公司受到税务机关处罚的原因是什么？

1. 认知车船税

1）概念

车船税是依照法律规定对在中华人民共和国境内的车辆、船舶，按照规定税目和税额计算征收的一种税。征收车船税，加强对车船的管理和使用，同时通过税收手段集中财力，可以缓解发展交通运输事业资金短缺的矛盾。

2）纳税人

车船税的纳税人是指在我国境内车辆、船舶（以下简称车船）的所有人或者管理人。从事机动车第三者责任强制保险业务的保险机构为机动车车船税的扣缴义务人。

3）征收范围及税目

车船税的征税范围是指在我国境内使用属于依法应当在车船登记管理部门登记的机动车辆和船舶，以及不需要在车船登记管理部门登记的在单位内部场所行驶或者作业的机动车辆和船舶。

车船税的税目分为六大类，包括乘用车、商用车、挂车、其他车辆、摩托车和船舶。

4）税率

车船税实行有幅度的定额税率，即对各类车船分别规定一个最低到最高限度的年税额。车船的适用税额依照《车船税税目税额表》执行。

车辆的具体适用税额由省、自治区、直辖市人民政府依照《车船税法》所附《车船税税目税额表》规定的税额幅度和国务院的规定确定并报国务院备案。省、自治区、直辖市人民政府确定车辆具体适用税额应当遵循两条原则：第一，乘用车依排气量从小到大递增税额；第二，客车按照核定载客人数 20 人以下和 20 人（含）以上两档划分，递增税额。具体车船税税目税额见表 7 - 5。

表 7 - 5　车船税税目税额表

税　目		计税单位	每年税额	备注
一、乘用车	1.0 升以下【按发动机汽缸容量（排气量）分档】	每辆	60 元至 360 元	核定载客人数 9 人（含）以下
	1.0 升以上至 1.6 升（含）的	每辆	300 元至 540 元	
	1.6 升以上至 2.0 升（含）的	每辆	360 元至 660 元	
	2.0 升以上至 2.5 升（含）的	每辆	660 元至 1200 元	
	2.5 升以上至 3.0 升（含）的	每辆	1200 元至 2400 元	
	3.0 升以上至 4.0 升（含）的	每辆	2400 元至 3600 元	
	4.0 升以上的	每辆	3600 元至 5400 元	
二、商用车	客车	每辆	480 元至 1440 元	核定载客人数 9 人以上，包括电车
	货车	整备质量每吨	16 元至 120 元	包括半挂牵引车、三轮汽车及低速载货汽车等
三、挂车		整备质量每吨	按照货车税额的 50% 计算	
四、其他车辆	专用作业车	整备质量每吨	16 元至 120 元	不包括拖拉机
	轮式专用机械车	整备质量每吨	16 元至 120 元	不包括拖拉机
五、摩托车		每辆	36 元至 180 元	
六、船舶	机动船舶	净吨位每吨	3 元至 6 元	拖船和非机动驳船分别按机动船舶税额的 50% 计算
	游艇	艇身长度每米	600 元至 2000 元	

注：（1）机动船舶具体适用税额：① 净吨位不超过 200 吨的，每吨 3 元；② 净吨位超过 200 吨但不超过 2000 吨的，每吨 4 元；③ 净吨位超过 2000 吨但不超过 10 000 吨的，每吨 5 元；④ 净吨位超过 10 000 吨的，每吨 6 元。拖船按照发动机功率每 1 千瓦折合净吨位 0.67 吨计算征收车船税。

（2）游艇具体适用税额：① 艇身长度不超过 10 米的，每米 600 元；② 艇身长度超过 10 米但不超过 18 米的，每米 900 元；③ 艇身长度超过 18 米但不超过 30 米的，每米 1300 元；④ 艇身长度超过 30 米的，每米 2000 元；⑤ 辅助动力帆艇，每米 600 元。

（3）排气量、整备质量、核定载客人数、净吨位、千瓦、艇身长度，以车船登记管理部门核发的车船登记证书或者行驶证所载数据为准。

思考与讨论：

　　车船税与车辆购置税的征税对象和征收方式有什么区别？

2. 车船税应纳税额的计算

1）计税依据

车船税以车船的计税单位数量为计税依据。按车船的种类和性能，分别确定每辆、整备质量每吨、净吨位和艇身长度每米为计税单位。具体规定如下：

（1）乘用车、商用客车和摩托车，以辆数为计税依据。

（2）商用货车、挂车、专用作业车和轮式专用机械车，以整备质量吨位数为计税依据。

（3）机动船舶，以净吨位数为计税依据。

（4）游艇以艇身长度为计税依据。

2）车船税应纳税额的计算

（1）车船税各税目应纳税额的计算公式如下：

① 乘用车、客车和摩托车：

$$应纳税额＝辆数×适用年基准税额$$

② 货车、挂车、专用作业车和轮式专用机械车：

$$应纳税额＝整备质量吨位数×适用年基准税额$$

③ 机动船舶：

$$应纳税额＝净吨位数×适用年基准税额$$

④ 拖船和非机动驳船：

$$应纳税额＝净吨位数×适用年基准税额×50\%$$

⑤ 游艇：

$$应纳税额＝艇身长度×适用年基准税额$$

（2）购置的新车船，购置当年的应纳税额自纳税义务发生的当月起按月计算。其计算公式如下：

$$应纳税额＝\frac{适用年基准税额}{12}×应纳税月份数$$

【案例 7－7】 小李 20××年 6 月 12 日购买 1 辆发动机汽缸容量为 1.6 升的乘用车，已知适用年基准税额 460 元，计算小李 20××年应缴纳车船税税额。

解析 购置的新车船，购置当年的应纳税额自纳税义务发生的当月起按月计算。

$$应缴纳车船税税额＝460×6÷12＝230（元）$$

3. 税收优惠

1）车船税免征

下列车船免征车船税：

（1）在渔业船舶登记管理部门登记的捕捞、养殖渔船。

（2）军队、武装警察部队专用的车船。

（3）警用车船。

（4）悬挂应急救援专用号牌的国家综合性消防救援车辆和国家综合性消防救援船舶。

（5）依照法律规定应当予以免税的外国驻华使领馆、国际组织驻华代表机构及其有关人员的车船。

（6）对使用新能源车船，免征车船税。

（7）临时入境的外国车船和中国香港特别行政区、中国澳门特别行政区、中国台湾地区的车船，不征收车船税。

（8）按照规定缴纳船舶吨税的机动船舶，自《车船税法》实施之日起5年内免征车船税。

（9）依法不需要在车船登记管理部门登记的机场、港口、铁路站场内部行驶或者作业的车船，自《车船税法》实施之日起5年内免征车船税。

2）车船税其他税收优惠

（1）对节约能源车船，减半征收车船税。

（2）对受地震、洪涝等严重自然灾害影响纳税困难以及其他特殊原因确需减免税的车船，可以在一定期限内减征或者免征车船税。具体减免期限和数额由省、自治区、直辖市人民政府确定，报国务院备案。

（3）省、自治区、直辖市人民政府根据当地实际情况，可以对公共交通车船，农村居民拥有并主要在农村地区使用的摩托车、三轮汽车和低速载货汽车定期减征或者免征车船税。

4. 车船税的纳税申报

1）纳税义务发生时间

车船税纳税义务发生时间为取得车船所有权或者管理权的当月，以购买车船的发票或其他证明文件所载日期的当月为准。

2）纳税地点

车船税的纳税地点为车船的登记地或者车船税扣缴义务人所在地。

扣缴义务人代收代缴车船税的，纳税地点为扣缴义务人所在地。

纳税人自行申报缴纳车船税的，纳税地点为车船登记地的主管税务机关所在地。依法不需要办理登记的车船，其车船税的纳税地点为车船的所有人或者管理人所在地。

3）纳税申报

车船税按年申报，分月计算，一次性缴纳。纳税年度为公历1月1日至12月31日。具体申报纳税期限由省、自治区、直辖市人民政府规定。

（1）从事机动车第三者责任强制保险业务的保险机构为机动车车船税的扣缴义务人，应当在收取保险费时依法代收车船税，并出具代收税款凭证。

机动车车船税扣缴义务人在代收车船税时，应当在机动车交通事故责任强制保险的保险单以及保费发票上注明已收税款的信息，作为代收税款凭证。

（2）已完税或者依法减免税的车辆，纳税人应当向扣缴义务人提供登记地的主管税务机关出具的完税凭证或者减免税证明。

（3）纳税人没有按照规定期限缴纳车船税的，扣缴义务人在代收代缴税款时，可以一并代收代缴欠缴税款的滞纳金。

（4）扣缴义务人已代收代缴车船税的，纳税人不再向车辆登记地的主管税务机关申报缴纳车船税。没有扣缴义务人的，纳税人应当向主管税务机关自行申报缴纳车船税。

（5）纳税人缴纳车船税时，应当提供反映排气量、整备质量、核定载客人数、净吨位、千瓦、艇身长度等与纳税相关信息的相应凭证，以及税务机关根据实际需要要求提供的其他资料。纳税人以前年度已经提供前款所列资料信息的，可以不再提供。

（6）已缴纳车船税的车船在同一纳税年度内办理转让过户的，不另纳税，也不退税。

4）其他管理规定

（1）公安、交通运输、农业、渔业等车船登记管理部门、船舶检验机构和车船税扣缴义务人的行业主管部门，应当在提供车船有关信息等方面，协助税务机关加强车船税的征收管理。

（2）扣缴义务人应当及时解缴代收代缴的税款和滞纳金，并向主管税务机关申报。

（3）在一个纳税年度内，已完税的车船被盗抢、报废、灭失的，纳税人可以凭有关管理机关出具的证明和完税凭证，向纳税所在地的主管税务机关申请退还自被盗抢、报废、灭失月份起至该纳税年度终了期间的税款。

已办理退税的被盗抢车船失而复得的，纳税人应当从公安机关出具相关证明的当月起计算缴纳车船税。

任务六　认知印花税纳税业务

任务描述

小李想在杭州买一套房子，他通过询问中介时发现还需要缴纳印花税。他认为印花税是由销售方缴纳的，购房者不应该缴纳。

请问：这个观点对吗？为什么？

1. 认知印花税

随着我国股票交易制度的建立，国务院决定自1992年1月1日起将股票交易纳入印花税的征收范围。2021年6月10日，第十三届全国人大常委会第二十九次会议通过了《中华人民共和国印花税法》（以下简称《印花税法》），自2022年7月1日起施行。本任务结合《印花税法》和现行有效的印花税法律法规介绍印花税法律制度。

1）概念

印花税是对经济活动和经济交往中书立、领受、使用具有法律效力凭证的单位和个人征收的一种税。印花税是一种具有行为税性质的凭证税。因纳税人主要是通过在应税凭证上粘贴印花税票来完成纳税义务的，故名印花税。

印花税具有征税范围广、税率低、税负轻，以及实行"三自"纳税办法（即纳税人在书立、领受或者使用应税凭证时，自行计算、自行购买印花税票并贴花、自行盖章注销或划销）等特点。

2）纳税人

印花税的纳税人，既指在中华人民共和国境内书立应税凭证、进行证券交易的单位和个人，也指在中华人民共和国境外书立在境内使用的应税凭证的单位和个人。

应税凭证，是指《印花税法》所附《印花税税目税率表》列明的合同、产权转移书据和营业账簿。

如果一份合同或应税凭证由两方或两方以上当事人共同签订，签订合同或应税凭证的各方都是纳税人，则应各就其所持合同或应税凭证的计税金额履行纳税义务。

根据书立、领受、使用应税凭证的不同，纳税人可分为立合同人、立账簿人、立据人及使用人等。

（1）立合同人，是指合同的当事人，即对凭证有直接权利义务关系的单位和个人，但不包括合同的担保人、证人、鉴定人。当事人的代理人有代理纳税义务。

（2）立账簿人，是指设立并使用营业账簿的单位和个人。如某企业因生产需要，设立了若干营业账簿，该企业即为印花税的纳税人。

（3）立据人，是指书立产权转移书据的单位和个人。

（4）使用人，是指在国外书立、领受，但在国内使用应税凭证的单位和个人。

3）征税范围

由于我国经济活动中发生的经济凭证种类繁多、数量巨大，现行印花税采取正列举形式，不列举的凭证不征税。列举的凭证分为四类：合同、产权转移书据、营业账簿和证券交易。

（1）合同。

合同是指平等主体的自然人、法人、其他组织之间设立、变更、终止民事权利义务关系的协议。印花税税目中的合同按照《民法典》的规定进行分类，在税目税率表中列举了以下11大类合同。

① 买卖合同，包括供应、预购、采购、购销结合及协作、调剂、补偿、易货等合同；还包括各出版单位与发行单位（不包括订阅单位和个人）之间订立的图书、报刊、音像征订凭证。

对纳税人以电子形式签订的各类应税凭证按规定征收印花税。

对发电厂与电网之间、电网与电网之间（国家电网公司系统、南方电网公司系统内部各级电网互供电量除外）签订的购售电合同，按购销合同征收印花税。对电网与用户之间签订的供用电合同不征印花税。

② 借款合同，包括银行及其他金融组织和借款人（不包括银行同业拆借）所签订的借款合同。

③ 融资租赁合同。

④ 租赁合同，包括租赁房屋、船舶、飞机、机动车辆、机械、器具、设备等合同，还包括企业、个人出租门店、柜台等所签订的合同，但不包括企业与主管部门签订的租赁承包合同。

⑤ 承揽合同，包括加工、定做、修缮、修理、印刷、广告、测绘、测试等合同。

⑥ 建设工程合同，包括勘察、设计、建筑、安装工程合同的总包合同、分包合同和转包合同。

⑦ 运输合同，包括民用航空运输、铁路运输、海上运输、内河运输、公路运输和联运合同。

⑧ 技术合同，包括技术开发、转让、咨询、服务等合同。

技术转让合同包括专利申请转让、非专利技术转让所书立的合同，而专利权转让、专利实施许可所书立的合同属于产权转移书据。

技术咨询合同是合同当事人就有关项目的分析、论证、评价、预测和调查订立的技术合同，而一般的法律、会计、审计等方面的咨询不属于技术咨询，其所立合同不贴印花。

技术服务合同的征税范围包括技术服务合同、技术培训合同和技术中介合同。

⑨ 保管合同，包括保管合同或作为合同使用的仓单、栈单（入库单）。

⑩ 仓储合同。

⑪ 财产保险合同，包括财产、责任、保证、信用等保险合同。

（2）产权转移书据。

产权转移就是针对产权主体发生变更的行为。产权转移书据是在产权的买卖、交换、继承、赠与、分割等产权主体变更过程中，由产权出让人与受让人之间所订立的民事法律文书。

（3）营业账簿。

营业账簿归属于财务会计账簿，是按照财务会计制度的要求设置的、反映生产经营活动的账册。按照营业账簿反映的内容不同，在税目中分为记载资金的账簿和其他营业账簿两类。

① 记载资金的账簿，是反映生产经营单位"实收资本"和"资本公积"金额增减变化的账簿。

② 其他营业账簿，是反映除资金资产以外的其他生产经营活动内容的账簿，即除资金账簿以外的，归属于财务会计体系的其他生产经营用账册。

（4）证券交易。

证券交易，是指转让在依法设立的证券交易所、国务院批准的其他全国性证券交易场所交易的股票和以股票为基础的存托凭证。

4）税率

印花税实行比例税率。

在印花税14个税目中，各类合同以及具有合同性质的凭证、产权转移书据、营业账簿、证券交易，适用比例税率。

（1）借款合同、融资租赁合同，适用税率为0.05‰。

（2）营业账簿，适用税率为0.25‰。

（3）买卖合同、承揽合同、建设工程合同、运输合同、技术合同、商标专用权、著作权、专利权、专有技术使用权转让书据等，适用税率为0.3‰。

（4）土地使用权出让书据，土地使用权、房屋等建筑物和构筑物所有权转让书据（不包括土地承包经营权和土地经营权转移），股权转让书据（不包括应缴纳证券交易印花税），适用税率为0.5‰。

（5）租赁合同、保管合同、仓储合同、财产保险合同、证券交易，适用税率为1‰。

印花税税目税率表见表7-6。

税　目		范　围	税　率	说　明
书面合同	1. 买卖合同	包括供应、预购、采购、购销结合及协调、调剂、补偿等合同	支付价款的0.3‰	指动产买卖合同（不包括个人书立的动产买卖合同）
	2. 借款合同	包括银行及其他金融组织和借款人所签订的借款合同	借款金额的0.05‰	不包括银行同业拆借
	3. 融资租赁合同		租金的0.05‰	
	4. 租赁合同	包括租赁房屋、船舶、飞机、机动车辆、机械、器具、设备等合同	租金的1‰	
	5. 承揽合同	包括加工、定做、修缮、修理、印刷、广告、测绘、测试等合同	支付报酬的0.3‰	
	6. 建设工程合同	包括勘察、设计、建筑、安装工程合同的总包合同、分包合同和转包合同	支付价款的0.3‰	
	7. 运输合同	包括民用航空运输、铁路运输、海上运输、内河运输、公路运输和联运合同	运输费用的0.3‰	不包括管道运输合同
	8. 技术合同	包括技术开发、转让、咨询、服务等合同	支付价款、报酬或者使用费的0.3‰	不包括专利权、专有技术使用权转让书据
	9. 保管合同	包括保管合同或作为合同使用的仓单、栈单（或称入库单）	保管费的1‰	使用不规范的凭证不便计税的，可就其结算单据作为计税贴花的凭证
	10. 仓储合同		仓储费的1‰	
	11. 财产保险合同	包括财产、责任、保证、信用等保险合同	保险费的1‰	不包括再保险合同
营业账簿		生产经营活动的账册	实收资本和资本公积之和的0.25‰	对记载资金的营业账簿征收印花税，对其他营业账簿不征收印花税
证券交易		证券交易场所转让公司股票和以股票为基础发行的存托凭证	成交金额的1‰	对证券交易的出让方征收，不对证券交易的受让方征收
产权转移书据	土地使用权出让书据			
	土地使用权、房屋等建筑物和构筑物所有权转让书据（不包括土地承包经营权和土地经营权转移）		支付价款的0.5‰	转让包括买卖（出售）、继承
	股权转让书据（不包括应缴纳证券交易印花税）			
	商标专用权、著作权、专利权、专有技术使用权转让书据		支付价款的0.3‰	

2. 印花税应纳税额的计算

1) 计税依据

印花税的计税依据是应税凭证的计税金额或应税凭证的件数，均不包括增值税税款，如果增值税税额与以上金额未分开列明，则按合计金额确定。

（1）合同列明的价款或者报酬为应税合同的计税依据。具体规定如下：

① 买卖合同和建设工程合同的计税依据是支付价款。

② 承揽合同的计税依据是支付报酬。

③ 租赁合同和融资租赁合同的计税依据是租金。

④ 运输合同的计税依据是运输费用。

⑤ 保管合同的计税依据是保管费。

⑥ 仓储合同的计税依据是仓储费。

⑦ 借款合同的计税依据是借款金额。

⑧ 财产保险合同的计税依据是保险费。

⑨ 技术合同的计税依据是支付价款、报酬或者使用费等。

（2）产权转移书据列明的价款为应税产权转移书据的计税依据。若未列明价款或者报酬的，按照下列方法确定计税依据：

① 按照订立合同、产权转移书据时市场价格确定；依法应当执行政府定价的，按照其规定确定。

② 不能按照上述规定的方法确定的，按照实际结算的价款或者报酬确定。

（3）应税营业账簿的计税依据，为营业账簿记载的实收资本（股本）、资本公积合计金额。

已缴纳印花税的营业账簿，以后年度记载的实收资本（股本）、资本公积合计金额比已缴纳印花税的实收资本（股本）、资本公积合计金额增加的，按照增加部分计算应纳税额。

（4）成交金额为证券交易的计税依据。

同一应税凭证载有两个或者两个以上经济事项并分别列明价款或者报酬的，按照各自适用税目税率计算应纳税额；未分别列明价款或者报酬的，按税率高的计算应纳税额。

同一应税凭证由两方或者两方以上当事人订立的，应当按照各自涉及的价款或者报酬分别计算应纳税额。

（5）核定印花税计税依据

纳税人有以下情形的，税务机关可以核定纳税人印花税计税依据：

① 未按规定建立印花税应税凭证登记簿，或未如实登记和完整保存应税凭证的。

② 拒不提供应税凭证或不如实提供应税凭证致使计税依据明显偏低的。

③ 采用按期汇总缴纳办法的，未按税务机关规定的期限报送汇总缴纳印花税情况报告，经税务机关责令限期报告，逾期仍不报告的或者税务机关在检查中发现纳税人有未按规定汇总缴纳印花税情况的。

2) 印花税应纳税额的计算

印花税应纳税额按照下列方法计算：

（1）应税合同的应纳税额计算公式如下：

$$应纳税额 = 价款或者报酬 \times 适用税率$$

（2）应税产权转移书据的应纳税额计算公式如下：

$$应纳税额＝价款×适用税率$$

（3）应税营业账簿的应纳税额计算公式如下：

$$应纳税额＝实收资本（股本）、资本公积合计金额×适用税率$$

（4）证券交易的应纳税额计算公式如下：

$$应纳税额＝成交金额或者依法确定的计税依据×适用税率$$

【案例 7-8】 甲公司向乙公司租赁 2 台塔吊并签订租赁合同，合同注明塔吊总价值为 80 万元，租期为 2 个月，每台每月租金 2 万元。已知，租赁合同适用印花税税率为 1‰。根据印花税法律制度的规定，计算甲公司和乙公司签订该租赁合同共计应缴的印花税税额。

解析 租赁合同印花税的计税依据为"租金"（而非租赁物价值），本题租金总额＝2×2×2＝8（万元）；

如果一份合同或应税凭证由两方或两方以上当事人共同签订，则签订合同或应税凭证的各方都是纳税人，因此，甲公司和乙公司签订该租赁合同共计应缴纳印花税＝8×1‰×2＝0.016（万元）＝160（元）。

【案例 7-9】 甲公司与乙公司签订一份承揽合同，合同载明由甲公司提供原材料 200 万元，支付乙公司加工费 30 万元；又与丙公司签订了一份财产保险合同，保险金额 800 万元，支付保险费 0.8 万元。已知，承揽合同印花税税率为 0.3‰，财产保险合同印花税税率为 1‰，计算甲公司签订的上述两份合同应缴纳印花税税额。

解析 应缴纳印花税＝30×0.3‰＋0.8×1‰＝0.0098（万元）＝98（元）

◆ **知识拓展**

疫情防控期间的印花税减免政策

（1）小规模纳税人印花税可享受最高减征 50％的税收优惠政策；

（2）小微企业与金融机构签订的借款合同对其印花税进行免征。

小型企业、微型企业，是指符合《中小企业划型标准规定》（工信部联企业〔2011〕300号）的小型企业和微型企业。其中，资产总额和从业人员指标均以贷款发放时的实际状态确定，营业收入指标以贷款发放前 12 个自然月的累计数确定，不满 12 个自然月的，按照以下公式计算：

$$营业收入（年）＝\frac{企业实际存续期间营业收入}{企业实际存续月数}×12$$

3. 税收优惠

（1）法定凭证免税。

① 应税凭证的副本或者抄本，免征印花税。

② 农民、家庭农场、农民专业合作社、农村集体经济组织、村民委员会购买农业生产资料或者销售农产品书立的买卖合同和农业保险合同，免征印花税。

③ 无息或者贴息借款合同、国际金融组织向中国提供优惠贷款书立的借款合同，免征印花税。

④ 财产所有权人将财产赠与政府、学校、社会福利机构、慈善组织书立的产权转移书据，免征印花税。

⑤ 中国人民解放军、中国人民武装警察部队书立的应税凭证，免征印花税。

⑥ 依照法律规定应当予以免税的外国驻华使馆、领事馆和国际组织驻华代表机构为获得馆舍书立的应税凭证，免征印花税。

⑦ 非营利性医疗卫生机构采购药品或者卫生材料书立的买卖合同，免征印花税。

⑧ 个人与电子商务经营者订立的电子订单，免征印花税。

根据国民经济和社会发展的需要，国务院对居民住房需求保障、企业改制重组、破产、支持小型微型企业发展等情形可以规定减征或者免征印花税，报全国人大常委会备案。

（2）免税额。应纳税额不足1角的，免征印花税。

（3）对商店、门市部的零星加工修理业务开具的修理单，不贴印花。

（4）对铁路、公路、航运、水路承运快件行李、包裹开具的托运单据，暂免贴花。

（5）对企业车间、门市部、仓库设置的不属于会计核算范围的账簿，不贴印花。

（6）对运输、仓储、保管、财产保险、银行借款等，办理一项业务，既书立合同，又开立单据的，只就合同贴花；所开立的各类单据，不再贴花。

（7）对企业兼并的并入资金，凡已按资金总额贴花的，接收单位对并入的资金不再补贴印花。

（8）租赁承包经营合同免税。企业与主管部门等签订的租赁承包经营合同，不属于租赁合同，不征收印花税。

（9）外国运输企业免税。由外国运输企业运输进口货物的，外国运输企业所持有的一份结算凭证，免征印花税。

（10）书、报、刊合同免税。书、报、刊发行单位之间，发行单位与订阅单位或个人之间书立的凭证，免征印花税。

（11）特殊货运凭证免税：

① 抢险救灾物资运输结算凭证。

② 为新建铁路运输施工所属物料，使用工程临管线专用运费结算凭证。

（12）电话和联网购货免税。对在供需经济活动中使用电话、计算机联网订货，没有开具书面凭证的，暂不贴花。

（13）日拆性贷款合同免税。对中国人民银行向各商业银行提供的日拆性贷款（20日以内的贷款）所签订的合同或借据，暂免征收印花税。

（14）铁路企业特定凭证免税。国铁集团所属单位的下列凭证不征收印花税：

① 国铁集团层层下达的基建计划，不贴花。

② 企业内部签订的有关铁路生产经营设施基建、更新改造、大修、维修的协议或责任书，不贴花。

③ 在铁路内部无偿调拨固定资产的调拨单据，不贴花。

④ 由国铁集团全额拨付事业费的单位，其营业账簿不贴花。

（15）合同、书据免税。出版合同，不属于印花税列举征税的凭证，免征印花税。

（16）借款展期合同免税。对办理借款展期业务使用借款展期合同或其他凭证，按规定仅载明延期还款事项的，可暂不贴花。

（17）同业拆借合同免税。银行、非银行金融机构之间相互融通短期资金，按照规定的同业拆借期限和利率签订的同业拆借合同，不征收印花税。

（18）物资调拨单免税。对工业、商业、物资、外贸等部门调拨商品物资，作为内部执行计划使用的调拨单，不作为结算凭证，不属于合同性质的凭证，不征收印花税。

（19）国库业务账簿免税。中国人民银行各级机构经理国库业务及委托各专业银行各级机构代理国库业务设置的账簿，免征印花税。

（20）委托代理合同免税。代理单位与委托单位之间签订的委托代理合同，不征收印花税。

4. 印花税的纳税申报

1）纳税义务发生时间

印花税纳税义务发生时间为纳税人订立、领受应税凭证或者完成证券交易的当日。如果合同是在国外签订，并且不便在国外贴花的。应在将合同带入境时办理贴花纳税手续。

证券交易印花税扣缴义务发生时间为证券交易完成的当日。证券登记结算机构为证券交易印花税的扣缴义务人。

2）纳税地点

印花税一般实行就地纳税，具体规定如下：

（1）单位纳税人应当向其机构所在地的主管税务机关申报缴纳印花税；个人纳税人应当向应税凭证订立、领受地或者居住地的税务机关申报缴纳印花税。

（2）纳税人出让或者转让不动产产权的，应当向不动产所在地的税务机关申报缴纳印花税。

（3）证券交易印花税的扣缴义务人应当向其机构所在地的主管税务机关申报缴纳扣缴的税款以及银行结算的利息。

（4）纳税人为境外单位或者个人，在境内有代理人的，以其境内代理人为扣缴义务人；在境内没有代理人的，由纳税人自行申报缴纳印花税，具体办法由国务院税务主管部门规定。

3）纳税期限

印花税按季、按年或者按次计征。实行按季、按年计征的，纳税人应当于季度、年度终了之日起15日内申报并缴纳税款。实行按次计征的，纳税人应当于纳税义务发生之日起15日内申报并缴纳税款。

证券交易印花税按周解缴。证券交易印花税的扣缴义务人应当于每周终了之日起5日内申报解缴税款及孳息。

已缴纳印花税的凭证所载价款或者报酬增加的，纳税人应当补缴印花税；已缴纳印花税的凭证所载价款或者报酬减少的，纳税人可以向主管税务机关申请退还印花税税款。

4）纳税申报

印花税根据纳税税额的大小、纳税次数的多少，以及税收征收管理的需要在固定期限内填写《印花税纳税申报表》进行缴纳，可以选择自行贴花、汇贴或汇缴、委托代征这三种纳税方法中的一种进行缴纳。

（1）自行贴花。

自行贴花是指由纳税人自行计算应纳税额，自行购买并贴足印花税票，自行注销的缴纳方法。该方法一般适用于应税凭证较少或贴花次数较少的纳税人。

（2）汇贴或汇缴。

汇贴是指纳税人将税收缴款书、完税凭证粘贴在凭证上或由税务机关在凭证上加注完税标记的方法。汇缴是指对同一种应税凭证频繁贴花的，纳税人采用按期汇总缴纳印花税的方法。汇贴或汇缴一般适用于应税税额较大或贴花次数频繁的纳税人。

（3）委托代征。

委托代征是指委托单位按税务机关的要求，以税务机关的名义向纳税人征收税款的方法。该方法主要目的是为了加强税源控制，受托单位一般是发放、签证、公证的政府部门或其他社会组织。

任务七　认知资源税纳税业务

任务描述

税务人员审查某煤矿第一季度的纳税情况时，经查证核实，发现该煤矿用 1000 吨原煤换取了固定资产，未计算缴纳资源税。

请问：该煤矿用煤换取固定资产的行为是否缴纳资源税？

1. 认知资源税

1）概念

资源税是对在我国领域或管辖的其他海域开发应税资源的单位和个人征收的一种税。目前其采用的基本法律依据是 2019 年 8 月 26 日，第十三届全国人民代表大会常务委员会第十二次会议通过的《中华人民共和国资源税法》，自 2020 年 9 月 1 日起施行。

资源税的特点：

（1）实行从量定额和从价定率两种征收方式。

（2）实行级差调节纳税。对于资源条件、开采条件好，收入多的多征收；对于资源条件、开采条件差，收入少的少征税。

2）纳税人

在我国领域和管辖的其他海域开发应税资源的单位和个人为资源税的纳税人。

中外合作开采陆上、海上石油资源的企业依法缴纳资源税。

2011 年 11 月 1 日前已依法订立中外合作开采陆上、海上石油资源合同的，在该合同有效期内，继续依照国家有关规定缴纳矿区使用费，不缴纳资源税；合同期满后，依法缴纳资源税。

3）征税范围和税目

资源税的课税对象是各种自然资源，包括能源矿产、金属矿产、非金属矿产、水气矿产、盐类，共计 5 大类，各税目的征税对象包括原矿或选矿，具体包括：

（1）能源矿产，包括原油、天然气、页岩气、天然气水合物、煤、煤成（层）气、铀、钍、油页岩、油砂、天然沥青、石煤、地热。

（2）金属矿产，包括黑色金属和有色金属。

（3）非金属矿产，包括矿物类、岩石类、宝玉石类。

（4）水气矿产，包括二氧化碳气、硫化氢气、氦气、氡气、矿泉水。

（5）盐类，包括钠盐、钾盐、镁盐、锂盐、天然卤水、海盐。

资源税实行一次课征制度。资源税在开发销售（包括国内销售和出口销售）时缴纳，进口、批发、零售环节不缴纳资源税。

纳税人开采或者生产应税产品自用的，视同销售，应当按规定缴纳资源税，但是自用于连续生产应税产品的，不缴纳资源税。纳税人自用应税产品应当缴纳资源税的情形，包括纳税人以应税产品用于非货币性资产交换、捐赠、偿债、赞助、集资、投资、广告、样品、职工福利、利润分配或者连续生产非应税产品等。

> **思考与讨论：**
>
> 除了资源税采用一次性课征制度外，还有哪些税也采用这种方式？

4）税率

资源税采用比例税率或者定额税率两种形式。税目、税率依照资源税税目税率表执行，见表7-7。其中对地热、石灰岩、其他黏土、砂石、矿泉水和天然卤水6种应税资源采用比例税率或定额税率，其他应税资源均采用比例税率。水资源税根据当地水资源状况、取用水类型及经济发展等情况实行差别税率。

表7-7　资源税税目税率表

税 目			征税对象	税 率
能源矿产		原油	原矿	6%
		天然气、页岩气、天然气水合物	原矿	6%
		煤	原矿或选矿	2%～10%
		煤成（层）气	原矿	1%～2%
		铀、钍	原矿	4%
		油页岩、油砂、天然沥青、石煤	原矿或选矿	1%～4%
		地热	原矿	1%～20%或者每立方米1～30元
金属矿产	黑色金属	铁、锰、铬、钒、钛	原矿或选矿	1%～9%
	有色金属	铜、铅、锌、锡、镍、锑、镁、钴、铋、汞	原矿或选矿	2%～10%
		铝土矿	原矿或选矿	2%～9%
		钨	选矿	6.5%
		钼	选矿	8%
		金、银	原矿或选矿	2%～6%
		铂、钯、钌、锇、铱、铑	原矿或选矿	5%～10%
		轻稀土	选矿	7%～12%
		中重稀土	选矿	20%
		铍、锂、锆、锶、铷、铯、铌、钽、锗、镓、铟、铊、铪、铼、镉、硒、碲	原矿或选矿	2%～10%

税　目			征税对象	税率
非金属矿产	矿物类	高岭土	原矿或选矿	1％～6％
		石灰岩	原矿或选矿	1％～6％或者每吨（或者每立方米）1～10元
		磷	原矿或选矿	3％～8％
		石墨	原矿或选矿	3％～12％
		萤石、硫铁矿、自然硫	原矿或选矿	1％～8％
		天然石英砂、脉石英、粉石英、水晶、工业用金刚石、冰洲石、蓝晶石、硅线石（矽线石）、长石、滑石、刚玉、菱镁矿、颜料矿物、天然碱、芒硝、钠硝石、明矾石、砷、硼、碘、溴、膨润土、硅藻土、陶瓷土、耐火黏土、铁钒土、凹凸棒石黏土、海泡石黏土、伊利石黏土、累托石黏土	原矿或选矿	1％～12％
		叶蜡石、硅灰石、透辉石、珍珠岩、云母、沸石、重晶石、毒重石、方解石、蛭石、透闪石、工业用电气石、白垩、石棉、蓝石棉、红柱石、石榴子石、石膏	原矿或选矿	2％～12％
		其他黏土（铸型用黏土、砖瓦用黏土、陶粒用黏土、水泥配料用黏土、水泥配料用红土、水泥配料用黄土、水泥配料用泥岩、保温材料用黏土）	原矿或选矿	1％～5％或者每吨（或者每立方米）0.1～5元
	岩石类	大理岩、花岗岩、白云岩、石英岩、砂岩、辉绿岩、安山岩、闪长岩、板岩、玄武岩、片麻岩、角闪岩、页岩、浮石、凝灰岩、黑曜岩、霞石正长岩、蛇纹岩、麦饭石、泥灰岩、含钾岩石、含钾砂页岩、天然油石、橄榄岩、松脂岩、粗面岩、辉长岩、辉石岩、正长岩、火山灰、火山渣、泥炭	原矿或选矿	1％～10％
		砂石	原矿或选矿	1％～5％或者每吨（或者每立方米）0.1～5元
	宝玉石类	宝石、玉石、宝石级金刚石、玛瑙、黄玉、碧玺	原矿或选矿	4％～20％

税 目		征税对象	税 率
水气矿产	二氧化碳气、硫化氢气、氦气、氡气	原矿	2%～5%
	矿泉水	原矿	1%～20%或者每立方米1～30元
盐类	钠盐、钾盐、镁盐、锂盐	选矿	3%～15%
	天然卤水	选矿	3%～15%或者每吨（或者每立方米）1～10元
	海盐		2%～5%

2. 资源税应纳税额的计算

1）计税依据

资源税按照税目税率表实行从价计征或者从量计征，以纳税人开发应税资源产品的销售额或者销售数量为计税依据。

（1）从量定额。

① 实行从量计征的，应纳税额按照应税产品的销售数量乘以具体适用税率计算。其计算的基本公式如下：

$$应纳税额＝销售数量×单位税额$$

② 应税产品的销售数量，包括纳税人开采或者生产应税产品的实际销售数量和自用于应当缴纳资源税情形的应税产品数量。

（2）从价定率。

实行从价计征的，应纳税额按照应税资源产品（包括原矿和选矿产品）的销售额乘以具体适用税率计算。其计税依据规定如下：

① 资源税应税产品销售额是指纳税人销售应税产品向购买方收取的全部价款，但不包括收取的增值税税款。计入销售额中的相关运杂费用，凡取得增值税发票或者其他合法有效凭据的，准予从销售额中扣除。相关运杂费用是指应税产品从坑口或者洗选（加工）地到车站、码头或者购买方指定地点的运输费用、建设基金以及随运销产生的装卸、仓储、港杂费用，即：

$$应纳资源税税额＝（不含增值税的资源税应税产品销售额－准予扣除的相关的运杂费）×资源税税率$$

② 纳税人申报的应税产品销售额明显偏低且无正当理由的，或者有自用应税产品行为而无销售额的，主管税务机关可以按下列方法和顺序确定其应税产品销售额：

a. 按纳税人最近时期同类产品的平均销售价格确定。

b. 按其他纳税人最近时期同类产品的平均销售价格确定。

c. 按后续加工非应税产品销售价格减去后续加工环节的成本利润后确定。

d. 按应税产品组成计税价格确定，即

$$组成计税价格=成本\times\frac{1+成本利润率}{1-资源税税率}$$

上述公式中的成本利润率由省、自治区、直辖市税务机关确定。

e. 按其他合理方法确定。

（3）计税依据的特殊规定。

① 纳税人开采或者生产不同税目应税产品的，应当分别核算不同税目应税产品的销售额或者销售数量；未分别核算或者不能准确提供不同税目应税产品的销售额或者销售数量的，从高适用税率。

② 纳税人外购应税产品与自采应税产品混合销售或者混合加工为应税产品销售的，在计算应税产品销售额或者销售数量时，准予扣减外购应税产品的购进金额或者购进数量；当期不足扣减的，可结转下期扣减。纳税人应当准确核算外购应税产品的购进金额或者购进数量，未准确核算的，一并计算缴纳资源税。

纳税人核算并扣减当期外购应税产品购进金额、购进数量的，应当依据外购应税产品的增值税发票、海关进口增值税专用缴款书或者其他合法有效凭据。

③ 纳税人以外购原矿与自采原矿混合为原矿销售，或者以外购选矿产品与自产选矿产品混合为选矿产品销售的，在计算应税产品销售额或者销售数量时，直接扣减外购原矿或者外购选矿产品的购进金额或者购进数量。

纳税人以外购原矿与自采原矿混合洗选加工为选矿产品销售的，在计算应税产品销售额或者销售数量时，按照下列方法进行扣减：

$$\begin{matrix}准予扣减的外购应税产品\\购进金额（数量）\end{matrix}=外购原矿购进金额（数量）\times\frac{本地区原矿适用税率}{本地区选矿产品适用税率}$$

不能按照上述方法计算扣减的，按照主管税务机关确定的其他合理方法进行扣减。

2）资源税应纳税额的计算

资源税的应纳税额按照从价定率或者从量定额的办法，分别以应税产品的销售额乘以纳税人具体适用的比例税率，或者以应税产品的销售数量乘以纳税人具体适用的定额税率计算。计算公式如下：

（1）实行从价定率计征办法的应税产品，资源税应纳税额按销售额和比例税率计算，即

$$应纳税额=应税产品的销售额\times适用的比例税率$$

（2）实行从量定额计征办法的应税产品，资源税应纳税额按销售数量和定额税率计算，即

$$应纳税额=应税产品的销售数量\times适用的定额税率$$

（3）扣缴义务人代扣代缴资源税应纳税额的计算：

$$代扣代缴应纳税额=收购未税产品的数量\times适用定额税率$$

【案例 7-10】 某砂石厂是增值税一般纳税人，2021 年 9 月开采砂石 10 000 立方米，对外销售 6000 立方米，不含增值税销售额为 60 万元。已知，该砂石厂全部销售业务采用简易办法计征增值税，当地砂石资源税税率为 3 元/立方米，增值税征收率为 3%。计算该砂石厂 9 月增值税应纳税额和资源税应纳税额。

解析 增值税应纳税额 = 60 × 3% = 1.8（万元）

资源税应纳税额 = 6000 × 3 ÷ 10 000 = 1.8（万元）

【案例 7-11】 某铜矿 2020 年 10 月销售铜矿石原矿，收取价款合计 600 万元，其中从坑口到车站的运输费用为 20 万元，随运销产生的装卸、仓储费用为 10 万元，均取得增值税发票。已知该矿山铜矿石原矿适用的资源税税率为 6%，计算该铜矿 10 月份应纳资源税税额。

解析 因为铜矿征税对象为原矿或选矿，本题计税依据应为原矿销售额减除运输费用和装卸、仓储费用。

该铜矿当月应税产品销售额 = 600 − (20 + 10) = 570（万元）

该铜矿 10 月份应纳资源税税额 = 570 × 6% = 34.2（万元）

3. 税收优惠

1）法定免征

（1）开采原油以及在油田范围内运输原油过程中用于加热的原油、天然气，免征资源税。

（2）煤炭开采企业因安全生产需要抽采的煤成（层）气，免征资源税。

2）法定减征

（1）从低丰度油气田开采的原油、天然气，减征 20% 资源税。

（2）高含硫天然气、三次采油和从深水油气田开采的原油、天然气，减征 30% 资源税。

（3）稠油、高凝油，减征 40% 资源税。

（4）从衰竭期矿山开采的矿产品，减征 30% 资源税。

（5）为促进页岩气开发利用，有效增加天然气供给，经国务院同意，自 2018 年 4 月 1 日至 2021 年 3 月 31 日，对页岩气资源税（按 6% 的规定税率）减征 30%。

（6）自 2019 年 1 月 1 日至 2021 年 12 月 31 日，对增值税小规模纳税人可以在 50% 的税额幅度内减征资源税。

（7）自 2014 年 12 月 1 日至 2023 年 8 月 31 日，对充填开采置换出来的煤炭，资源税减征 50%。

根据国民经济和社会发展需要，国务院对有利于促进资源节约集约利用、保护环境等情形可以规定免征或者减征资源税，报全国人民代表大会常务委员会备案。

3）由地方酌定减免征

有下列情形之一的，省、自治区、直辖市可以决定免征或者减征资源税：

（1）纳税人开采或者生产应税产品过程中，因意外事故或者自然灾害等原因遭受重大损失的。

（2）纳税人开采共伴生矿、低品位矿、尾矿的。

上述规定的免征或者减征资源税的具体办法，由省、自治区、直辖市人民政府提出，报同级人民代表大会常务委员会决定，并报全国人民代表大会常务委员会和国务院备案。

纳税人开采或者生产同一应税产品同时符合两项或者两项以上减征资源税优惠政策的，除另有规定外，只能选择其中一项执行。

纳税人的免税、减税项目，应当单独核算销售额或者销售数量；未单独核算或者不能准确提供销售额或者销售数量的，不予免税或者减税。

4. 资源税的纳税申报

1）纳税义务发生时间

纳税人销售应税产品，纳税义务发生时间为收讫销售款或者取得索取销售款凭据的当日；自用应税产品的，纳税义务发生时间为移送应税产品的当日。

资源税由税务机关征收管理。海上开采的原油和天然气资源税由海洋石油税务管理机构征收管理。

2）纳税地点

纳税人应当在矿产品的开采地或者海盐的生产地缴纳资源税。

3）纳税期限

资源税按月或者按季申报缴纳；不能按固定期限计算缴纳的，可以按次申报缴纳。

纳税人按月或者按季申报缴纳的，应当自月度或者季度终了之日起 15 日内，向税务机关办理纳税申报并缴纳税款；按次申报缴纳的，应当自纳税义务发生之日起 15 日内，向税务机关办理纳税申报并缴纳税款。

4）纳税申报

纳税人申报资源税时，应当填报《资源税纳税申报表》。纳税人享受资源税优惠政策的，实行"自行判别、申报享受、有关资料留存备查"的办理方式，另有规定的除外。纳税人对资源税优惠事项留存材料的真实性和合法性承担法律责任。

任务八　认知城市维护建设税和教育费附加纳税业务

任务描述

小李坐在公交车上，看到道路旁边的各种道路建设，若有所思，这些城市建设的资金是哪里来的，而且不同规模城市需要的资金不同。

请问：城市建设和维护的资金是哪里来的？不同规模的城市需要的资金在征收上有区别吗？

1. 认知城市维护建设税

1）概念

城市维护建设税简称城建税，它是以纳税人实际缴纳的增值税、消费税税额为计税依据所征收的一种税，主要目的是筹集城市公用事业和公共设施的维护、建设资金。城建税和教育费附加都具有附加税性质，属于特定目的税。

2）纳税人

城市维护建设税的纳税人，是指在中华人民共和国境内缴纳增值税、消费税的单位和个人，包括各类企业（含外商投资企业、外国企业）、行政单位、事业单位、军事单位、社会团体及其他单位，以及个体工商户和其他个人（含外籍个人）。

城市维护建设税扣缴义务人为负有增值税、消费税扣缴义务的单位和个人，在扣缴增值税、消费税的同时扣缴城市维护建设税。

3）税率

城市维护建设税实行差别比例税率，按照纳税人所在地区的不同，设置了 3 档比例税率。

（1）纳税人所在地在市区的，税率为 7%。

（2）纳税人所在地在县城、镇的，税率为 5%。

（3）纳税人所在地不在市区、县城或者镇的，税率为 1%。

城市维护建设税的适用税率，应当按照纳税人所在地的规定税率执行。但是对下列两种情况，可按缴纳"二税"所在地的规定税率就地缴纳：

（1）由受托方代扣代缴、代收代缴增值税、消费税的单位和个人，其代扣代缴、代收代缴的城市维护建设税按受托方所在地适用税率执行。

（2）流动经营等无固定纳税地点的单位和个人，在经营地缴纳增值税、消费税的，其城市维护建设税的缴纳按经营地适用税率执行。

4）优惠政策的运用

城市维护建设税属于增值税、消费税的一种附加税，原则上不单独规定税收减免条款。当主税发生减免时，城市维护建设税也相应发生减免。现行城市维护建设税的减免规定主要有：

（1）对进口货物或者境外单位和个人向境内销售劳务、服务、无形资产缴纳的增值税、消费税税额，不征收城市维护建设税；对出口货物、劳务和跨境销售服务、无形资产以及因优惠政策退还增值税、消费税的，不退还已缴纳的城市维护建设税，即"进口不征、出口不退"。

（2）对实行增值税期末留抵退税的纳税人，允许其从城市维护建设税的计税依据中扣除退还的增值税税额。

（3）对增值税、消费税实行先征后返、先征后退、即征即退办法的，除另有规定外，对随增值税、消费税附征的城市维护建设税，一律不予退（返）还。

（4）根据国民经济和社会发展的需要，国务院对重大公共基础设施建设、特殊产业和群体以及重大突发事件应对等情形，可以规定减征或者免征城市维护建设税，报全国人民代表大会常务委员会备案。

2. 城市维护建设税应纳税额的计算

1）计税依据

城市维护建设税的计税依据为纳税人实际缴纳的增值税、消费税税额。

2）应纳税额的计算

城市维护建设税的应纳税额按照纳税人实际缴纳的增值税、消费税税额乘以适用税率计算。其计算公式如下：

$$应纳税额＝实际缴纳的增值税、消费税税额×适用税率$$

【案例7－12】 甲公司位于某市东城区，2021年11月应缴增值税90 000元，实际缴纳增值税80 000元；应缴消费税70 000元，实际缴纳消费税60 000元。已知适用的城市维护建设税税率为7％，计算该公司当月应纳城市维护建设税税额。

解析 根据城市维护建设税法律制度规定，城市维护建设税以纳税人实际缴纳的增值税、消费税税额为计税依据。

应纳城市维护建设税税额＝（80 000＋60 000）×7％＝140 000×7％＝9800（元）

3．城市维护建设税的纳税申报

1）纳税义务发生时间

城市维护建设税纳税义务发生时间与缴纳增值税、消费税的纳税义务发生时间一致，分别与增值税、消费税同时缴纳。

2）纳税地点

城市维护建设税纳税地点为实际缴纳增值税、消费税的地点。扣缴义务人应当向其机构所在地或者居住地的主管税务机关申报缴纳其扣缴的税款。但是下列情况，城市维护建设税的纳税地点为：

（1）代扣代缴、代收代缴"二税"的单位和个人，同时也是城市维护建设税的代扣代缴、代收代缴义务人，其纳税地点为代扣代收地。

（2）对流动经营等无固定纳税地点的单位和个人，应随同"二税"在经营地纳税。

3）纳税期限

由于城市维护建设税是由纳税人在缴纳"二税"时缴纳的，所以其纳税期限分别与"二税"的纳税期限一致。

4）纳税申报

城市维护建设税以及教育费附加都是同增值税、消费税一起纳税申报的，需如实填写《城建税、教育费附加、地方教育附加税（费）申报表》。

4．教育费附加纳税业务

1）概念

教育费附加是以各单位和个人实际缴纳的增值税、消费税的税额为计征依据而征收的一种费用，其目的是加快发展教育事业，扩大教育经费资金来源。

2）征收范围

教育费附加的征收范围为税法规定征收增值税、消费税的单位和个人，包括外商投资企业、外国企业及外籍个人。

3）计征依据

教育费附加以纳税人实际缴纳的增值税、消费税税额之和为计征依据。

4）征收比率

按照 1994 年 2 月 7 日《国务院关于教育费附加征收问题的紧急通知》的规定，现行教育费附加征收比率为 3%。

5）计算与缴纳

教育费附加的计算公式如下：

$$应纳教育费附加 = 实际缴纳增值税、消费税税额之和 × 征收比率$$

【案例 7 - 13】 甲公司 2021 年 12 月应缴纳增值税 260 000 元，实际缴纳增值税 200 000 元，实际缴纳消费税 100 000 元，计算该公司当月应纳教育费附加。

解析 应纳教育费附加 = (200 000 + 100 000) × 3% = 300 000 × 3% = 9 000(元)

6）减免规定

(1) 对海关进口产品征收的增值税、消费税，不征收教育费附加；对出口产品退还增值税、消费税的，不退还已征的教育费附加，即"进口不征，出口不退"。

(2) 对由于减免增值税、消费税而发生退税的，可同时退还已征收的教育费附加。

(3) 随着增值税、消费税的减免，教育费附加也减免。

任务九 认知环境保护税纳税业务

任务描述

工业生产企业 A 企业常年向大气排放污染物，20×× 年 6 月 A 企业安装使用的符合规定的污染物自动监测仪显示，本月 A 企业排放的大气污染物折合 1000 污染当量。已知当地大气污染物适用税额为 3.2 元/污染当量。

请问：该企业当月应缴纳多少环境保护税？

1. 认知环境保护税

1）概念

环境保护税是为了保护和改善环境，减少污染物排放，推进生态文明建设而征收的一种税。

2）纳税人

环境保护税的纳税人为在中华人民共和国领域和中华人民共和国管辖的其他海域，直接向环境排放应税污染物的企业事业单位和其他生产经营者。按照规定征收环境保护税的，不再征收排污费。

3）征税范围

环境保护税的征税范围是《环境保护税法》所规定的直接向环境排放的大气污染物、水污染物、固体废物及噪声等应税污染物。

以下情况不属于直接向环境排放污染物，不缴纳相应污染物的环境保护税：

(1) 企业事业单位和其他生产经营者向依法设立的污水集中处理、生活垃圾集中处理场所排放应税污染物的。

（2）企业事业单位和其他生产经营者在符合国家和地方环境保护标准的设施、场所储存或者处置固体废物的。

依法设立的城乡污水集中处理、生活垃圾集中处理场所超过国家和地方规定的排放标准向环境排放应税污染物的，应当缴纳环境保护税。

企业事业单位和其他生产经营者储存或者处置固体废物不符合国家和地方环境保护标准的，应当缴纳环境保护税。

4）税率

环境保护税实行定额税率，税目、税额依照环境保护税税目税额表执行，见表7-8。

表 7-8 环境保护税税目税额表

税　目		计税单位	税　额	备　注
大气污染物		每污染当量	1.2～12 元	
水污染物		每污染当量	1.4～14 元	
固体废物	煤矸石	每吨	5 元	
	尾矿	每吨	15 元	
	危险废物	每吨	1000 元	
	冶炼渣、粉煤灰、炉渣、其他固体废物（含半固态、液态废物）	每吨	25 元	
噪声	工业噪声	超标 1～3 分贝	每月 350 元	（1）一个单位边界上有多处噪声超标，根据最高一处超标声级计算应纳税额；当沿边界长度超过 100 米有两个以上噪声超标，按照两个单位计算应纳税额； （2）一个单位有不同地点作业场所的，应当分别计算应纳税额、合并计征； （3）昼、夜均超标的环境噪声，昼、夜分别计算应纳税额，累计计征； （4）声源一个月内超标不足 15 天的，减半计算应纳税额； （5）夜间频繁突发和夜间偶然突发厂界超标噪声，按等效声级和峰值噪声两种指标中超标分贝值高的一项计算应纳税额
		超标 4～6 分贝	每月 700 元	
		超标 7～9 分贝	每月 1400 元	
		超标 10～12 分贝	每月 2800 元	
		超标 13～15 分贝	每月 5600 元	
		超标 16 分贝以上	每月 112 000 元	

应税大气污染物和水污染物的具体适用税额的确定和调整，由省、自治区、直辖市人民政府统筹考虑本地区环境承载能力、污染物排放现状和经济社会生态发展目标要求，在环境保护税税目税额表规定的税额幅度内提出，报同级人民代表大会常务委员会决定，并报全国人大常委会和国务院备案。

2．环境保护税应纳税额的计算

1）计税依据

应税污染物的计税依据按照下列方法确定：

（1）应税大气污染物按照污染物排放量折合的污染当量数确定。

（2）应税水污染物按照污染物排放量折合的污染当量数确定。

（3）应税固体废物按照固体废物的排放量确定。

（4）应税噪声按照超过国家规定标准的分贝数确定。

2）应纳税额的计算

（1）环境保护税应纳税额的计算公式如下：

应税大气污染物的应纳税额＝污染当量数×具体适用税额应税大气污染物的应纳税额

应税水污染物的应纳税额＝污染当量数×具体适用税额应税水污染物的应纳税额

应税固体废物的应纳税额＝固体废物排放量×具体适用税额

应税噪声的应纳税额＝超过国家规定标准的分贝数对应的具体适用税额

（2）排放量和噪声分贝数的计算。

应税大气污染物、水污染物、固体废物的排放量和噪声的分贝数，按照下列方法和顺序计算：

① 纳税人安装使用符合国家规定和监测规范的污染物自动监测设备的，按照污染物自动监测数据计算。

② 纳税人未安装使用污染物自动监测设备的，按照监测机构出具的符合国家有关规定和监测规范的监测数据计算。

③ 因排放污染物种类多等原因不具备监测条件的，按照国务院环境保护主管部门规定的排污系数、物料衡算方法计算。

④ 不能按上述第①项至第③项规定的方法计算的，按照省、自治区、直辖市人民政府环境保护主管部门规定的抽样测算的方法核定计算。

【案例 7-14】 20××年 11 月，A 公司产生炉渣 500 吨，其中 95 吨贮存在符合国家和地方环境保护标准的设施中，100 吨综合利用且符合国家和地方环境保护标准，其余的直接倒弃于周边空地。已知炉渣环境保护税税率为 25 元/吨，计算该公司当月所产生炉渣应缴纳环境保护税税额。

解析 甲公司在符合国家和地方环境保护标准的设施中贮存的 95 吨炉渣，不缴纳环境保护税。

甲公司综合利用且符合国家和地方环境保护标准的 100 吨炉渣，暂免征收环境保护税。

$$应纳环境保护税额＝(500－95－100)×25＝7625(元)$$

3. 税收优惠

1）暂免征税情形

（1）农业生产（不包括规模化养殖）排放应税污染物的。

（2）依法设立的城乡污水集中处理、生活垃圾集中处理场所排放相应应税污染物，不超过国家和地方规定的排放标准的。

（3）机动车、铁路机车、非道路移动机械、船舶及航空器等流动污染源排放应税污染物的。

（4）纳税人综合利用的固体废物，符合国家和地方环境保护标准的。

（5）国务院批准免税的其他情形。

2）减征税的情形

（1）纳税人排放应税大气污染物或者水污染物的浓度值低于国家和地方规定的污染物排放标准 30％的，减按 75％征收环境保护税。

（2）纳税人排放应税大气污染物或者水污染物的浓度值低于国家和地方规定的污染物排放标准 50％的，减按 50％征收环境保护税。

4. 环境保护税的纳税申报

1）征收机关

环境保护税由税务机关依照相关规定征收管理。

环境保护主管部门应当将排污单位的排污许可、污染物排放数据、环境违法及受行政处罚情况等环境保护相关信息，定期交送税务机关。税务机关应当将纳税人的纳税申报、税款入库、减免税额、欠缴税款以及风险疑点等环境保护税涉税信息，定期交送环境保护主管部门。

2）纳税义务发生时间与纳税地点

环境保护税纳税义务发生时间为纳税人排放应税污染物的当日，纳税人应当向应税污染物排放地的税务机关申报缴纳环境保护税。

3）纳税申报

环境保护税按月计算，按季申报缴纳。不能按固定期限计算缴纳的，可以按次申报缴纳。

纳税人按季申报缴纳的，应当自季度终了之日起 15 日内，向税务机关办理纳税申报并缴纳税款。纳税人按次申报缴纳的，应当自纳税义务发生之日起 15 日内，向税务机关办理纳税申报并缴纳税款。

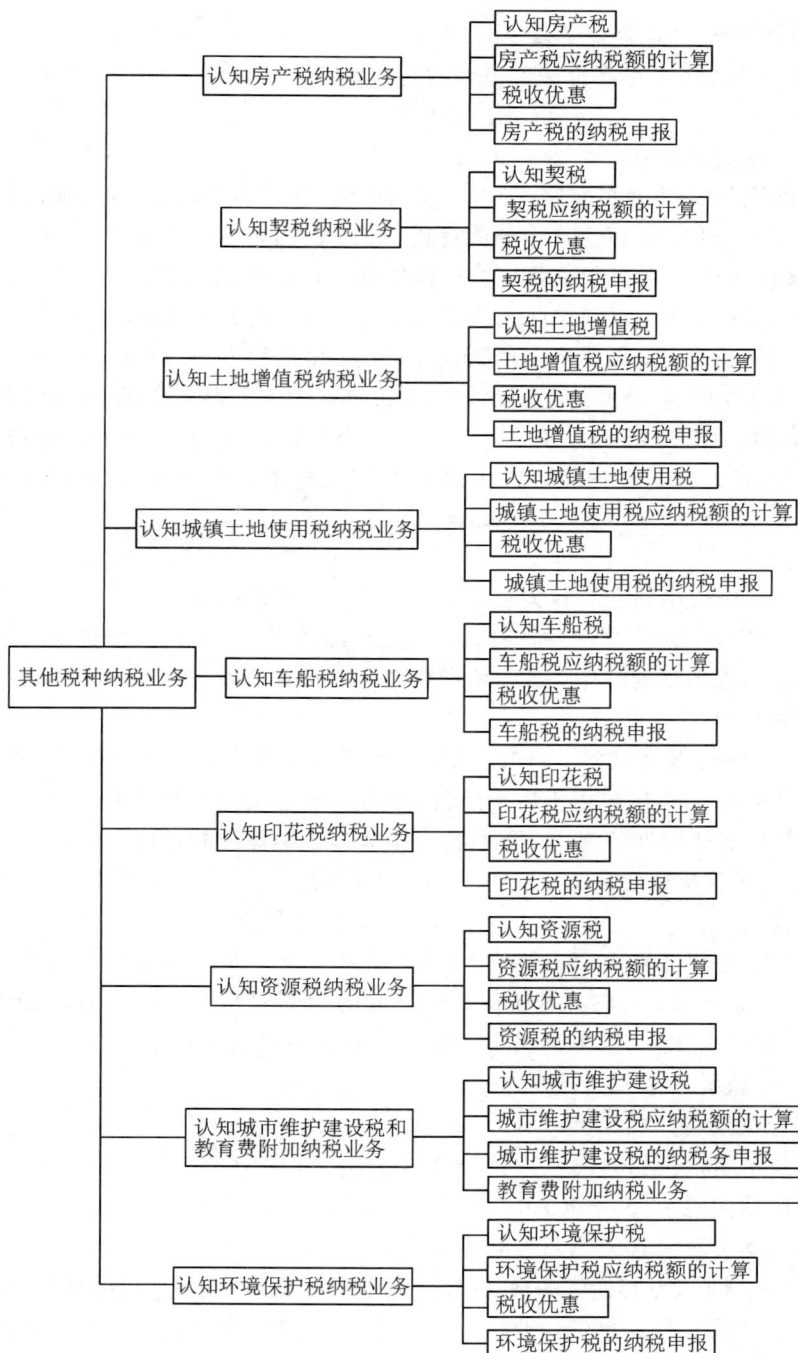

```
                                                          ┌─ 认知房产税
                               ┌─ 认知房产税纳税业务 ──────┤  房产税应纳税额的计算
                               │                          │  税收优惠
                               │                          └─ 房产税的纳税申报
                               │
                               │                          ┌─ 认知契税
                               ├─ 认知契税纳税业务 ───────┤  契税应纳税额的计算
                               │                          │  税收优惠
                               │                          └─ 契税的纳税申报
                               │
                               │                          ┌─ 认知土地增值税
                               ├─ 认知土地增值税纳税业务 ─┤  土地增值税应纳税额的计算
                               │                          │  税收优惠
                               │                          └─ 土地增值税的纳税申报
                               │
                               │                          ┌─ 认知城镇土地使用税
                               ├─ 认知城镇土地使用税纳税业务┤ 城镇土地使用税应纳税额的计算
                               │                          │  税收优惠
                               │                          └─ 城镇土地使用税的纳税申报
                               │
                               │                          ┌─ 认知车船税
其他税种纳税业务 ──────────────┼─ 认知车船税纳税业务 ─────┤  车船税应纳税额的计算
                               │                          │  税收优惠
                               │                          └─ 车船税的纳税申报
                               │
                               │                          ┌─ 认知印花税
                               ├─ 认知印花税纳税业务 ─────┤  印花税应纳税额的计算
                               │                          │  税收优惠
                               │                          └─ 印花税的纳税申报
                               │
                               │                          ┌─ 认知资源税
                               ├─ 认知资源税纳税业务 ─────┤  资源税应纳税额的计算
                               │                          │  税收优惠
                               │                          └─ 资源税的纳税申报
                               │
                               │  认知城市维护建设税和     ┌─ 认知城市维护建设税
                               ├─ 教育费附加纳税业务 ─────┤  城市维护建设税应纳税额的计算
                               │                          │  城市维护建设税的纳税务申报
                               │                          └─ 教育费附加纳税业务
                               │
                               │                          ┌─ 认知环境保护税
                               └─ 认知环境保护税纳税业务 ─┤  环境保护税应纳税额的计算
                                                          │  税收优惠
                                                          └─ 环境保护税的纳税申报
```

项目七 其他税种纳税业务

一、单项选择题

1. 下列选项中,属于房产税征税范围的是(　　)。

A. 菜窖　　　　　　　　　B. 室外游泳池

C. 建立在县城的办公楼　　D. 工厂的围墙

2. 根据房产税法律制度的规定,下列关于房产税计税依据的表述中,正确的是(　　)。

A. 经营租赁的房产,以房产余值为计税依据,由出租方来缴纳房产税

B. 经营租赁的房产,以租金收入为计税依据,由承租方来缴纳房产税

C. 融资租赁的房产,以租金收入为计税依据,由出租方来缴纳房产税

D. 融资租赁的房产,以房产余值为计税依据,由承租方来缴纳房产税

3. 某企业有原值为 3000 万元的房产,2020 年 1 月 1 日将其中的 20% 用于对外投资联营,投资期限为 10 年,承担投资风险。已知,当地省政府规定的房产原值扣除比例为20%,房产税税率为 1.2%。根据房产税法律制度的规定,该企业 2020 年度应缴纳房产税(　　)万元。

A. 5.76　　　　B. 24　　　　C. 22.80　　　　D. 23.04

4. 根据房产税法律制度的有关规定,下列说法中错误的是(　　)。

A. 纳税人将原有房产用于生产经营,从生产经营当月起,缴纳房产税

B. 纳税人购置新建商品房,自房地产权属登记机关签发房屋权属证书的次月起,缴纳房产税

C. 纳税人出租、出借房产,自交付出租、出借本企业房产的次月起,缴纳房产税

D. 纳税人自行新建房屋用于生产经营,从建成的次月起,缴纳房产税

5. 根据契税法律制度的规定,下列各项中应当缴纳契税的是(　　)。

A. 企业房产不等价互换　　　B. 房屋继承

C. 房屋典当　　　　　　　　D. 土地使用权抵押

6. 陈某将其一套价值 60 万元的住房与李某的一套价值 90 万元的住房互换,陈某以现金方式补偿给李某差价;另将一套价值 100 万元的门面房与王某的门面房等价互换。已知当地契税适用税率为 3%,则下列关于上述房产应纳契税的计算中,正确的是(　　)。(上述金额均不含增值税)

A. 陈某应纳契税=(90-60)×3%=0.9(万元)

B. 陈某应纳契税=(90-60)×3%+100×3%=3.9(万元)

C. 李某应纳契税=(90-60)×3%=0.9(万元)

D. 李某应纳契税=100×3%=3(万元)

7. 根据土地增值税法律制度的规定,下列各项中不属于土地增值税纳税人的是(　　)。

A. 以房抵债的某外商投资企业　　B. 出租写字楼的某外资房地产开发公司

C. 转让住房的某个体经营者　　　D. 转让国有土地使用权的某国家机关

8. 某市甲生产企业(增值税一般纳税人)2015 年 8 月取得一块土地使用权,支付地价

中小微企业纳税实务

款 200 万元、相关税费 8 万元，委托建筑公司建造房产，支付工程价款 150 万元，为开发房地产向银行借款，支付借款利息 80 万元，该利息支出不能够提供银行贷款证明。2020 年 10 月该企业将开发的房地产全部销售，取得不含增值税销售收入 1200 万元并签订产权转移书据。已知该企业转让房地产适用的增值税税率为 9%，不考虑地方教育费附加，房地产开发费用的扣除比例为 8%，则该企业计算土地增值税时，下列列式中正确的是（   ）。

    A. 准予扣除的房地产开发费用＝（200＋8＋150）×8%＝28.64（万元）

    B. 准予扣除的房地产开发费用＝80＋（200＋8＋150）×8%＝108.64（万元）

    C. 与转让房地产有关的税金＝1200×9%×（1＋7%＋3%）＝118.8（万元）

    D. 与转让房地产有关的税金＝1200×9%×（1＋7%＋3%）＋1200×0.5‰＝119.4（万元）

9. 位于市区的某生产企业 2011 年 10 月购置一栋办公楼，支付价款 5000 万元。2020 年 10 月将该办公楼转让，签订产权转移书据。该栋办公楼经税务机关认定的重置成本价为 8500 万元，经评估该办公楼七成新，已经提取折旧 500 万元，则该企业计算土地增值税时允许扣除的评估价格为（   ）万元。

    A. 8500   B. 5600   C. 5950   D. 6000

10. 某人民团体 2020 年年初拥有 A、B 两栋自用写字楼，A 栋占地 3500 平方米，B 栋占地 500 平方米，于 1 月 1 日将 B 栋出租给某企业用于办公，租期为 1 年。当地城镇土地使用税的单位税额为每平方米 40 元，该人民团体 2020 年应缴纳城镇土地使用税（   ）元。

    A. 15 000   B. 20 000   C. 90 000   D. 0

11. 下列关于城镇土地使用税的说法中，不正确的是（   ）。

    A. 凡由省级人民政府确定的单位组织测定土地面积的，以测定的土地面积为准

    B. 尚未组织测定，但纳税人持有政府有关部门核发的土地使用证书的，以证书确定的土地面积为准

    C. 尚未核发土地使用证书的，应由纳税人据实申报土地面积，并据以纳税，待核发土地使用证书后再做调整

    D. 对于纳税单位无偿使用免税单位的土地，应由免税单位缴纳城镇土地使用税

12. 根据车船税法律制度的规定，下列各项中不属于车船税税目的是（   ）。

    A. 乘用车   B. 商用车   C. 挂车   D. 拖拉机

13. 某运输公司 2020 年拥有非机动驳船 2 艘，每艘净吨位 180 吨；机动船舶 10 艘，每艘净吨位 250 吨。已知当地机动船舶的车船税年税额：净吨位小于或者等于 200 吨的，每吨 3 元；净吨位超过 200 吨但不超过 2000 吨的，每吨 4 元。该公司 2020 年应缴纳车船税（   ）元。

    A. 1620   B. 10 000   C. 10 540   D. 11 620

14. 李某新购置了一辆小汽车自用，根据规定李某应在 2020 年 8 月 20 日之前购买"交强险"并缴纳车船税 780 元，但是李某一直到 2020 年 12 月 20 日才购买"交强险"，则保险机构 2020 年在收取"交强险"的时候，应代收代缴车船税的滞纳金（   ）元。

    A. 45.58   B. 47.58   C. 48.64   D. 50.64

15. 根据印花税法律制度的规定，下列表述中不正确的是（   ）。

    A. 专利申请权转让合同应按技术合同贴花

    B. 对发电厂与电网之间签订的购售电合同，按购销合同征收印花税

C. 证券交易的计税依据，为成交金额

D. 纳税人出让或者转让不动产产权的，应当向纳税人居住地的税务机关申报缴纳印花税

16. 2020 年 12 月，甲公司与乙公司签订一份承揽合同，合同载明由甲公司提供原材料 200 万元，支付乙公司加工费报酬 30 万元；又与丙公司签订了一份财产保险合同，保险金额 1000 万元，支付保险费 1 万元。已知承揽合同印花税税率为 0.3‰，财产保险合同印花税税率为 1‰，则甲公司应缴纳的印花税为（　　）元。

A. 11 000　　　　B. 11 050　　　　C. 1010　　　　D. 100

17. 某煤矿 2020 年 11 月自采原煤 300 万吨，为职工宿舍供暖使用 3 万吨，对外销售 180 万吨。已知该煤矿每吨原煤不含增值税售价为 800 元（不含从坑口到车站、码头等的运输费用），适用的资源税税率为 5%。该煤矿 11 月应缴纳资源税（　　）万元。

A. 12 000　　　　B. 5856　　　　C. 7200　　　　D. 7320

18. 根据资源税法律制度的规定，下列各项中不正确的是（　　）。

A. 开采原油过程中，用于加热的原油免税

B. 深水油气田资源税税额减征 20%

C. 从衰竭期矿山开采的矿产品，资源税减征 30%

D. 从低丰度油气田开采的原油、天然气，资源税减征 20%

19. 某市工业企业 2020 年 10 月份进口货物，向海关缴纳增值税 20 万元、消费税 10 万元、关税 2 万元；向当地税务机关实际缴纳增值税 50 万元、消费税 15 万元、企业所得税 20 万元。已知城建税税率为 7%，教育费附加征收率为 3%，则该企业当月应缴纳城建税和教育费附加合计为（　　）万元。

A. 4.9　　　　B. 6.5　　　　C. 8.1　　　　D. 9.7

二、多项选择题

1. 根据房产税法律制度的规定，下列有关房产税计税依据的表述中，正确的有（　　）。

A. 纳税人对原有房屋进行改建、扩建的，要相应增加房屋的原值

B. 以房屋为载体，不可随意移动的附属设备和配套设施，在会计上单独记账与核算的，可不计入房产原值

C. 对附属设备和配套设施中易损坏、需要经常更换的零配件，更新后不再计入房产原值

D. 房屋出租的，以房屋出租取得的租金收入为计税依据，计缴房产税

2. 根据房产税法律制度的规定，下列表述中正确的有（　　）。

A. 公园内开设的照相馆免征房产税

B. 居民委员会用于体育活动的房产，免征房产税

C. 纳税人因房屋大修导致连续停用半年以上的，在房屋大修期间免征房产税

D. 在基建工地为基建工地服务的各种工棚，在施工期间一律免征房产税

3. 2020 年 10 月，甲企业用自产的价值 80 万元的原材料换取乙企业的厂房，并因此用现金补给乙企业 40 万元差价；当月甲企业又将一套价值 100 万元的厂房与丙企业的办公楼互换，并用自产的价值 50 万元的商品补给丙企业差价。已知当地契税税率为 3%，则关于甲企业应缴纳契税的下列计算中，正确的有（　　）。（上述金额均不含增值税）

A. 甲企业用原材料换取乙企业厂房应纳契税＝40×3％＝1.2(万元)

B. 甲企业用原材料换取乙企业厂房应纳契税＝(80＋40)×3％＝3.6(万元)

C. 甲企业用厂房换取丙企业办公楼应纳契税＝50×3％＝1.5(万元)

D. 甲企业用厂房换取丙企业办公楼应纳契税＝(100＋50)×3％＝4.5(万元)

4. 根据契税法律制度的有关规定，下列说法中正确的有(　　)。

A. 国家机关购买房产用于办公的，免征契税

B. 符合规定的外国驻华使馆承受土地、房屋产权，免征契税

C. 企业承受荒山土地使用权，用于农业生产的，免征契税

D. 因不可抗力灭失住房而重新购买住房的，一律免征契税

5. 根据土地增值税法律制度的规定，下列各项中属于房地产开发成本的有(　　)。

A. 耕地占用税　　　　　　　　B. 前期工程费

C. 基础设施费　　　　　　　　D. 公共配套设施费

6. 根据土地增值税法律制度的规定，下列各项中应当进行土地增值税清算的有(　　)。

A. 已竣工验收的房地产开发项目，已转让的房地产建筑面积占整个项目可售建筑面积的比例在85％以上的

B. 整体转让未竣工决算房地产开发项目的

C. 直接转让土地使用权的

D. 纳税人申请注销税务登记但未办理土地增值税清算手续的

7. 根据城镇土地使用税法律制度的有关规定，下列表述中说法正确的有(　　)。

A. 城镇土地使用税以纳税人实际占用的土地面积为计税依据

B. 拥有土地使用权的纳税人不在土地所在地的，由代管人或实际使用人缴纳

C. 土地使用权未确定或权属纠纷未解决的，由实际使用人纳税

D. 土地使用权共有的，共有各方均为纳税人，由共有各方分别纳税

8. 下列关于城镇土地使用税税收优惠政策的表述中，正确的有(　　)。

A. 企业拥有并运营管理的大型体育场馆，其用于体育活动的土地，减半征收城镇土地使用税

B. 对港口的码头用地，免征城镇土地使用税

C. 自2019年1月1日起至2021年12月31日止，对农产品批发市场(包括自有和承租)专门用于经营农产品的土地，暂免征收城镇土地使用税

D. 在机场道路中，场外道路用地应征城镇土地使用税；场内道路用地免征城镇土地使用税

9. 根据城镇土地使用税法律制度的规定，下列关于城镇土地使用税纳税义务发生时间的表述中，正确的有(　　)。

A. 纳税人新征用的耕地，自批准征用之日起满1年时开始缴纳城镇土地使用税

B. 纳税人出租房产，自交付出租房产的次月起，缴纳城镇土地使用税

C. 纳税人以出让方式有偿取得土地使用权，合同约定交付土地时间的，自合同约定交付土地时间的次月起缴纳城镇土地使用税

D. 纳税人以出让方式有偿取得土地使用权，合同未约定交付土地时间的，自合同签订的次月起缴纳城镇土地使用税

10. 根据车船税法律制度的规定，下列各项中以"整备质量吨位数"为计税依据计征车船税的有（　　　）。

A. 客车　　　　　B. 挂车　　　　　C. 客货两用车　　　D. 专用作业车

11. 根据车船税法律制度的规定，下列各项中不属于车船税征税范围的有（　　　）。

A. 纯电动乘用车　　　　　　　　B. 纯电动商用车

C. 燃料电池乘用车　　　　　　　D. 燃料电池商用车

12. 根据印花税法律制度的相关规定，下列各项中按定额 5 元征收印花税的有（　　　）。

A. 安全许可证　　B. 营业执照　　C. 专利证书　　　D. 不动产权证书

13. 根据印花税法律制度的规定，下列各项中免征印花税的有（　　　）。

A. 军队、武警部队订立、领受的应税凭证

B. 无息或者贴息借款合同

C. 应税凭证的副本

D. 外国企业向中国企业提供优惠贷款所书立的合同

14. 根据资源税法律制度的规定，下列资源税应税产品中，从价计征资源税的有（　　　）。

A. 金锭　　　　　B. 海盐　　　　　C. 钨　　　　　　D. 砂石

15. 根据资源税法律制度的规定，下列各项中属于资源税征税范围的有（　　　）。

A. 黏土　　　　　B. 天然气　　　　C. 硅藻土　　　　D. 人造石油

16. 根据城市维护建设税法律制度的规定，下列说法中正确的有（　　　）。

A. 城市维护建设税的计税依据为纳税人应缴纳的增值税、消费税税额

B. 对实行增值税期末留抵退税的纳税人，不允许其从城市维护建设税的计税依据中扣除退还的增值税税额

C. 城市维护建设税按月或者按季计征，不能按固定期限计征的，可以按次计征

D. 实行按月或者按季计征的，纳税人应当于月度或者季度终了之日起 15 日内申报并缴纳税款

三、判断题

1. 房地产开发企业建造的商品房，在出售前未自用、出租的，不征收房产税。（　　　）

2. 个人出租住房，房产税税率为 4％。（　　　）

3. 契税的纳税义务发生时间为纳税人签订土地、房屋权属转移合同的当天，或者纳税人取得其他具有土地、房屋权属转移合同性质凭证的当天。（　　　）

4. 婚姻关系存续期间夫妻之间变更土地、房屋权属，免征契税。（　　　）

5. 房产所有人将房屋赠与对其承担直接赡养义务的人，不征收土地增值税。（　　　）

6. 纳税人转让旧房及建筑物，凡不能取得评估价格，但能提供购房发票的，经当地税务部门确认，可按购房发票所载金额并从购买年度起至转让年度止每年加计 5％计算扣除项目金额；对于纳税人购房时缴纳的契税，凡能够提供契税完税凭证的，准予作为"与转让房地产有关的税金"予以扣除，但不作为加计 5％的基数。（　　　）

7. 按照法律规定或者合同约定，两个或两个以上非房开企业合并为一个企业，且原企业投资主体存续的，对原企业将房地产权属转移、变更到合并后的企业，暂不征土地增值税。（　　　）

8. 纳税人使用的土地不属于同一省、自治区、直辖市管辖的，由纳税人向机构所在地

税务机关缴纳城镇土地使用税。（　　）

9. 轮式专用机械车，以整备质量吨位数为车船税的计税依据。（　　）

10. 在一个纳税年度内，已完税的车船被盗抢、报废、灭失的，纳税人可以凭有关管理机关出具的证明和完税凭证，向纳税所在地的主管税务机关申请退还自被盗抢、报废、灭失次月起至该纳税年度终了期间的税款。（　　）

11. 从事机动车第三者责任强制保险业务的保险机构为机动车车船税的扣缴义务人，应当在收取保险费时依法代收车船税，并出具代收税款凭证。（　　）

12. 已缴纳印花税的凭证所载价款或者报酬增加的，纳税人应当补缴印花税；已缴纳印花税的凭证所载价款或者报酬减少的，主管税务机关不予退还印花税税款。（　　）

13. 一般的法律、会计、审计等方面的咨询，不属于技术咨询，其所立合同不贴印花。（　　）

14. 纳税人开采或者生产同一税目下适用不同税率应税产品的，应当分别核算不同税率应税产品的销售额或者销售数量；未分别核算或者不能准确提供不同税率应税产品的销售额或者销售数量的，从高适用税率。（　　）

15. 城市维护建设税纳税义务发生时间为实际缴纳增值税、消费税的次日。（　　）

四、不定项选择题

1. 位于市区的甲企业 2020 年 12 月业务如下：

业务一，进口一批原材料，境外成交价格为 100 万元，到达我国境内输入地点起卸前的运费、保险费合计 20 万元，支付给境外自己采购代理人的佣金 10 万元，支付给其他中介机构的佣金 10 万元，缴纳了相关税费后，海关放行，并取得了海关增值税专用缴款书，运抵我国境内之后，运输到甲企业的不含增值税运费为 5 万元，取得了增值税专用发票。

业务二，甲企业与乙企业由于业务需要，互换了在市区内各自的写字楼，甲企业写字楼价值为 80 万元，乙企业写字楼价值为 100 万元，甲企业支付了差价 20 万元。（上述金额均不含增值税）

业务三，甲企业向农民收购烟叶一批，收购价款为 200 万元，按照收购价款的 10% 支付了价外补贴，该批烟叶甲企业加工成烟丝，以不含增值税价格 400 万元全部销售给丙烟草批发公司。

已知：增值税税率为 13%，关税税率为 20%，契税税率为 3%。

要求：根据上述资料，回答下列问题。

（1）甲企业进口原材料应缴纳的关税为（　　）万元。

A. 29　　　　　　　B. 26　　　　　　　C. 28　　　　　　　D. 24

（2）根据业务二，下列说法中正确的是（　　）。

A. 由甲企业缴纳契税，应纳契税为 3 万元

B. 由甲企业缴纳契税，应纳契税为 0.6 万元

C. 由乙企业缴纳契税，应纳契税为 3 万元

D. 由乙企业缴纳契税，应纳契税为 0.6 万元

（3）根据业务三，下列说法中正确的是（　　）。

A. 甲企业为烟叶税的纳税人　　　B. 农民为烟叶税的纳税人

C. 该业务应纳的烟叶税为 44 万元　D. 该业务应纳的烟叶税为 40 万元

(4) 业务一甲企业进口原材料应缴纳的进口环节增值税为（   ）万元。

A. 17.16   B. 18.72   C. 15.6   D. 20.28

2. 位于县城的某房地产开发企业（增值税一般纳税人）在当地开发建造普通标准住宅，2015 年 6 月取得土地使用权支付金额 1000 万元、缴纳相关税费 40 万元，发生房地产开发成本 1100 万元，另发生利息支出 80 万元（含加罚利息 10 万元），该利息支出能够按转让房地产项目计算分摊并能提供银行贷款证明。2020 年 12 月将开发的房地产全部销售，取得不含增值税销售收入 3000 万元并签订产权转移书据。

已知：其他房地产开发费用的扣除比例为 4%，该企业转让不动产选择简易计税办法，适用的增值税征收率为 5%，产权转移书据适用的印花税税率为 0.5‰。

要求：根据上述资料，回答下列问题。

(1) 该房地产开发企业在计算土地增值税时准予扣除的"房地产开发费用"为（   ）万元。

A. 165.6   B. 155.6   C. 164   D. 154

(2) 关于该房地产开发企业转让房地产的行为，下列说法中正确的是（   ）。

A. 应纳增值税＝3000×5%＝150（万元）

B. 应纳城建税＝3000×5%×7%＝10.5（万元）

C. 应纳印花税＝3000×0.5‰＝1.5（万元）

D. 应纳教育费附加＝3000×5%×3%＝4.5（万元）

(3) 该房地产开发企业在计算土地增值税时允许加计扣除项目的金额为（   ）万元。

A. 210   B. 420   C. 214   D. 428

(4) 下列各项中，属于房地产开发成本的是（   ）。

A. 土地征用费   B. 开发间接费用

C. 基础设施费   D. 取得土地使用权时支付的契税

项目七习题答案

中小微企业纳税实务

项目八 企业涉税事项管理

学习目标

（1）掌握办理税务登记的方法；

（2）熟悉税款征收的方式及违反税法行为的法律后果；

（3）了解税收管理的组织体系；

（4）了解税务机关与纳税人在税收征收管理过程中各自享有的权利和义务；

（5）培养独立思考及表达能力，增强遵纪守法、诚信纳税意识。

引导案例

阴阳合同是纳税筹划还是逃税？

2017 年 1 月，投资人殷某与安徽淮南市某药业公司的鲍老板达成协议，出资 7000 万元购买鲍老板公司 51.09% 的股份。2017 年 2 月，鲍老板与殷某在办理股权转让登记时，鲍老板提供的《股权转让协议》中股价为 326 万元，并进行纳税申报。后来，殷某跟鲍老板发生争执公司经营权并未如约转让，殷某得知鲍老板没有如实申报纳税，殷某向税务机关举报。

经过税务机关的查处：鲍老板个人转让股权，以股权转让收入减除股权原值和合理费用后的余额为应纳税所得额，按"财产转让所得"缴纳 20% 个人所得税。另外股权转让还需要缴纳印花税。而鲍老板通过伪造阴阳合同、隐匿收入少缴税款，被当地税务机关处罚补缴个人所得税 1172.15 万元、印花税 3.34 万元，加收滞纳金，并处所偷逃税款 1 倍罚款。

鲍老板补缴了 480 万元税款后，并未再补缴其余税款，并在税务部门的多次催缴下，其均以缺少资金为由，拒不补缴欠税。最后，淮南市公安机关迅速立案，鲍老板随后被逮捕，法院判处鲍老板犯逃税罪，判处有期徒刑四年，并处罚金人民币五十万元。

依法纳税是每一个公民应尽的义务，对税法必须要有足够的尽畏之心，积极配合税务机关执法。

讨论：如何区分纳税筹划与逃税。

任务一 认知税收征收管理法

任务描述

企业在进行纳税申报时，需要明白纳税人和税务机关的权利和义务，以免出现问题。

请问：征税主体的权利和义务分别有哪些？纳税主体的权利和义务分别有哪些？

1. 税收征收管理法的概念

税收征收管理法，是指调整税收征收与管理过程中所发生的社会关系的法律规范的总称。其包括国家权力机关制定的税收征管法律、国家权力机关授权行政机关制定的税收征管行政法规及有关税收征管的规章制度等。税收征收管理法属于税收程序法，它是以规定税收实体法中所确定的权利义务的履行程序为主要内容的法律规范，是税法的有机组成部分。税收征收管理法不仅是纳税人全面履行纳税义务必须遵守的法律准则，也是税务机关履行征税职责的法律依据。

2. 税收征收管理法的适用范围

凡依法由税务机关征收的各种税收的征收管理，均适用《税收征收管理法》(简称《征管法》)。例如，增值税、消费税、企业所得税、个人所得税、资源税、城镇土地使用税、土地增值税、车船税、车辆购置税、房产税、印花税、城市维护建设税、环境保护税等税种的征收管理适用《税收征收管理法》。

由海关负责征收的关税以及海关代征的进口环节的增值税、消费税，依照法律、行政法规的有关规定执行。

我国同外国缔结的有关税收的条约、协定同《税收征收管理法》有不同规定的，依照条约、协定的规定办理。

3. 税收法律关系

税收法律关系是指国家与纳税人之间在税收分配及其管理活动中，以国家强制力保证实施的，具有经济内容的权力和义务的关系。

税收法律关系是由法律关系的主体、客体和内容三方面构成的。

税收法律关系主体分为征税主体和纳税主体。征税主体，即税务主管机关，包括各级税务机关、海关等。纳税主体包括纳税人，包括法人、自然人和其他组织；扣缴义务人；纳税担保人。

税收法律关系的客体，是指税收法律关系主体的权利和义务所共同指向的对象。

税收法律关系的内容，是指征纳双方在税收征收管理中既享有各自的权利，也须承担各自的义务。

1）征税主体的权利和义务

征税主体的权利和义务直接体现为征税机关和税务人员的职权和职责。

(1) 征税主体的权力。

征税主体作为国家税收征收管理的职能部门，享有税务行政管理权。征税机关和税务人员的职权主要包括：

① 税收立法权。税收立法权包括参与起草税收法律法规草案，提出税收政策建议，在职权范围内制定、发布关于税收征管的部门规章等。

② 税务管理权。税务管理权包括对纳税人进行税务登记管理、账簿和凭证管理、发票管理、纳税申报管理等。

③ 税款征收权。税款征收权是征税主体享有的最基本、最主要的职权。税款征收权包括依法计征权、核定税款权、税收保全和强制执行权、追征税款权等。

税收法律关系

中小微企业纳税实务

④ 税务检查权。税务检查权包括查账权、场地检查权、询问权、责成提供资料权、存款账户核查权等。

⑤ 税务行政处罚权。税务行政处罚权是对税收违法行为依照法定标准予以行政制裁的职权，如罚款等。

⑥ 其他职权。如在法律、行政法规规定的权限内，对纳税人的减、免、退、延期缴纳的申请予以审批的权力；阻止欠税纳税人离境的权利；委托代征权；估税权；代位权与撤销权；定期对纳税人欠缴税款情况予以公告的权利；上诉权；等等。

（2）征税主体的义务。

征税机关和税务人员在行使职权时，也要履行相应的职责，主要包括：

① 宣传税收法律、行政法规，普及纳税知识，无偿为纳税人提供纳税咨询服务。

② 依法为纳税人、扣缴义务人的情况保守秘密，为检举违反税法行为者保密。纳税人、扣缴义务人的税收违法行为不属于保密范围。

③ 加强队伍建设，提高税务人员的政治业务素质。

④ 秉公执法，忠于职守，清正廉洁，礼貌待人，文明服务，尊重和保护纳税人、扣缴义务人的权利，依法接受监督。

⑤ 税务人员不得索贿受贿、徇私舞弊、玩忽职守、不征或者少征应征税款；不得滥用职权多征税款或者故意刁难纳税人和扣缴义务人。

⑥ 税务人员在核定应纳税额、调整税收定额、进行税务检查、实施税务行政处罚、办理税务行政复议时，与纳税人、扣缴义务人或者其法定代表人、直接责任人有利害关系，包括夫妻关系、直系血亲关系、三代以内旁系血亲关系、近姻亲关系、可能影响公正执法的其他利害关系的，应当回避。

⑦ 建立、健全内部制约和监督管理制度。上级税务机关应当对下级税务机关的执法活动依法进行监督。各级税务机关应当对其工作人员执行法律、行政法规和廉洁自律准则的情况进行监督检查。

2）纳税主体的权利和义务

在税收法律关系中，纳税主体处于行政管理相对人的地位，须承担纳税义务，但也仍然享有相应的法定权利。

（1）纳税主体的权利包括：

① 知情权。

② 要求保密权。

③ 依法享受税收优惠权。

④ 申请退还多缴税款权。

⑤ 申请延期申报权。

⑥ 纳税申报方式选择权。

⑦ 申请延期缴纳税款权。

⑧ 索取有关税收凭证的权利。

⑨ 委托税务代理权。

⑩ 陈述权、申辩权。

⑪ 对未出示税务检查证和税务检查通知书的拒绝检查权。

⑫ 依法要求听证的权利。

⑬ 税收法律救济权。

⑭ 税收监督权。

（2）纳税主体的义务包括：

① 按期办理税务登记，及时核定应纳税种、税目。

② 依法设置账簿、保管账簿和有关资料以及依法开具、使用、取得和保管发票的义务。

③ 财务会计制度和会计核算软件备案的义务。

④ 按照规定安装、使用税控装置的义务。

⑤ 按期、如实办理纳税申报的义务。

⑥ 按期缴纳或解缴税款的义务。

⑦ 接受税务检查的义务。

⑧ 代扣、代收税款的义务。

⑨ 及时提供信息的义务，如纳税人有歇业、经营情况变化、遭受各种灾害等特殊情况的，应及时向征税机关说明等。

⑩ 报告其他涉税信息的义务，如企业合并、分立的报告义务等。

任务二　熟悉税款征收与税务检查

任务描述

纳税人员办理纳税申报后，需要结合企业的实际情况选择合适的税款缴纳方法，并且为了保证纳税过程中不存在纳税的错漏，避免税务违法行为，需要进行税务检查。因此，纳税人员需要了解税款征收方式和措施的具体形式有哪些。

1. 税款征收

税款征收是税收征收管理工作的中心环节，是全部税收征管工作的目的和归宿。

除税务机关、税务人员以及经税务机关依照法律、行政法规委托的单位和人员外，任何单位和个人不得进行税款征收活动。税务机关依照法律、行政法规的规定征收税款，不得违反法律、行政法规的规定开征、停征、多征、少征、提前征收、延缓征收或者摊派税款。

1）税款征收的方式

税款征收方式，是指税务机关根据各税种的不同特点和纳税人的具体情况而确定的计算、征收税款的形式和方法，包括确定征收方式和缴纳方式。

（1）查账征收。

查账征收是针对财务会计制度健全的纳税人，税务机关依据其报送的纳税申报表、财务会计报表和其他有关纳税资料，依照适用税率计算其应缴纳税款的税款征收方式。这种征收方式较为规范，符合税收法定的基本原则，适用于财务会计制度健全、能够如实核算和提供生产经营情况，并能正确计算应纳税款和如实履行纳税义务的纳税人。扩大查账征收纳税人的范围，一直是税务管理的努力方向。

（2）查定征收。

查定征收是税务机关依据正常条件下的生产设备、生产能力、从业人员数量和正常情况下的应税产品查定产量、销售额，并据以确定其应缴纳税款的税款征收方式。这种征收方式适用于生产经营规模较小、产品零星、税源分散、会计账册不健全，但能控制原材料或进销货的小型厂矿和作坊。

（3）查验征收。

查验征收是税务机关对纳税人的应税商品、产品，通过查验数量，按市场一般销售单价计算其销售收入，并据以计算其应缴纳税款的税款征收方式。这种征收方式适用于纳税人财务制度不健全、生产经营不固定、零星分散、流动性大的税源。

（4）定期定额征收。

定期定额征收是税务机关对小型个体工商户在一定经营地点、一定经营时期、一定经营范围内的应纳税经营额（包括经营数量）或所得额进行核定，并以此为计税依据，确定其应缴纳税额的一种税款征收方式。这种征收方式适用于经主管税务机关认定和县以上税务机关（含县级）批准的生产、经营规模小，达不到《个体工商户建账管理暂行办法》规定设置账簿标准，难以查账征收，不能准确计算计税依据的个体工商户（包括个人独资企业，以下简称定期定额户）。

（5）扣缴征收。

扣缴征收包括代扣代缴和代收代缴两种征收方式。

扣缴义务人依照法律、行政法规的规定履行代扣、代收税款的义务。税务机关按照规定付给扣缴义务人代扣、代收手续费。扣缴义务人依法履行代扣、代收税款义务时，纳税人不得拒绝；纳税人拒绝的，扣缴义务人应当及时报告税务机关处理。

（6）委托征收。

委托代征税款是税务机关根据有利于税收控管和方便纳税的原则，按照国家有关规定，通过委托形式将税款委托给代征单位或个人以税务机关的名义代为征收，并将税款缴入国库的一种税款征收方式。其适用于零星分散和异地缴纳的税收。

税务机关向代征单位或个人发给委托代征证书，受托代征单位或个人按照代征证书的要求，以税务机关的名义依法征收税款，纳税人不得拒绝；纳税人拒绝的，受托代征单位或个人应当及时报告税务机关处理。

2）应纳税额的核定

（1）核定应纳税额的情形。

纳税人有下列情形之一的，税务机关有权核定其应纳税额：

① 依照法律、行政法规的规定可以不设置账簿的。

② 依照法律、行政法规的规定应当设置但未设置账簿的。

③ 擅自销毁账簿或者拒不提供纳税资料的。

④ 虽设置账簿，但账目混乱或者成本资料、收入凭证、费用凭证残缺不全，难以查账的。

⑤ 发生纳税义务，未按照规定的期限办理纳税申报，经税务机关责令限期申报，逾期仍不申报的。

⑥ 纳税人申报的计税依据明显偏低，又无正当理由的。

（2）核定应纳税额的方法。

为了减少核定应纳税额的随意性，使核定的税额更接近纳税人实际情况和法定负担水平，税务机关有权采用下列任何一种方法核定应纳税额：

① 参照当地同类行业或者类似行业中经营规模和收入水平相近的纳税人的税负水平核定。

② 按照营业收入或者成本加合理的费用和利润的方法核定。

③ 按照耗用的原材料、燃料、动力等推算或者测算核定。

④ 按照其他合理方法核定。

当其中一种方法不足以正确核定应纳税额时，可以同时采用两种以上的方法核定。纳税人对税务机关采取上述方法核定的应纳税额有异议的，应当提供相关证据，经税务机关认定后，调整应纳税额。

3）税款征收措施

（1）责令缴纳。

① 纳税人未按照规定期限缴纳税款的，扣缴义务人未按照规定期限解缴税款的，税务机关可责令限期缴纳，并从滞纳税款之日起，按日加收滞纳税款万分之五的滞纳金。逾期仍未缴纳的，税务机关可以采取税收强制执行措施。

税款征收措施

加收滞纳金的起止时间，为法律、行政法规规定或者税务机关依照法律、行政法规的规定确定的税款缴纳期限届满次日起至纳税人、扣缴义务人实际缴纳或者解缴税款之日止。

【案例 8-1】 甲公司 8 月份应纳增值税 30 万元，甲公司迟迟未缴，税务机关责令其缴纳并加收滞纳金，甲公司直到 10 月 15 日才缴清上述税款。已知，甲公司的增值税纳税期限为 1 个月，不考虑其他因素，计算甲公司应缴纳的税款滞纳金。

解析 增值税纳税期限为 1 个月的，应于次月 1 日起 15 日内申报纳税并结清上月应纳税款；因此，甲公司应缴纳税款的最晚期限是 9 月 15 日。

加收滞纳金的起止时间为 9 月 16 日（含）至 10 月 15 日（含），共计 15＋15＝30（天）。

$$甲公司应缴纳的税款滞纳金＝30×0.5‰×30＝0.45（万元）$$

② 对未按照规定办理税务登记的从事生产、经营的纳税人，以及临时从事经营的纳税人，税务机关核定其应纳税额，责令其缴纳应纳税款。纳税人不缴纳的，税务机关可以扣押其价值相当于应纳税款的商品、货物。扣押后缴纳应纳税款的，税务机关必须立即解除扣押，并归还所扣押的商品、货物；扣押后仍不缴纳应纳税款的，经县以上税务局（分局）局长批准，依法拍卖或者变卖所扣押的商品、货物，以拍卖或者变卖所得抵缴税款。

③ 对从事生产、经营的纳税人有逃避纳税义务行为或纳税担保人未按照规定的期限缴纳所担保的税款，可在规定的纳税期之前责令其限期缴纳应纳税款。逾期仍未缴纳的，税务机关有权采取其他税款征收措施。

（2）责令提供纳税担保。

纳税担保是指经税务机关同意或确认，纳税人或其他自然人、法人、经济组织以保证、抵押、质押的方式，为纳税人应当缴纳的税款及滞纳金提供担保的行为，包括经税务机关认可的有纳税担保能力的保证人为纳税人提供的纳税保证，以及纳税人或者第三人以其未设置或者未全部设置担保物权的财产提供的担保。

① 适用纳税担保的情形。

a. 税务机关有根据认为从事生产、经营的纳税人有逃避纳税义务行为，在规定的纳税期之前经责令其限期缴纳应纳税款，在限期内发现纳税人有明显的转移、隐匿其应纳税的商品、货物，以及其他财产或者应纳税收入的迹象，责成纳税人提供纳税担保的。

b. 欠缴税款、滞纳金的纳税人或者其法定代表人需要出境的。

c. 纳税人同税务机关在纳税上发生争议而未缴清税款，需要申请行政复议的。

d. 税收法律、行政法规规定可以提供纳税担保的其他情形。

② 纳税担保的范围。

纳税担保范围包括税款、滞纳金，以及实现税款、滞纳金的费用。费用包括抵押、质押登记费用，质押保管费用，以及保管、拍卖、变卖担保财产等相关费用支出。

用于纳税担保的财产、权利的价值不得低于应当缴纳的税款、滞纳金，并考虑相关的费用。纳税担保的财产价值不足以抵缴税款、滞纳金的，税务机关应当向提供担保的纳税人或纳税担保人继续追缴。用于纳税担保的财产、权利的价格估算，除法律、行政法规另有规定外，参照同类商品的市场价、出厂价或者评估价估算。

（3）采取税收保全措施。

① 适用税收保全的情形及措施。

税务机关责令具有税法规定情形的纳税人提供纳税担保而纳税人拒绝提供纳税担保或无力提供纳税担保的，经县以上税务局（分局）局长批准，税务机关可以采取下列税收保全措施：

a. 书面通知纳税人开户银行或者其他金融机构冻结纳税人的金额相当于应纳税款的存款。

b. 扣押、查封纳税人的价值相当于应纳税款的商品、货物或者其他财产。其他财产包括纳税人的房地产、现金、有价证券等不动产和动产。

② 不适用税收保全的财产。

个人及其所扶养家属维持生活必需的住房和用品，不在税收保全措施的范围之内。需要注意的是，个人及其所扶养家属维持生活必需的住房和用品不包括机动车辆、金银饰品、古玩字画、豪华住宅或者一处以外的住房。个人所扶养家属，是指与纳税人共同居住生活的配偶、直系亲属以及无生活来源并由纳税人扶养的其他亲属。

税务机关对单价5000元以下的其他生活用品，不采取税收保全措施。

③ 税务机关采取税收保全措施的期限一般不得超过6个月；重大案件需要延长的，应当报国家税务总局批准。

④ 税收保全措施的解除。

a. 纳税人在规定期限内缴纳了应纳税款的，税务机必须立即解除税收保全措施。

b. 纳税人在规定的限期期满仍未缴纳税款的，经县以上税务局（分局）局长批准，终止保全措施，转入强制执行措施。

（4）采取强制执行措施。

① 适用强制执行的情形及措施。

从事生产、经营的纳税人、扣缴义务人未按照规定的期限缴纳或者解缴税款，纳税担保人未按照规定的期限缴纳所担保的税款，由税务机关责令限期缴纳，逾期仍未缴纳的，经县以上税务局（分局）局长批准，税务机关可以采取下列强制执行措施：

a. 强制扣款，即书面通知其开户银行或者其他金融机构从其存款中扣缴税款。

b. 拍卖变卖，即扣押、查封、依法拍卖或者变卖其价值相当于应纳税款的商品、货物或者其他财产，以拍卖或者变卖所得抵缴税款。

② 强制执行的范围。

a. 金额范围：税务机关采取强制执行措施时，对上述纳税人、扣缴义务人、纳税担保人未缴纳的滞纳金同时强制执行。对纳税人已缴纳税款但拒不缴纳滞纳金的，税务机关可以单独对纳税人应缴未缴的滞纳金采取强制执行措施。

b. 财产范围。

个人及其所扶养家属维持生活必需的住房和用品(不包括机动车辆、金银饰品、古玩字画、豪华住宅或者一处以外的住房)，不在强制执行措施的范围之内。税务机关对单价 5000 元以下的其他生活用品，不采取强制执行措施。

③ 抵税财物的拍卖与变卖。

国家税务总局发布的《抵税财物拍卖、变卖试行办法》对抵税财物的拍卖与变卖行为进行规范，以保障国家税收收入并保护纳税人的合法权益。以下情形适用拍卖、变卖：

第一，采取税收保全措施后，限期期满仍未缴纳税款的。

第二，设置纳税担保后，限期期满仍未缴纳所担保的税款的。

第三，逾期不按规定履行税务处理决定的。

第四，逾期不按规定履行复议决定的。

第五，逾期不按规定履行税务行政处罚决定的。

第六，其他经责令限期缴纳，逾期仍未缴纳税款的。

对上述第三至第六项情形进行强制执行时，在拍卖、变卖之前(或同时)进行扣押、查封，办理扣押、查封手续。

◆ 知识拓展

税收保全和强制执行的区别

税收保全是税务机关为了防止税务当事人不缴或少缴税款而采取的保全财产的做法，在当事人在规定期限内仍未履行纳税义务的情况下，才能将保全的财产划转国库缴纳税款。强制执行是税务机关对未履行义务的当事人，依法采取的强制追缴手段。税收保全和税收强制执行的区别见表 8-1。

表 8-1　税收保全和税收强制执行的区别

		税收保全	税收强制执行
措施		(1)冻结；(2)扣押、查封	(1)强制扣款；(2)拍卖、变卖
金额		相当于应纳税款	未缴纳的滞纳金同时强制执行
期限		一般不得超过 6 个月	不存在期限的问题
是否适用	个人及其所扶养家属维持生活必需的住房和用品	不适用	不适用
	机动车辆、金银饰品、古玩字画、豪华住宅或者一处以外的住房	适用	适用
	单价 5000 元以下的生活用品	不适用	不适用

中小微企业纳税实务

（5）阻止出境。

欠缴税款的纳税人或者其法定代表人在出境前未按规定结清应纳税款、滞纳金或者提供纳税担保的，税务机关可以通知出境管理机关阻止其出境。

（6）欠税清缴。

① 离境清缴。

欠缴税款的纳税人或者其法定代表人需要出境的，应当在出境前向税务机关结清应纳税款、滞纳金或者提供担保。

② 税收代位权和撤销权。

a. 欠缴税款的纳税人因怠于行使到期债权，或者放弃到期债权，或者无偿转让财产，或者以明显不合理的低价转让财产而受让人知道该情形，对国家税收造成损害的，税务机关可以依法行使代位权、撤销权。

b. 税务机关依法行使代位权、撤销权的，不免除欠缴税款的纳税人尚未履行的纳税义务和应承担的法律责任。

③ 欠税报告。

a. 向抵押权人、质权人报告。

纳税人有欠税情形而以其财产设定抵押、质押的，应当向抵押权人、质权人说明其欠税情况。抵押权人、质权人可以请求税务机关提供有关的欠税情况。

b. 向税务机关报告。

纳税人有解散、撤销、破产情形的，在清算前应当向其主管税务机关报告；未结清税款的，由其主管税务机关参加清算。

纳税人有合并、分立情形的，应当向税务机关报告，并依法缴清税款。纳税人合并时未缴清税款的，应当由合并后的纳税人继续履行未履行的纳税义务；纳税人分立时未缴清税款的，分立后的纳税人对未履行的纳税义务应当承担连带责任。

欠缴税款 5 万元以上的纳税人在处分其不动产或者大额资产之前，应当向税务机关报告。

④ 欠税公告。

县级以上各级税务机关应当将纳税人的欠税情况，在办税场所或者广播、电视、报纸、期刊、网络等新闻媒体上定期公告。

（7）税收优先权。

① 税务机关征收税款，税收优先于无担保债权，法律另有规定的除外。

② 纳税人欠缴的税款发生在纳税人以其财产设定抵押、质押或者纳税人的财产被留置之前的，税收应当先于抵押权、质权、留置权执行。

③ 纳税人欠缴税款，同时又被行政机关决定处以罚款、没收违法所得的，税收优先于罚款、没收违法所得。

2. 税务检查

税务检查又称纳税检查，是指税务机关根据税收法律、行政法规的规定，对纳税人、扣缴义务人履行纳税义务、扣缴义务及其他有关税务事项进行审查、核实、监督活动的总称。它是税收征收管理工作的一项重要内容，是确保国家财政收入和税收法律法规贯彻落实的重要手段。

1）税务机关在税务检查中的职权和职责

（1）税务机关有权进行下列税务检查：

① 查账权。税务机关有权检查纳税人的账簿、记账凭证、报表和有关资料，有权检查扣缴义务人代扣代缴、代收代缴税款账簿、记账凭证和有关资料。

② 场地检查权。税务机关有权到纳税人的生产、经营场所和货物存放地检查纳税人应纳税的商品、货物或者其他财产，有权检查扣缴义务人与代扣代缴、代收代缴税款有关的经营情况。

③ 责成提供资料权。税务机关有权责成纳税人、扣缴义务人提供与纳税或者代扣代缴、代收代缴税款有关的文件、证明材料和有关资料。

④ 询问权。税务机关有权询问纳税人、扣缴义务人与纳税或者代扣代缴、代收代缴税款有关的问题和情况。

⑤ 交通邮政检查权。税务机关有权到车站、码头、机场、邮政企业及其分支机构检查纳税人托运、邮寄应纳税商品、货物或者其他财产的有关单据、凭证和有关资料。

⑥ 存款账户检查权。税务机关有权经县以上税务局（分局）局长批准，指定专人负责，凭全国统一格式的检查存款账户许可证明，查询从事生产、经营的纳税人、扣缴义务人在银行或者其他金融机构的存款账户，并有责任为被检查人保守秘密。税务机关在调查税收违法案件时，经设区的市、自治州以上税务局（分局）局长批准，可以查询案件涉嫌人员的储蓄存款。税务机关查询所获得的资料，不得用于税收以外的用途。

（2）税务机关对从事生产、经营的纳税人以前纳税期的纳税情况依法进行税务检查时，发现纳税人有逃避纳税义务行为，并有明显的转移、隐匿其应纳税的商品、货物以及其他财产或者应纳税的收入的迹象的，可以按照《征管法》规定的批准权限采取税收保全措施或者强制执行措施。

税务机关采取税收保全措施的期限一般不得超过 6 个月；重大案件需要延长的，应当报国家税务总局批准。

（3）税务机关调查税务违法案件时，对与案件有关的情况和资料，可以记录、录音、录像、照相和复制。

（4）税务机关依法进行税务检查时，有权向有关单位和个人调查纳税人、扣缴义务人和其他当事人与纳税或者代扣代缴、代收代缴税款有关的情况。

（5）税务机关派出的人员进行税务检查时，应当出示税务检查证和税务检查通知书，并有责任为被检查人保守秘密；未出示税务检查证和税务检查通知书的，被检查人有权拒绝检查。

2）被检查人的义务

（1）纳税人、扣缴义务人必须接受税务机关依法进行的税务检查，如实反映情况，提供有关资料，不得拒绝、隐瞒。

（2）税务机关依法进行税务检查，向有关单位和个人调查纳税人、扣缴义务人和其他当事人与纳税或者代扣代缴、代收代缴税款有关的情况时，有关单位和个人有义务向税务机关如实提供有关资料及证明材料。

3）纳税信用管理

（1）参与纳税信用评价的主体。

① 下列企业参与纳税信用评价：

a. 已办理税务登记，从事生产、经营并适用查账征收独立核算的企业纳税人。

b. 从首次在税务机关办理涉税事宜之日起时间不满一个评价年度的企业。

c. 评价年度内无生产经营业务收入的企业。

d. 适用企业所得税核定征收办法的企业。

② 非独立核算分支机构可自愿参与纳税信用评价。

（2）纳税信用信息包括纳税人信用历史信息、税务内部信息、外部信息。

（3）纳税信用评价采取年度评价指标得分和直接判级方式。

（4）纳税信用评价周期为一个纳税年度，有下列情形之一的纳税人，不参加本期的评价：

① 纳入纳税信用管理时间不满一个评价年度的。

② 因涉嫌税收违法被立案查处尚未结案的。

③ 被审计、财政部门依法查出税收违法行为，税务机关正在依法处理，尚未办结的。

④ 已申请税务行政复议、提起行政诉讼尚未结案的。

⑤ 其他不应参加本期评价的情形。

（5）纳税信用级别设 A、B、M、C、D 五级，D 级为最低级别。有下列情形之一的纳税人，本评价年度直接判为 D 级：

① 存在偷税（逃税）、逃避追缴欠税、骗取出口退税、虚开增值税专用发票等行为，经判决构成涉税犯罪的。

② 存在前项所列行为，未构成犯罪，但偷税（逃税）金额 10 万元以上且占各税种应纳税总额 10％以上，或者存在逃避追缴欠税、骗取出口退税、虚开增值税专用发票等税收违法行为，已缴纳税款、滞纳金、罚款的。

③ 规定期限内未按税务机关处理结论缴纳或者足额缴纳税款、滞纳金和罚款的。

④ 以暴力、威胁方法拒不缴纳税款或者拒绝、阻挠税务机关依法实施税务稽查执法行为的。

⑤ 存在违反增值税发票管理规定或者违反其他发票管理规定的行为，导致其他单位或者个人未缴、少缴或者骗取税款的。

⑥ 提供虚假申报材料享受税收优惠政策的。

⑦ 骗取国家出口退税款，被停止出口退（免）税资格未到期的。

⑧ 有非正常户记录或者由非正常户直接责任人员注册登记或者负责经营的。

⑨ 由 D 级纳税人的直接责任人员注册登记或者负责经营的。

⑩ 存在税务机关依法认定的其他严重失信情形的。

（6）税务机关每年 4 月确定上一年度纳税信用评价结果，并为纳税人提供自我查询服务。纳税人对纳税信用评价结果有异议的，可以书面向作出评价的税务机关申请复评，作出评价的税务机关应按规定进行复核。

（7）纳入纳税信用管理的企业纳税人，符合下列条件之一的，可在规定期限内向主管税务机关申请纳税信用修复：

① 纳税人发生未按法定期限办理纳税申报、税款缴纳、资料备案等事项且已补办的。

② 未按税务机关处理结论缴纳或者足额缴纳税款、滞纳金和罚款，未构成犯罪，纳税信用级别被直接判为 D 级的纳税人，在税务机关处理结论明确的期限期满后 60 日内足额缴纳、补缴的。

③ 纳税人履行相应法律义务并由税务机关依法解除非正常户状态的。

4）税收违法行为检举管理

（1）检举渠道。

市（地、州、盟）以上税务局稽查局设立税收违法案件举报中心。税务机关应当向社会公布举报中心的电话（传真）号码、通讯地址、邮政编码及网络检举途径，设立检举接待场所和检举箱。税务机关同时通过 12366 纳税服务热线接收税收违法行为检举。

（2）接收检举的案件范围。

① 接收检举的税收违法行为，是指涉嫌偷税（逃税），逃避追缴欠税，骗税，虚开、伪造、变造发票，以及其他与逃避缴纳税款相关的税收违法行为。

② 举报中心对接收的检举事项应当及时审查，有下列情形之一的，不予受理：

a. 无法确定被检举对象，或者不能提供税收违法行为线索的。

b. 检举事项已经或者依法应当通过诉讼、仲裁、行政复议以及其他法定途径解决的。

c. 对已经查结的同一检举事项再次检举，没有提供新的有效线索的。

（3）检举人的主要义务。

① 检举税收违法行为是检举人的自愿行为，检举人因检举而产生的支出应当由其自行承担。

② 检举人在检举过程中应当遵守法律、行政法规等规定；应当对其所提供检举材料的真实性负责，不得捏造、歪曲事实，不得诬告，陷害他人；不得损害国家、社会、集体的利益和其他公民的合法权益。

（4）检举人的主要权利。

① 检举人可以实名检举，也可以匿名检举。

② 实名检举人可以要求答复检举事项的处理情况与查处结果。

③ 检举事项经查证属实，为国家挽回或者减少损失的，按照财政部和国家税务总局的有关规定对实名检举人给予相应奖励。

任务三　理解税务行政复议

任务描述

某机动车驾驶员培训有限公司不服绍兴市税务局第二稽查局行政处罚案，对国家税务总局绍兴市税务局第二稽查局申请行政复议，然后该复议机关对行政行为的合法性、合理性进行审查，这一系列司法活动是能有效解决实质性行政争议，保护公民的合法权益的。因此，需要每一个纳税人了解税务行政复议的受案范围、复议管辖、申请与受理、审查和决定。

1. 税务行政复议的概念

税务行政复议，是指当事人（纳税人、扣缴义务人、纳税担保人）不服税务机关及其工作人员作出的税务具体行政行为，依法向上一级税务机关（复议机关）提出申请，复议机关依法对原行政行为的合理性、合法性作出裁决的行政司法活动。实行税务行政复议制度的目的是维护和监督税务机关依法行使税收执法权。

为进一步发挥行政复议解决税务行政争议的作用，2010 年 2 月 10 日，国家税务总局令第 21 号公布了《税务行政复议规则》，有效防止和纠正了违法的或者不当的行政行为，监督和保障税务机关依法行使职权，保护公民、法人和其他组织的合法权益。

2. 税务行政复议的受案范围

纳税人及其他当事人对税务机关下列具体行政行为不服的，可以提出行政复议申请：

（1）税务机关作出的征税行为，包括确认纳税主体、征税对象、征税范围、减税、免税、退税、抵扣税款、适用税率、计税依据、纳税环节、纳税期限、纳税地点及税款征收方式等具体行政行为，征收税款、加收滞纳金，扣缴义务人、受税务机关委托的单位和个人作出的代扣代缴、代收代缴、代征行为等。

（2）行政许可、行政审批行为。

（3）发票管理行为，包括发售、收缴、代开发票等。

（4）税收保全措施、强制执行措施。

（5）行政处罚行为，具体包括罚款、没收财物和违法所得、停止出口退税权。

（6）税务机关不依法履行职责的行为，具体包括开具、出具完税凭证；行政赔偿；行政奖励；其他不依法履行职责的行为。

（7）资格认定行为。

（8）不依法确认纳税担保行为。

（9）政府公开信息工作中的具体行政行为。

（10）纳税信用等级评定行为。

（11）税务机关通知出入境管理机关禁止出境行为。

（12）税务机关作出的其他具体行政行为。

申请人认为税务机关的具体行政行为所依据的下列规定不合法，对具体行政行为申请行政复议时，可以一并向复议机关提出对该规定（不含规章）的审查申请：

（1）国家税务总局和国务院其他部门的规定。

（2）其他各级税务机关的规定。

（3）地方各级人民政府的规定。

（4）地方人民政府工作部门的规定。

申请人对具体行政行为提出行政复议申请时不知道该具体行政行为所依据的规定的，可以在行政复议机关作出行政复议决定以前提出对该规定的审查申请。

3. 税务行政复议管辖

1）复议管辖的一般规定

（1）对各级税务局的具体行政行为不服的，向其上一级税务局申请行政复议。

（2）对计划单列市税务局的具体行政行为不服的，向国家税务总局申请行政复议。

（3）对税务所（分局）、各级税务局的稽查局的具体行政行为不服的，向其所属税务局申请行政复议。

（4）对国家税务总局的具体行政行为不服的，向国家税务总局申请行政复议。对行政复议决定不服的，申请人可以向人民法院提起行政诉讼，也可以向国务院申请裁决。国务院的裁决为最终裁决。

2）复议管辖的特殊规定

（1）对两个以上税务机关以共同名义作出的具体行政行为不服的，向共同上一级税务机关申请行政复议；对税务机关与其他行政机关以共同名义作出的具体行政行为不服的，向其共同上一级行政机关申请行政复议。

（2）对被撤销的税务机关在撤销以前所作出的具体行政行为不服的，向继续行使其职权的税务机关的上一级税务机关申请行政复议。

（3）对税务机关作出逾期不缴纳罚款加处罚款的决定不服的，向作出行政处罚决定的税务机关申请行政复议。但是对已处罚款和加处罚款都不服的，一并向作出行政处罚决定的税务机关的上一级税务机关申请行政复议。

申请人向具体行政行为发生地的县级地方人民政府提交行政复议申请的，由接收申请的县级地方人民政府依法予以转送。

4. 税务行政复议申请与受理

1）税务行政复议申请

申请人可以在知道税务机关作出具体行政行为之日起 60 日内提出行政复议申请。因不可抗力或者被申请人设置障碍等原因耽误法定申请期限的，申请期限的计算应当扣除被耽误时间。

申请人对受案范围中征税行为不服的，应当先向复议机关申请行政复议，对行政复议决定不服的，可以再向人民法院提起行政诉讼。

申请人按规定申请行政复议的，必须依照税务机关根据法律、行政法规确定的税额、期限，先行缴纳或者解缴税款及滞纳金，或者提供相应的担保，方可在实际缴清税款和滞纳金后或者所提供的担保得到作出具体行政行为的税务机关确认之日起 60 日内提出行政复议申请。

申请人对复议范围中税务机关作出的征税行为以外的其他具体行政行为不服的。可以申请行政复议，也可以直接向人民法院提起行政诉讼。

申请人对税务机关作出逾期不缴纳罚款加处罚款的决定不服的，应当先缴纳罚款和加处罚款，再申请行政复议。

申请人申请行政复议，可以书面申请，也可以口头申请，也可以采取当面递交、邮寄、传真或者电子邮件等方式提出行政复议申请。

2）税务行政复议受理

复议机关收到行政复议申请后，应当在 5 日内进行审查，决定是否受理。对符合规定的行政复议申请，自行政复议机构收到之日起即为受理，应当书面告知申请人。对不符合规定的行政复议申请，决定不予受理，并书面告知申请人。对不属于本机关受理的行政复议申请，应当告知申请人向有关行政复议机关提出。复议机关收到行政复议申请以后未按照规定期限审查并作出不予受理决定的，视为受理。

对应当先向复议机关申请行政复议,对行政复议决定不服再向人民法院提起行政诉讼的具体行政行为,复议机关决定不予受理或者受理以后超过行政复议期限不作答复的,申请人可以自收到不予受理决定书之日起或者行政复议期满之日起 15 日内,依法向人民法院提起行政诉讼。

申请人向复议机关申请行政复议,复议机关已经受理的,在法定行政复议期限内申请人不得向人民法院提起行政诉讼;申请人向人民法院提起行政诉讼,人民法院已经依法受理的,不得申请行政复议。

在税务行政复议期间,税务具体行政行为不停止执行。但有下列情形之一的,可以停止执行:

(1) 被申请人认为需要停止执行的。

(2) 行政复议机关认为需要停止执行的。

(3) 申请人申请停止执行,行政复议机关认为其要求合理,决定停止执行的。

(4) 法律规定停止执行的。

【案例 8-2】 小明在学习税法时了解到,纳税人对税务机关征税等具体行政行为不服的,有权申请行政复议。小明不明白,为什么必须先缴纳税款及滞纳金或者提供相应的担保,才能申请行政复议呢?

解析 实行税务行政复议制度,以保护纳税人的合法权益不受侵害。但是,为了防止有些纳税人借行政复议之机,迟迟不缴纳税款,使国家权益受损,税法规定纳税人应当先缴纳税款及滞纳金或者提供相应的担保,再申请行政复议。只有符合几种法定情形之一时,才可以停止执行具体行政行为。这样规定,兼顾了纳税人与国家的合法权益。

5. 税务行政复议审查和决定

1) 税务行政复议审查

行政复议机构审理行政复议案件,应当由 2 名以上行政复议工作人员参加。行政复议工作人员应当具备与履行行政复议职责相适应的品行、专业知识和业务能力。税务机关中初次从事行政复议的人员,应当通过国家统一法律职业资格考试取得法律职业资格。

行政复议原则上采用书面审查的办法。但是申请人提出要求或者行政复议机构认为有必要时,应当听取申请人、被申请人和第三人的意见,并可以向有关组织和人员调查了解情况。

对重大、复杂的案件,申请人提出要求或者行政复议机构认为必要时,可以采取听证的方式审理。听证应当公开举行,但是涉及国家秘密、商业秘密或者个人隐私的除外。行政复议听证人员不得少于 2 人,听证主持人由行政复议机构指定,听证应当制作笔录,申请人、被申请人和第三人应当确认听证笔录内容,第三人不参加听证的,不影响听证的举行。

行政复议机关应当全面审查被申请人的具体行政行为所依据的事实证据、法律程序、法律依据和设定的权利义务内容的合法性、适当性。

申请人在行政复议决定作出以前撤回行政复议申请的,经行政复议机构同意,可以撤回。申请人撤回行政复议申请的,不得再以同一事实和理由提出行政复议申请,但是申请人能够证明撤回行政复议申请违背其真实意思表示的除外。

行政复议机关审查被申请人的具体行政行为时，认为其依据不合法，本机关有权处理的，应当在 30 日内依法处理；无权处理的，应当在 7 日内按照法定程序逐级转送有权处理的国家机关依法处理。处理期间，中止对具体行政行为的审查。

2）税务行政复议决定

行政复议机构应当对被申请人的具体行政行为提出审查意见。经复议机关负责人批准，按照下列规定作出行政复议决定：

（1）具体行政行为认定事实清楚、证据确凿、适用依据正确、程序合法、内容适当的，决定维持。

（2）被申请人不履行法定职责的，决定其在一定期限内履行。

（3）具体行政行为有下列情形之一的，可以撤销、变更或者确认该具体行政行为违法：

① 主要事实不清、证据不足的。

② 适用依据错误的。

③ 违反法定程序的。

④ 超越或者滥用职权的。

⑤ 具体行政行为明显不当的。

决定撤销或者确认该具体行政行为违法的，可以责令被申请人在一定期限内重新作出具体行政行为。复议机关责令被申请人重新作出具体行政行为的，被申请人不得以同一事实和理由作出与原具体行政行为相同或者基本相同的具体行政行为，但复议机关以原具体行政行为违反法定程序而决定撤销的，被申请人重新作出具体行政行为的除外。

复议机关责令被申请人重新作出具体行政行为的，被申请人应当在 60 日内重新作出具体行政行为；情况复杂、不能在规定期限内重新作出具体行政行为的，经复议机关批准，可以适当延期，但是延期不得超过 30 日。

申请人对被申请人重新作出的具体行政行为不服的，可以依法申请行政复议，或者提起行政诉讼。

（4）被申请人不按照规定提出书面答复，提交当初作出具体行政行为的证据、依据和其他有关材料的，视为该具体行政行为没有证据、依据，决定撤销该具体行政行为。

行政复议机关应当自受理申请之日起 60 日内作出行政复议决定。情况复杂，不能在规定期限内作出行政复议决定的，经复议机关负责人批准，可以适当延期，并告知申请人和被申请人，但延期不得超过 30 日。

行政复议机关作出行政复议决定，应当制作行政复议决定书，并加盖印章，行政复议决定书一经送达即发生法律效力。

任务四　关注税收法律责任

任务描述

税收法律责任，是指税收法律关系的主体不履行或不完全履行税收法律制度并承担其产生的不利法律后果的行为。不管是纳税主体（纳税人、扣缴义务人）还是征税主体（税务机关、税务人员）都必须遵守税收秩序，一旦他们违法就必须承担法律责任。因此，作为纳税人应该明确纳税主体的偷税、漏税、逃税等税收法律责任。

1. 纳税人、扣缴义务人违反税收法律制度的法律责任

1）违反税务管理规定的法律责任

（1）纳税人有下列行为之一的，由税务机关责令限期改正，可以处 2000 元以下的罚款；情节严重的，处 2000 元以上 1 万元以下的罚款：

① 未按照规定设置、保管账簿或者保管记账凭证和有关资料的。

② 未按照规定将财务、会计制度或者财务、会计处理办法和会计核算软件报送税务机关备查的。

③ 未按照规定将其全部银行账号向税务机关报告的。

④ 未按照规定安装、使用税控装置，或者损毁或者擅自改动税控装置的。

（2）扣缴义务人未按照规定设置、保管代扣代缴、代收代缴税款账簿或者保管代扣代缴、代收代缴税款记账凭证及有关资料的，由税务机关责令限期改正，可以处 2000 元以下的罚款；情节严重的，处 2000 元以上 5000 元以下的罚款。

（3）纳税人未按照规定的期限办理纳税申报和报送纳税资料的，或者扣缴义务人未按照规定的期限向税务机关报送代扣代缴、代收代缴税款报告表和有关资料的，由税务机关责令限期改正，可以处 2000 元以下的罚款；情节严重的，处 2000 元以上 1 万元以下的罚款。

（4）纳税人、扣缴义务人编造虚假计税依据的，由税务机关责令限期改正，并处 5 万元以下的罚款。

（5）非法印制、转借、倒卖、变造或者伪造完税凭证的，由税务机关责令改正，处 2000 元以上 1 万元以下的罚款；情节严重的，处 1 万元以上 5 万元以下的罚款；构成犯罪的，依法追究刑事责任。

（6）银行和其他金融机构未依照税收征管法的规定在从事生产、经营的纳税人的账户中登录税务登记证件号码，或者未按规定在税务登记证件中登录从事生产、经营的纳税人的账户账号的，由税务机关责令其限期改正，处 2000 元以上 2 万元以下的罚款；情节严重的，处 2 万元以上 5 万元以下的罚款。

（7）扣缴义务人应扣未扣、应收而不收税款的，由税务机关向纳税人追缴税款，对扣缴义务人处应扣未扣、应收未收税款 50% 以上 3 倍以下的罚款。

（8）税务代理人违反税收法律、行政法规，造成纳税人未缴或者少缴税款的，除由纳税人缴纳或者补缴应纳税款、滞纳金外，对税务代理人处纳税人未缴或者少缴税款 50% 以上 3 倍以下的罚款。

2）逃税行为的法律责任

逃税行为，是指纳税人采取欺骗、隐瞒手段进行虚假纳税申报或者不申报，逃避缴纳税款的行为。

纳税人采取伪造、变造、隐匿、擅自销毁账簿、记账凭证，或者在账簿上多列支出或者不列、少列收入，或者经税务机关通知申报而拒不申报，或者利用虚假纳税申报手段不缴或者少缴应纳税款的，由税务机关追缴其不缴或者少缴的税款、滞纳金，并处不缴或者少缴税款 50％以上 5 倍以下的罚款。

纳税人采取欺骗、隐瞒手段进行虚假纳税申报或者不申报，逃避缴纳税款数额较大并且占应纳税额 10％以上的，处 3 年以下有期徒刑或者拘役，并处罚金；数额巨大并且占应纳税额 30％以上的，处 3 年以上 7 年以下有期徒刑，并处罚金。对多次实施前述行为，未经处理的，按照累计数额计算。

有逃税行为，经税务机关依法下达追缴通知后，补缴应纳税款、缴纳滞纳金，已受到行政处罚的，不予追究刑事责任。但是，五年内因逃避缴纳税款受过刑事处罚或者被税务机关给予两次以上行政处罚的除外。

扣缴义务人采取上述手段，不缴或者少缴已扣、已收税款，由税务机关追缴其不缴或者少缴的税款、滞纳金，并处不缴或者少缴税款 50％以上 5 倍以下的罚款；构成犯罪的，依法追究刑事责任。

思考与讨论：

2021 年 12 月 20 日，浙江省杭州市税务局稽查局查明，网络主播黄薇在 2019 年至 2020 年期间，通过隐匿个人收入、虚构业务转换收入、虚假申报等方式偷逃税款 6.43 亿元。请问，该犯罪行为属于哪一类税收违法行为？

3）骗税行为的法律责任

骗税行为，是指纳税人以假报出口或者其他欺骗手段，骗取国家出口退税款的行为。纳税人有骗税行为，由税务机关追缴其骗取的退税款，并处骗取税款 1 倍以上 5 倍以下的罚款；构成犯罪的，依法追究刑事责任。

对骗取国家出口退税款的，税务机关可以在规定期间内停止为其办理出口退税。为纳税人、扣缴义务人非法提供银行账户、发票、证明或者其他方便，骗取国家出口退税款的，税务机关除没收其违法所得外，可以处未缴、少缴或者骗取的税款 1 倍以下的罚款。

4）抗税行为的法律责任

抗税行为，是指纳税人、扣缴义务人以暴力、威胁方法拒不缴纳税款的行为。对抗税行为，除由税务机关追缴其拒缴的税款、滞纳金外，依法追究其刑事责任。情节轻微、未构成犯罪的，由税务机关追缴其拒缴的税款、滞纳金，并处拒缴税款 1 倍以上 5 倍以下的罚款。

5）欠税行为的法律责任

欠税行为，是指纳税人欠缴应纳税款，采取转移或者隐匿财产的手段，妨碍税务机关追缴欠缴的税款的行为。

纳税人欠税的，由税务机关追缴欠缴的税款、滞纳金，并处欠缴税款 50％以上 5 倍以下的罚款；构成犯罪的，依法追究刑事责任。

◆ **知识拓展**

税收违法行为的主要联系和区别见表 8-2。

表 8 - 2 税收违法行为的主要联系和区别

违法行为	主要手段	惩罚情况	联系
偷税(逃税)行为	虚假或不申报	税款的 50%～5 倍	情节严重者,均存在刑事责任
欠税行为	妨碍追缴		
抗税行为	暴力、威胁方法拒不缴纳	税款的 1～5 倍	
骗税行为	骗取国家出口退税		

6)纳税人、扣缴义务人不配合税务检查的法律责任

税务检查期间,纳税人、扣缴义务人发生不配合税务机关进行税务检查的下列行为,由税务机关责令改正,可以处 1 万元以下的罚款;情节严重的,处 1 万元以上 5 万元以下的罚款:

(1)逃避、拒绝或者以其他方式阻挠税务机关检查的。

(2)提供虚假资料,不如实反映情况,或者拒绝提供有关资料的。

(3)拒绝或者阻止税务机关记录、录音、录像、照相和复制与案件有关的情况和资料的。

(4)转移、隐匿、销毁有关资料的。

(5)有不依法接受税务检查的其他情形的。

7)重大税收违法失信案件信息公布

税务机关依照规定,向社会公布重大税收违法失信案件信息,并将信息通报相关部门,共同实施严格监管和惩戒。

(1)公布信息的案件范围。

重大税收违法失信案件是指符合下列标准之一的案件:

① 纳税人伪造、变造、隐匿、擅自销毁账簿、记账凭证,或者在账簿上多列支出或者不列、少列收入,或者经税务机关通知申报而拒不申报或者进行虚假的纳税申报。不缴或者少缴应纳税款 100 万元以上,且任一年度不缴或者少缴应纳税款占当年各税种应纳税总额 10% 以上的。

② 纳税人欠缴应纳税款,采取转移或者隐匿财产的手段,妨碍税务机关追缴欠缴的税款,欠缴税款金额 10 万元以上的。

③ 骗取国家出口退税款的。

④ 以暴力、威胁方法拒不缴纳税款的。

⑤ 虚开增值税专用发票或者虚开用于骗取出口退税、抵扣税款的其他发票的。

⑥ 虚开普通发票 100 份或者金额 40 万元以上的。

⑦ 私自印制、伪造、变造发票,非法制造发票防伪专用品,伪造发票监制章的。

⑧ 具有偷税、逃避追缴欠税、骗取出口退税、抗税、虚开发票等行为,经税务机关检查确认走逃(失联)的。

⑨ 其他违法情节严重、有较大社会影响的。

（2）公布的案件信息内容。

公布重大税收违法失信案件信息，应当主要包括以下内容：

① 对法人或者其他组织，公布其名称，统一社会信用代码或者纳税人识别号，注册地址，法定代表人、负责人或者经法院裁判确定的实际责任人的姓名、性别及身份证号码（隐去出生年、月、日号码段，下同），经法院裁判确定的负有直接责任的财务人员、团伙成员的姓名、性别及身份证号码。

② 对自然人，公布其姓名、性别、身份证号码。

③ 主要违法事实。

④ 走逃（失联）情况。

⑤ 适用的相关法律依据。

⑥ 税务处理、税务行政处罚等情况。

⑦ 实施检查的单位。

⑧ 对公布的重大税收违法失信案件负有直接责任的涉税专业服务机构及从业人员，税务机关可以依法一并公布其名称、统一社会信用代码或者纳税人识别号、注册地址，以及直接责任人的姓名、性别、身份证号码、职业资格证书编号等。

其中，法人或者其他组织的法定代表人、负责人与违法事实发生时的法定代表人、负责人不一致的，应一并公布，并对违法事实发生时的法定代表人、负责人进行标注。

经法院裁判确定的实际责任人，与法定代表人或者负责人不一致的，除有证据证明法定代表人或者负责人有涉案行为外，只公布实际责任人信息。

（3）案件信息公布程序。

认定为重大税收违法失信案件，税务局稽查局依法作出《税务处理决定书》或者《税务行政处罚决定书》的，当事人在法定期间内没有申请行政复议或者提起行政诉讼，或者经行政复议或者法院裁判对此案件最终确定效力后，依法向社会公布；未作出《税务处理决定书》《税务行政处罚决定书》的走逃（失联）案件，经税务机关查证处理，进行公告30日后，依法向社会公布。

符合前述标准①和②的重大税收违法失信案件当事人，在公布前能按照《税务处理决定书》《税务行政处罚决定书》缴清税款、滞纳金和罚款的，经实施检查的税务机关确认，只将案件信息录入相关税务信息管理系统，不向社会公布该案件信息；在公布后能按照《税务处理决定书》《税务行政处罚决定书》缴清税款、滞纳金，经实施检查的税务机关确认，停止公布并从公告栏中撤出，并将缴清税款、滞纳金和罚款的情况通知实施联合惩戒和管理的部门。

（4）案件信息公布管理。

省以下税务机关应及时将符合公布标准的案件信息录入相关税务信息管理系统，通过省税务机关门户网站向社会公布，同时可以根据本地区实际情况，通过本级税务机关公告栏、报纸、广播、电视、网络媒体等途径以及新闻发布会等形式向社会公布。国家税务总局门户网站设立专栏链接省税务机关门户网站的公布内容。

案件信息一经录入相关税务信息管理系统，作为当事人的税收信用记录永久保存。重大税收违法失信案件信息自公布之日起满 3 年的，停止公布并从公告栏中撤出。重大税收违法失信案件信息实行动态管理，案件信息撤出或者发生变化的，税务机关应当及时向同级参与联合惩戒和管理的部门提供更新信息。

2. 税务机关和税务人员违反税收法律制度的法律责任

1）渎职行为的法律责任

（1）税务人员徇私舞弊，对依法应当移交司法机关追究刑事责任的不移交，情节严重的，依法追究刑事责任。

（2）税务人员利用职务上的便利，收受或者索取纳税人、扣缴义务人财物或者牟取其他不正当利益，构成犯罪的，依法追究刑事责任；未构成犯罪的，依法给予行政处分。

（3）税务人员徇私舞弊或者玩忽职守，不征或者少征应征税款，致使国家税收遭受重大损失，构成犯罪的，依法追究刑事责任；未构成犯罪的，依法给予行政处分。

（4）税务人员滥用职权，故意刁难纳税人、扣缴义务人的，调离税收工作岗位，并依法给予行政处分。

（5）税务人员对控告、检举税收违法行为的纳税人、扣缴义务人以及其他检举人进行打击报复的，依法给予行政处分；构成犯罪的，依法追究刑事责任。

2）其他违法行为的法律责任

（1）税务机关违反规定擅自改变税收征收管理范围和税款入库预算级次的，责令限期改正，对直接负责的主管人员和其他直接责任人员依法给予降级或者撤职的行政处分。

（2）税务人员在征收税款或者查处税收违法案件时，未按照《税收征收管理法》的规定进行回避的，对直接负责的主管人员和其他直接责任人员依法给予行政处分。未按照《税收征收管理法》的规定为纳税人、扣缴义务人、检举人保密的，对直接负责的主管人员和其他直接责任人员，由所在单位或者有关单位依法给予行政处分。

（3）税务人员与纳税人、扣缴义务人勾结，唆使或者协助纳税人、扣缴义务人实施税收违法行为，构成犯罪的，依法追究刑事责任；未构成犯罪的，依法给予行政处分。

（4）税务人员私分扣押、查封的商品、货物或者其他财产，情节严重、构成犯罪的，依法追究刑事责任；未构成犯罪的，依法给予行政处分。

（5）违反法律、行政法规的规定提前征收、延缓征收或者摊派税款的，由其上级机关或者行政监察机关责令改正，对直接负责的主管人员和其他直接责任人员依法给予行政处分。

（6）违反法律、行政法规的规定，擅自作出税收的开征、停征或者减税、免税、退税、补税以及其他同税收法律、行政法规相抵触的决定的，除按《税收征收管理法》的规定撤销其擅自作出的决定外，补征应征未征税款，退还不应征收而征收的税款，并由上级机关追究直接负责的主管人员和其他直接责任人员的行政责任；构成犯罪的，依法追究刑事责任。

思 维 导 图

```
                                    ┌─ 税收征收管理法的概念
                    认知税收征收管理法 ┤─ 税收征收管理法的适用范围
                                    └─ 税收法律关系

                    熟悉税款征收与税务检查 ┬─ 税款征收
                                        └─ 税务检查

企业涉税事项管理                          ┌─ 税务行政复议的概念
                                      ├─ 税务行政复议的受案范围
                    理解税务行政复议     ┼─ 税务行政复议管辖
                                      ├─ 税务行政复议申请与受理
                                      └─ 税务行政复议审查和决定

                    关注税收法律责任 ┬─ 纳税人、扣缴义务人违反税收法律制度的法律责任
                                  └─ 税务机关和税务人员违反税收法律制度的法律责任
```

习 题

一、单项选择题

1. 根据税收征收管理法律制度的规定，下列税种中由海关代征的是（　　　）。

A. 关税

B. 车船税

C. 车辆购置税

D. 进口环节的消费税

2. 扣缴义务人应当自税收法律、行政法规规定的扣缴义务发生之日起（　　　）日内，按照所代扣、代收的税种，分别设置代扣代缴、代收代缴税款账簿。

A. 7　　　　　　　　B. 10　　　　　　　　C. 15　　　　　　　　D. 30

3. 根据税收征收管理法律制度的规定，下列各项中不适用《税收征收管理法》的是（　　　）。

A. 城市维护建设税

B. 资源税

C. 个人所得税

D. 进口环节增值税

4. 根据税收征收管理法律制度的规定，下列说法中错误的是（　　　）。

A. 扣缴义务人应扣未扣、应收而不收税款的，由税务机关向扣缴义务人追缴税款，并对扣缴义务人处应扣未扣、应收未收税款50%以上3倍以下的罚款

B. 纳税人采取欺瞒、隐瞒手段进行虚假纳税申报或者不申报，逃避缴纳税款数额较大并且占应纳税额10%以上的，处3年以下有期徒刑或者拘役，并处罚金

C. 税务代理人违反税收法律、行政法规，造成纳税人未缴或者少缴税款的，除由纳税人缴纳或者补缴应纳税款、滞纳金外，对税务代理人处纳税人未缴或者少缴税款

50％以上 3 倍以下的罚款

    D. 纳税人擅自改动税控装置的，可以处 2000 元以下的罚款；情节严重的，处 2000 元以上 1 万元以下的罚款

5. 下列税款征收方式中，适用于生产经营规模小、产品零星、税源分散、会计账册不健全，但能控制原材料或进销货的小型厂矿和作坊的是（   ）。

    A. 查账征收   B. 查定征收

    C. 查验征收   D. 定期定额征收

6. 根据税收征收管理法律制度的规定，税务机关在税款征收中可以根据不同情况采取相应的税款征收措施，下列各项中不属于税款征收措施的是（   ）。

    A. 核定应纳税额   B. 责令缴纳

    C. 提供纳税担保   D. 阻止出境

7. 某公司将税务机关确定的最晚应于 2020 年 10 月 15 日前缴纳的税款 200 000 元拖延至 10 月 25 日缴纳，则税务机关应依法加收该公司滞纳税款的滞纳金（   ）元。

    A. 100   B. 1000   C. 10000   D. 4000

8. 根据税收征收管理法律制度的规定，税务机关采取税收保全措施和税收强制执行措施都需要经（   ）批准。

    A. 省级税务局局长   B. 省级检察院检察长

    C. 省级人民法院院长   D. 县级以上税务局（分局）局长

9. 根据税收征收管理法律制度的规定，下列各项中不属于纳税担保方式的是（   ）。

    A. 质押   B. 扣押   C. 保证   D. 抵押

10. 根据税收征收管理法律制度的规定，下列各项中属于税收保全措施的是（   ）。

    A. 责令纳税人提供纳税担保

    B. 书面通知纳税人开户银行从其存款中扣缴税款

    C. 扣押、查封纳税人的价值相当于应纳税款的财产

    D. 税务机关通知出境管理机关阻止出境

11. 税务机关采取税收保全措施的期限一般不得超过（   ）；重大案件需要延长的，应当报国家税务总局批准。

    A. 1 个月   B. 3 个月   C. 6 个月   D. 12 个月

12. 根据税收征收管理法律制度的规定，下列说法正确的是（   ）。

    A. 纳税人在账簿上多列支出，不缴或少缴应纳税款的行为，属于骗税

    B. 纳税人经税务机关通知申报而拒不申报，不缴或者少缴应纳税款的行为，属于抗税

    C. 纳税人以暴力、威胁办法拒不缴纳税款的行为，属于抗税

    D. 纳税人以假报出口手段骗取国家出口退税款的行为，属于逃税

13. 税务行政复议申请人对税务机关作出的下列行为不服的，可以申请行政复议，也可以直接向人民法院提起行政诉讼的是（   ）。

    A. 确认税款征收方式   B. 加收滞纳金

    C. 确认征税范围   D. 纳税信用等级评定行为

14. 根据税收征收管理法律制度的规定，下列关于税务行政复议的期限，说法不正确的是（   ）。

A. 申请人可以在知道税务机关作出具体行政行为之日起 60 日内提出行政复议申请

B. 复议机关收到行政复议申请后，应当在 5 日内进行审查，决定是否受理

C. 复议机关决定不予受理的，申请人可以自收到不予受理决定书之日起 15 日内，依法向人民法院提起行政诉讼

D. 复议机关应当自受理申请之日起 60 日内作出行政复议决定，情况复杂、不能在规定期限内作出行政复议决定的，经复议机关负责人批准可以延期，但延期不得超过 15 日

15. 下列关于税务行政复议管辖的说法中，不正确的是（   ）。

A. 对两个以上税务机关以共同名义作出的具体行政行为不服的，向共同上一级税务机关申请行政复议

B. 对各级税务局的稽查局的具体行政行为不服的，向稽查局申请行政复议

C. 对税务机关与其他行政机关以共同名义作出的具体行政行为不服的，向其共同上一级行政机关申请行政复议

D. 对计划单列市税务局的具体行政行为不服的，向国家税务总局申请行政复议

二、多项选择题

1. 根据税收征收管理法律制度的规定，下列各项中属于纳税主体权利的有（   ）。

A. 委托代征权　　　　　　　　B. 税收监督权

C. 索取有关税务凭证的权利　　D. 知情权

2. 根据税收征收管理法律制度的规定，下列各项中属于征税主体权利的有（   ）。

A. 税收立法权　　　　　　　　B. 税务行政处罚权

C. 代位权　　　　　　　　　　D. 撤销权

3. 根据税收征收管理法律制度的规定，有关纳税主体义务的说法，正确的有（   ）。

A. 按期办理纳税申报　　　　　B. 按期缴纳税款

C. 备案财务会计制度和会计核算软件D. 建立、健全内部制约和监督管理制度

4. 根据税收征收管理法律制度的规定，关于征税主体义务的有关说法中，正确的有（   ）。

A. 宣传税收法律、行政法规，普及纳税知识是征税主体的义务

B. 税务人员不得索贿受贿、不得滥用职权是征税主体的义务

C. 税务人员核定应纳税额时遵守回避制度是征税主体的义务

D. 依法为纳税人的税收违法行为保密是征税主体的义务

5. 根据税收征收管理法律制度的规定，纳税人的下列情形中，税务机关有权核定其应纳税额的有（   ）。

A. 拒不提供纳税资料的

B. 依照法律、行政法规的规定应当设置账簿但未设置账簿的

C. 发生纳税义务，未按照规定的期限办理纳税申报的

D. 纳税人申报的计税依据明显偏低，又无正当理由的

6. 根据税收征收管理法律制度的规定，下列情形中，税务机关有权责令纳税人提供纳税担保的有（   ）。

A. 税务机关有根据认为从事生产、经营的纳税人有逃避纳税义务行为的

B. 欠缴税款、滞纳金的纳税人或者其法定代表人需要出境的

C. 纳税人同税务机关在纳税上发生争议而未缴清税款，需要申请行政复议的

D. 纳税人发生纳税义务，未按照规定的期限办理纳税申报，经税务机关责令限期申报，逾期仍不申报的

7. 根据税收征收管理法律制度的规定，纳税担保的范围包括(　　)。

A. 税款　　　　　　　　　　　B. 罚款

C. 滞纳金　　　　　　　　　　D. 实现税款、滞纳金的费用

8. 根据税收征收管理法律制度的规定，下列关于税务行政复议申请与受理的表述中，正确的有(　　)。

A. 申请人对税务机关作出逾期不缴纳罚款加处罚款的决定不服的，应当先缴纳罚款和加处罚款，再申请行政复议

B. 申请人申请行政复议，必须采取书面申请，不能口头申请

C. 行政复议机关收到行政复议申请以后未按照规定期限审查并作出不予受理决定的，视为受理

D. 对符合规定的行政复议申请，自复议机关收到之日起即为受理

9. 下列关于税收保全措施和税收强制执行措施的说法中，不正确的有(　　)。

A. 纳税人价值3000元的金项链不在税收保全措施的范围之内

B. 税务机关对单价2500元的电视，不采取税收强制执行措施

C. 税务机关采取税收保全时，对纳税人未缴纳的滞纳金也同时采取保全措施

D. 税收保全措施是强制执行措施的必经前置程序

10. 根据税收征收管理法律制度的规定，下列各项适用拍卖、变卖情形的有(　　)。

A. 采取税收保全措施后，限期期满仍未缴纳税款的

B. 设置纳税担保后，限期期满仍未缴纳所担保的税款的

C. 逾期不按规定履行复议决定的

D. 逾期不按规定履行税务处理决定的

11. 根据税收征收管理法律制度的规定，下列税务机关进行的各项税务检查中，不正确的有(　　)。

A. 税务机关有权到车站检查纳税人托运的应纳税商品的有关凭证

B. 税务机关在调查税收违法案件时，经县以上税务局(分局)局长批准，可以查询案件涉嫌人员的储蓄存款

C. 税务机关派出的人员进行税务检查时，应当出示税务检查证和税务检查通知书；未出示税务检查证和税务检查通知书的，被检查人有权拒绝检查

D. 税务机关调查税务违法案件时，对与案件有关的情况和资料，可以记录、录音、录像、照相，但不得复制

12. 根据税收征收管理法律制度的规定，税务机关派出的人员进行税务检查时，应当出示(　　)。

A. 税务检查证　　　　　　　　B. 税务调查报告

C. 税务检查通知书　　　　　　D. 税务事项通知书

13. 根据税收征收管理法律制度的规定，纳税人发生的下列行为中，由税务机关责令

限期改正，可以处 2000 元以下的罚款，情节严重的，处 2000 元以上 1 万元以下的罚款的有（　　）。

  A. 纳税人未按照规定保管记账凭证的

  B. 纳税人未按照规定使用税控装置的

  C. 纳税人编造虚假计税依据的

  D. 纳税人未按照规定将财务、会计制度报送税务机关备查的

  14. 根据税收征收管理法律制度的规定，行政复议期间发生的下列情形，可以停止执行具体行政行为的有（　　）。

  A. 申请人认为需要停止执行的 B. 被申请人认为需要停止执行的

  C. 行政复议机关认为需要停止执行的 D. 法律规定停止执行的

  15. 根据税收征收管理法律制度的规定，下列各项中属于行政处罚行为的有（　　）。

  A. 罚款   B. 罚金

  C. 没收财物和违法所得   D. 停止出口退税权

  16. 根据税收征收管理法律制度的规定，下列关于税务行政复议审查的表述中，正确的有（　　）。

  A. 行政复议机构审理行政复议案件，应当由 2 名以上行政复议工作人员参加

  B. 行政复议原则上采用书面审查方法，但是申请人提出要求或者行政复议机构认为有必要时，应当听取申请人、被申请人和第三人的意见，并可以向有关组织和人员调查了解情况

  C. 对重大、复杂的案件，申请人提供要求或者行政复议机关认为有必要时，可以采取听证的方式审理

  D. 听证应公开举行，但涉及国家秘密、商业秘密或者个人隐私的除外

三、判断题

1. 国家机关、个人和无固定生产经营场所的流动性农村小商贩，不办理税务登记。（　　）

2. 税务机关无权检查空白发票。（　　）

3. 纳税人有骗税行为，由税务机关追缴其骗取的退税款，并处骗取税款 50％ 以上 3 倍以下的罚款；构成犯罪的，依法追究刑事责任。（　　）

4. 经核准延期办理纳税申报的，纳税人在纳税期内无需缴纳税款，只需要在核准的延期内办理税款结算即可。（　　）

5. 纳税人享受减税、免税待遇的，在减税、免税期间不需要办理纳税申报。（　　）

6. 根据税收征收管理法律制度的规定，情节轻微、未构成犯罪的抗税行为，由税务机关追缴其拒缴的税款、滞纳金，并处拒缴税款 1 倍以上 5 倍以下的罚款。（　　）

7. 根据税收征收管理法律制度的规定，按期、如实办理纳税申报是纳税主体的义务。（　　）

8. 行政复议决定书从复议机关制作行政复议决定书并加盖印章之日起发生法律效力。（　　）

9. 欠缴税款的纳税人或者其法定代表人在出境前未按规定结清应纳税款、滞纳金或者提供纳税担保的，税务机关可以阻止其出境。（　　）

10. 纳税担保的财产价值不足以抵缴税款、滞纳金的，税务机关应当向提供担保的纳

税人或纳税担保人继续追缴。（　　）

11. 对被撤销的税务机关在撤销以前所作出的具体行政行为不服的，向继续行使其职权的税务机关申请行政复议。（　　）

12. 根据税收征收管理法律制度的规定，对逃税行为，由税务机关追缴其不缴或者少缴的税款、滞纳金，并处不缴或者少缴税款 50％以上 5 倍以下的罚款。（　　）

13. 根据税收征收管理法律制度的规定，在行政复议的听证方式审理中，第三人不参加听证的，不影响听证的举行。（　　）

14. 复议机关以原具体行政行为违反法定程序而决定撤销的，责令被申请人重新作出具体行政行为的，被申请人不得以同一事实和理由作出与原具体行政行为相同或基本相同的具体行政行为。（　　）

15. 我国同外国缔结的有关税收的条约、协定同《征管法》有不同规定的，依照《征管法》的规定办理。（　　）

16. 企业，企业在外地设立的分支机构和从事生产、经营的场所，个体工商户和从事生产、经营的事业单位，都应当办理税务登记。（　　）

项目八习题答案

参 考 文 献

[1]　梁伟样. 税法[M]. 6 版. 北京：高等教育出版社，2019.

[2]　中国注册会计师协会. 税法[M]. 北京：中国财政经济出版社，2022.

[3]　财政部会计资格评价中心. 经济法基础[M]. 北京：经济科学出版社，2022.

[4]　张敏. 纳税实务[M]. 6 版. 北京：高等教育出版社，2021.

中小微企业纳税实务